中传精品教材·融媒体传播与数据新闻系列

DATA JOURNALISM
数据新闻报道概论

刘昶 郭晓歌 ◎ 著

中国传媒大学出版社
·北京·

图书在版编目（CIP）数据

数据新闻报道概论 / 刘昶，郭晓歌著. -- 北京：中国传媒大学出版社，2025.2
中传精品教材. 融媒体传播与数据新闻系列
ISBN 978-7-5657-3551-6

Ⅰ. ①数… Ⅱ. ①刘… ②郭… Ⅲ. ①新闻报道—高等学校—教材 Ⅳ. ①G212

中国国家版本馆 CIP 数据核字（2024）第 021697 号

数据新闻报道概论

SHUJU XINWEN BAODAO GAILUN

著　　者	刘　昶　郭晓歌
责任编辑	于水莲
特约编辑	张斯琪
封面设计	拓美设计
责任印制	李志鹏
出版发行	中国传媒大学出版社
社　　址	北京市朝阳区定福庄东街1号　邮　编　100024
电　　话	86-10-65450528　65450532　传　真　65779405
网　　址	http://cucp.cuc.edu.cn
经　　销	全国新华书店
印　　刷	北京中科印刷有限公司
开　　本	787mm×1092mm　1/16
印　　张	12.25
字　　数	268 千字
版　　次	2025 年 2 月第 1 版
印　　次	2025 年 2 月第 1 次印刷
书　　号	ISBN 978-7-5657-3551-6　　定　价　79.00 元

本社法律顾问：北京嘉润律师事务所　郭建平

序

自新闻报道成为职业之日起,叙事内容的客观性和准确性一直是各国日常传播实践追求的核心价值,从不同维度出发的相关学术理念或实务理念也在不断演进中,借助数据增强报道可信度更是由来已久的才略,而新闻学尝试与其他学科交叉融合(如利用科学研究的方法从事报道)的努力亦与日俱进。大数据时代的到来使得新闻报道在调查性、解释性、分析性等深度方面有了新的可能。

而今,数据新闻报道不仅逐渐从一个新兴领域成长为全球传播实践的重要环节,也为新闻学理论添写了新的内涵。1997年,联合国教科文组织曾经组织编写了新闻学教育丛书之《新闻教育课程模板》一书;2014年,教科文组织在初版的基础上,修订并再版了《新闻教育课程模板》,第二版突出的特点之一就是新增了数据新闻报道的内容。是年,中国传媒大学率先在国内高校创设了数据新闻报道专业(方向)。因此,也便有了这本专业核心课程教学用书。

无论是数据驱动范式还是数据辅助范式,数据新闻报道更新了人们对新闻的认知和人们的内容生产方式:得益于已远超传统新闻实践的数据量级,通过数据挖掘、数据清洗和筛选,发现新闻线索,确定报道价值,并完成选题策划,数据分析为先、文字在后,然后借助视觉化的信息交互性呈现手段,最终完成新闻叙事;在有效地减少了记者主观性的同时,揭示了复杂社会现象、政治动向、经济趋势等报道背后的深层逻辑,极大地改善了新闻叙事的传播效果。

本书从相关学理概念界定开始，系统梳理数据新闻报道的流变脉络、理论渊源和各种挑战等，同时结合生动的案例，详解相关的实操原则、方法和意义，并为全面理解数据新闻报道发展趋势提供了引领。

最后，作者还想重申一下：本书不仅面向希望了解和学习数据新闻报道的高校师生，也希冀为传媒从业人员以及社会各界读者提供阅读价值。

目 录

第一讲　数据新闻报道的发展流变：渊源·演进

001
　　第一节　数据新闻报道的基础概念辨析 …………………………………… 001
　　第二节　学术语汇考证："视觉化"而非"可视化" ……………………… 007
　　第三节　数据视觉化叙事的历史 …………………………………………… 011

第二讲　数据新闻报道的学理脉络：原理·范式

043
　　第一节　数据与人文社会科学 ……………………………………………… 043
　　第二节　数据与新闻传播 …………………………………………………… 047
　　第三节　数据新闻报道的学理脉络 ………………………………………… 052
　　第四节　数据新闻报道的两种范式 ………………………………………… 059

第三讲　数据新闻报道的生产逻辑：原则·意义

068
　　第一节　数据新闻报道摘要 ………………………………………………… 068
　　第二节　数据新闻报道新闻与跨界合作生产 ……………………………… 074
　　第三节　新闻的数据相关性：价值变现 …………………………………… 076
　　第四节　数据新闻报道内容：消费习惯及目标用户 ……………………… 089

第四讲　数据新闻报道的风险与防范：问题·对策

095

第一节　全球信息泛滥及其后果 …………………………………………… 095

第二节　过量的数据使新闻报道"窒息" …………………………………… 100

第三节　复杂数据的简洁化路径 …………………………………………… 102

第五讲　新闻报道与数据应用

124

第一节　新闻报道中的数据开发 …………………………………………… 124

第二节　"让消息源说话" …………………………………………………… 131

第六讲　图像认知与新闻叙事

142

第一节　图像认知与视觉化叙事 …………………………………………… 142

第二节　视觉传播应用与新闻叙事 ………………………………………… 152

第三节　数据视觉化的基本原则 …………………………………………… 156

第七讲　视觉语言修辞与数据新闻报道

160

第一节　图表中的视觉语言修辞元素 ……………………………………… 160

第二节　数据新闻报道中的色彩应用 ……………………………………… 178

第三节　数据视觉化的理想标准 …………………………………………… 180

第八讲　数据新闻报道事业

183

第一节　数据新闻报道的适宜性 …………………………………………… 183

第二节　数据新闻报道伦理 ………………………………………………… 185

第三节　数据新闻报道的未来 ……………………………………………… 187

参考文献 ……………………………………………………………………… 189

CHAPTER 1

第一讲
数据新闻报道的发展流变:渊源·演进

开宗明义,新闻学专业数据新闻报道(方向)人才培养定位:
懂数据的新闻人 ✓
而非懂新闻的数据人 ✗

作为新闻叙事/纪实叙事的一种形式,数据新闻报道是近年来被国内外媒体持续看好的内容生产方式之一。新闻传播学界和业界都以一种积极的态度给予其关注,并对其可能带来的创新寄予厚望。

探究数据新闻报道的学理渊源和应用沿革,无疑有助于对其进行更全面、更深刻的理解和拓展。

然而,就像自然科学或人文社科领域的其他学科一样,数据新闻报道的教学和研究也应将对其基本概念的描述、辨析与界定作为起点。唯有摈弃了概念上的歧义,才能为清晰、准确地认知数据新闻报道奠定坚实的基础。

第一节 数据新闻报道的基础概念辨析

一、关于数字

数字和数据虽然都是信息,但是二者之间存在着一定的差异。数据是信息的片段,Raw DATA的含义即为用于信息生产的、有待处理的原始数据。实际上,在科学的语言或逻辑中,"数据"和"信息"常常被学界混用,这是我们无法回避的现实情况。

【数字】(number)：数字是一种表示数目的抽象符号，历来都是叙事的重要成分，它更多地意味着原始信息。人们常说"数字是不会说谎的"，就像大家会习惯性地认为"百闻不如一见""眼见为实"。然而，孤零零的、单独存在的数字，是难以说明问题的。例如，2010年时任英国首相卡梅伦在一次演讲中就曾表示，"数字既能掩饰快乐，也可以压抑怨气"[1]。曾有经济学家调侃说，任何的数字都是没有意义的。这种看似戏谑的说法实际上想表达的是数字的关键取决于它存在的语境以及人们对它的整理、分析和解读，如若不然，数字就只是抽象的数字，毫无具体且明确的意义。换言之，数字如果脱离了一定的语境而孤立地存在着——也就意味着缺少了理解其所需要的参照物——就无法说明实际问题。例如，有报道言及英国女王的公共开支：她花费的每10英镑中有69便士被用于租用民航飞机。但因这一新闻没有提供任何有可比性的参照，亦即缺少相应的语境，所以内容消费者对报道中的这一数字意味着什么，究竟是多还是少，根本无从辨知，或只能靠猜测[2]。又如，国内生产总值（GDP）是一个国家（或地区）所有常驻单位在一定时期内生产活动和服务的最终成果。这个数值提供了一种对经济规模明确且直观的衡量，或能说明当地经济发展水平，而数值总和的变化常常被用作经济走势的判断指标。

然而，在发达国家，国内生产总值的局限性在于它所显示的似乎只是一种受欢迎的但毫无意义的消遣性信息，因为它并不能如实反映该国的经济实力和人均生活水平，真正能表征贫富程度的数字是人均可支配收入。国际货币基金组织曾经指出，美国的实际人均GDP要比法国的高35%，但这种比较也存在很多技术性问题，主要是这种基于美元和欧元之间汇率的衡量指标，忽略了令美法两个国家经济生活水准不同的大部分指标，如收入分配、就业水平和收入安全水平、基础设施和公共服务质量、社会保障，以及有酬劳动和闲暇时间之间的平衡。诺贝尔经济奖得主、世界银行首席经济学家、美国哥伦比亚大学教授约瑟夫·斯蒂格利茨（Joseph Stiglitz）也曾指出："实际上，大多数情况下国民的日子过得每况愈下，我们的经济在泡沫上增长。"[3]事实上，这种"泡沫"多半是指国民生产总值显示的数字。

相似的例子在欧洲媒体的新闻报道中也能见到，例如："根据联合国一份报告提供的统计数字，2018年全球失业人数与2008年世界经济危机之前相比，增加了5%，达1.72亿人。"[4]又如："大巴黎地区酒店每晚均价为145欧元，低于伦敦（169欧元）和纽约（223欧元）。"[5]上述第一则新闻因缺乏相关语境作为参照，令人无法理解十年来全球失业人数变化的真正意义；第二则新闻也不太能说明问题，因为在预订酒店时，人们通常考虑的因素有二，一是地理位置的便利性，二是普遍可以接受的价格。在现实生活中，很少有人根据城市

---

① 罗杰斯.数据新闻大趋势：释放可视化报道的力量[M].岳跃，译.北京：中国人民大学出版社，2015：150.
② 罗杰斯.数据新闻大趋势：释放可视化报道的力量[M].岳跃，译.北京：中国人民大学出版社，2015：167.
③ 罗杰斯.数据新闻大趋势：释放可视化报道的力量[M].岳跃，译.北京：中国人民大学出版社，2015：152.
④ 参见法国CNEWS日报，2019年2月14日，第8版。
⑤ Anon.LA REGION PARISIENNE A ENREGISTRE 35 MILIONS DE NUITEES EN 2018 – LE TOURSME BAT DES RECORDS[N]. CNEWS, 2019-02-15（8）.

酒店的平均价格来订房。

值得警惕的是，在一些新闻报道中，数字也常常会被用来巧妙地引导、误导新闻内容的消费者。普姆齐莱·姆兰博−恩格库卡（Phumzile Mlambo-Ngcnka）女士在任南非副总统期间，曾在一场与西方记者的对话里明确批评了西方一些媒体在国际新闻报道中常常秉持的"限制导游"或"控制信息量"等客观性原则。面对质疑，她用数据反驳说，非洲有53个国家[①]，其中48个国家已经结束动乱，正在从事和平建设，只有5个国家仍然处在战乱或动荡中，但西方记者视这48个非洲国家的进步于不见，只报道处于不安局势中的5个国家。

还有一个例子：在新闻报道中，引用资产净值平均数也很常见，但该数字也是一种未必具有实际意义的数字，比方说，如果把比尔·盖茨和十几个身无分文的人放在一个房间里来求资产平均数，这个房间里每个人的平均资产就都会超过1亿美元。实际上，一个国家的人均家庭资产的贫富悬殊的程度可能远远大于平均数所能体现的。再如，篮球明星姚明与喜剧明星潘长江的平均身高为193[②]cm，可这又能说明什么问题呢？

二、关于数据

数字虽然可以表征不同的事物，但唯有在被加工和解读（如分类、阐释等）之后才能成为数据，也才真正具有意义。

在数据新闻报道实践中，我们有可能面对的数据可被分为不同种类：

1. 数据（Data）

在拉丁文里是"已知"的意思，亦可将之理解为"事实"。

数据是量度的集合，是经过加工处理的、量化的、有意义的信息或资料。数据意味着对某些事物的描述，记录、分析和重组了这些事物。数据的意义取决于语境所提供的参照系。在中文语境中，量词有助于让数字变成数据，具有更确切的意义，例如一箱水果听起来似乎比一盒水果多。

2. 大数据（Big Data）

指可以被人们计算分析的数据集，可用以建模、表征趋势和关联性的，特别是与人类行为和互动有关的数据。

全球最权威的高德纳咨询公司（Gartner Group，又被译作"顾能公司"，美国第一家独立的信息技术研究与咨询服务公司，成立于1979年）对大数据的定义如下：大数据不仅是需要新处理模式才能具有更强的决策力、洞察力和流程优化能力的海量的、高增长率的和多样化的信息资产，更是数据新闻报道不可或缺的必要构件。

学界和业界用英语字母"V"起首的不同单词来描述大数据的特征，最少的有"3V"，

---

① 随着南苏丹于2011年宣告独立，非洲现有54个国家。
② 根据姚明先生、潘长江先生公开报道身高数据计算得出。

多的有"8V"甚至更多：

    Volume（规模性：强调数据量极大）；

    Variety（多样性：强调数据非常丰富）；

    Velocity（高速性：强调数据集合/生成/处理的速度）；

    Value（价值性：强调数据之低价值密度）；

    Veracity（真实性：强调数据之准确）；

    Vitality（动态性：强调数据之非静止体系）；

    Visualization（视觉性：强调数据之显性化展现）；

    Validity（合法性：强调数据采集和应用之合理）。

在传媒生态发生巨变的智能时代，借诸大数据进行新闻报道已成为世界各国媒体做出的关键性的内容生产革新。然而，正如西谚所云，"每一枚硬币都有正反两面"，尽管大数据应用已日益广泛，前景明朗，但毋庸赘言，大数据样本量虽很大，但因其变量数有限，相对简单且欠丰富，所以大数据之于新闻报道亦存在明显的缺陷，传播实践对大数据有所依赖时，更加需要格外谨慎。

概括而言，大数据之于新闻报道主要有以下短板：①大数据不擅长反映社会情感关系的质量，特别是难以归类的、非普遍化的数据，而这些信息有可能正好是新闻报道的价值体现；②大数据偏爱赶潮流的普遍化、趋势化的信息，而忽视罕见的、风格特异却意义非凡的小众化"信息"；③大数据难以契合信息的语境化，而新闻报道恰恰需要背景的加持来帮助解析时事；④大数据会因其本身可能具有的欺骗性而带偏人们的相关认知。例如，随着人们掌握的数据量呈指数级增长，统计学意义上显著的相关关系可能越来越多，真正有价值的发现就像是"干草垛"（Haystack）里的那枚"针"一样越埋越深。相对于小概率、高风险的"黑天鹅"现象来说，大概率、潜在风险大的"灰犀牛"现象亦日渐增多。换言之，传播活动中的噪声可能越来越大；⑤大数据未必能解决大问题；⑥大数据可能是"原始"的，它总被人们依照一定的倾向和价值观构建和解读，但此过程中的价值选择却被遮蔽。因此，数据分析的结果看似客观公正，但这种客观公正或只是一种修辞；⑦大数据有可能泄露个人隐私；⑧大数据有可能造成或强化刻板印象。

时至今日，我们对大数据的认识也在不断细化和深化的过程中，这对于从事数据新闻报道的团队而言，是不可不知的现实。

3.深数据（Deep Data）

大数据成功的关键在于其质量。深数据涉及的维度不是很宽，但是在某几个维度上跨度极大、历史数据丰富、数量快速增长，因而有助于帮助人们从宏观视角分析（微观）数据。例如，心脏医学检查中的动态心电记录仪（Holter）：一次性心电图往往难以捕捉有效的诊断依据，因此需要用24小时跟踪记录的动态心电记录仪来完成监测，普通心电仪每小时会产生几十万至几百万条数据，要想从中获得有助于诊断的有用数据，就和从数据的大海中捞针一样,十分不易,而动态心电记录仪专注于稀少的、最具价值的数据,对其进行深度研究,从而避免了使用者在诊断时落入"数据囤积"的陷阱。

对深数据的挖掘极具挑战性,一因数据量非常大,二因这一过程对实时性要求较高。然而,深数据对新闻报道来说意义非凡,此类高质量的信息恰恰是最能逼近事实本质、揭示真相的,对它的挖掘直接关乎数据新闻报道的成功。因此,它值得我们格外重视。

4.坏数据(Bad Data)/脏数据(Dirty Data)

(a)

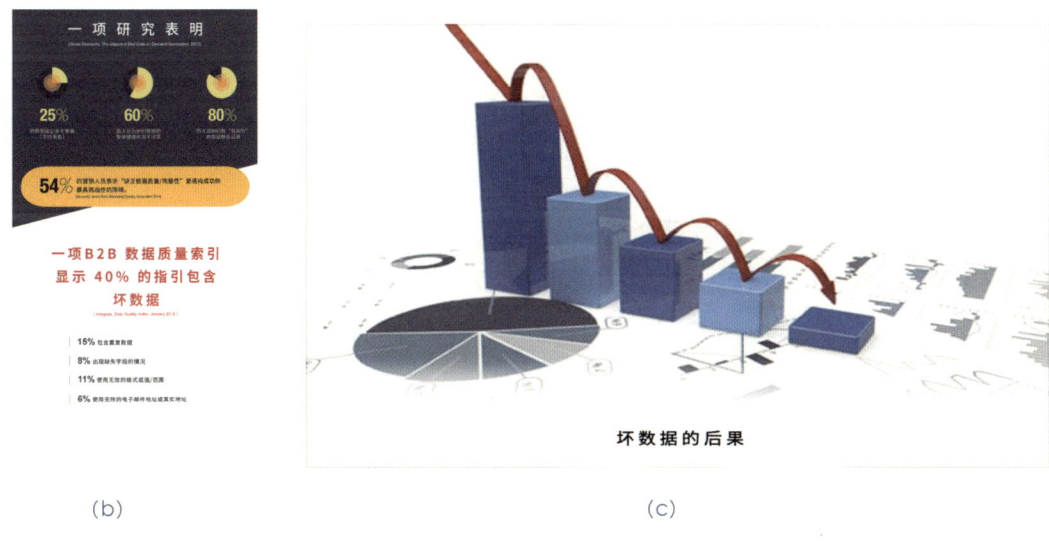

(b)　　　　　　　　　　　　　　(c)

图1-1　坏数据机理①

---

① 图1-1(a)(b): What is Bad Data and its Side-Effects?—From 'Fuel for Marketing' Series[EB/OL].(2024-08-25)[2024-08-25].https://www.grazitti.com/resource/articles/what-is-bad-data-and-its-side-effects-from-fuel-for-marketing-series/.

图1-1(c): Institutional investors record −10.6% median annual return—Wilshire TUCS[EB/OL].(2022-08-09)[2024-08-24]. https://www.pionline.com/investing/pension-funds-endowments-see-steep-drop-returns-q2-wilshire-tucs.

既然新闻报道必须考虑数据质量，那我们就需要在努力发掘、整理深数据的同时，尽量避免质量低劣的数据——坏数据或脏数据（见图1-1）。相对于深数据，坏数据/脏数据是"垃圾数据"的同义词，有些人认为这两类数据的出现纯属技术性问题，有点像遗漏值或残缺的辑录（Register），但事实上，坏数据的缺陷还远不止于此，它不仅存储混乱、代表性弱，而且会造成路径错误而导致偏向，可以说，坏数据的主要问题在于数据获取的方式。坏数据造成的严重后果是显而易见的：高度消耗资源、增加维护成本、减少收益、生产力下降以及拉低客户满意度和忠诚度、致客户流失等。对于数据新闻报道而言，坏数据还会带来社交媒体上的负能量。如果在新闻报道中不小心引用了坏数据/脏数据，既有可能带偏记者对事实的认知，还可能扭曲其叙事逻辑，事倍功半，直接影响传播的效果，使新闻媒体的传播力、引导力、影响力、公信力大打折扣。因此，从事数据新闻报道时，必须时时警惕和摒弃坏数据/脏数据。

5.巧数据（Smart Data）

图1-2　巧数据特点[①]

如今，大数据已经发展为一种产业。与此同时，相关技术也在不断进步。大数据运算的成熟使数据变得更加即时、更加个人化，进而成为巧数据（见图1-2）。如果说，大数据在宏观层面提供世界的各种信息，而深数据在微观层面帮助人们认识自己，那么，巧数据则将大数据和深数据融为一体，能帮助人们对数据进行更为有效的管理，尤其在解释相关现象的缘由方面更为有效。厘清相关数据的内涵后，我们似乎应该认同一个观点：数据不完全等于信息。

实践中，经常有人把数据和信息当作同义词来用。其实不然，信息直接与内容挂钩，需要有资讯性（Informative）的特质，而数据无论是通过数字、文字、图片或是音视频等符号叙事来呈现，相对于数据库，它仍是一个原始的数据点（Data Point）。数据越多，不一定就

---

① What is smart data? How can we make it actionable?[EB/OL].（2018-09-27）[2024-08-24]. https://digitalbusinessblog.wordpress.com/2018/09/27/what-is-smart-data-how-can-we-make-it-actionable/.

意味着信息越多,更不能代表信息会成比例增多。

和数字一样,数据的价值也离不开语境化,因为任何一项数据如果被剥离了其存在的时间与空间,都将是毫无意义的。

言及数据与信息的关系,我们或可以延展一下对信息内涵的理解。信息在具有以下三种特性时,可能变得更加容易被领悟(Insight):

信息的新颖性(Novelty);

信息的可破译性(Decipherability);

信息的相关性(Relevance)。

之所以在此赘言,是因为在这三项条件中,最值得重视的是相关性,因为"相关性可以产生意义"(Relevance produces meaning)。对于数据新闻报道生产流程而言,相关性也可以产生新闻。

三、关于"Journalism"

英文中的"Journalism"(或法文里的"Journalisme")一词,对应的中文意涵大约有以下三种:

一是作为社会职业的新闻记者行业;

二是作为传播活动及其内容生产形式的新闻报道;

三是作为与新闻史论和新闻实务教研及其成果的知识体系——新闻学。

因此,在严格的学术意义上而言,在对"Journalism"进行中译时,应避免将其等同于"News"或"Reporting",对于从国外引进的"Data Journalism"理念来说,将其译成中文时,应准确表达为"数据新闻报道"或"数据新闻学"(台湾学界将之译作"资料新闻学"),而不宜简略译为"数据新闻"。

【数据新闻报道的基本逻辑】
◆ 记者报道之外的许多事实也是新闻;
◆ 信息与传播技术(ICTs)时代的重要特征之一,就是信息的视觉化;
◆ 信息图表等视觉化呈现是新闻叙事的辅助手段。

第二节 学术语汇考证:"视觉化"而非"可视化"

数据新闻报道不可避免地会涉及一个外来概念,即报道所应用的数据之呈现方式。这个概念的英语是"Visualization",法语则是"Visualisation",正确的中译应该是"视觉化"。遗憾的是,在我国数据新闻报道学界和业界,这个概念自始至终都被当成另一个英语词汇"Visibilization"而被错译成"可视化"。

为了更好地"拨乱反正",我们不妨"正本清源",对这两个不同表述的词源进行一番辨析:

1. 视觉化（Visualization）：视觉化工具（Visualizer）

词义:"通过视觉语汇或使之可见的形式来进行阐释的行为或阐释的过程"（The act or process of interpreting in visual terms or of putting into visible form）。

用通俗易懂的语言来表述,"Visualization"意即"将听见变成看见的过程"。视觉化的历史十分悠久,自人类诞生以来,它就一直是通过视觉图像来有效传达抽象或具象信息的传通方式。历史上著名的视觉表达之例包括洞穴史前壁画、埃及象形文字、希腊几何学和达·芬奇用于工程和科学目的的具有革命性意义的技术绘图方法等。

众所周知,在美术学、艺术学、设计学、广告学、色彩学、影视学、传播学、地理学、心理学等相关领域中,"视觉"已自成相对完整的、专业的话语表达体系。

以下为"视觉"话语体系的相关词语

视觉的（Visual）；

视觉性（Visuality）；

视觉广告（Visual Adverts）；

视觉外观（Visual Appearance）；

视觉辅助（Visual Aids）；

视觉吸引力（Visual Appeal）；

视觉艺术（Visual Arts）；

视觉混合（Visual Blend）；

视觉传播/视觉传达（Visual Communication）；

视觉效果（Visual Effect）；

视觉设计（Visual Design）；

视觉表达（Visual Display）；

视觉冲击（Visual Impact）；

视觉障碍（Visual Impairment）；

视觉语言（Visual Language）；

视觉认知（Visual Perception）；

视觉呈现（Visual Presentation）；

视觉符号（Visual Sign）；

视觉化（Visualization）；

……

20世纪50年代,计算机首次根据数据生成了图形和图像,它们在计算机建模、机械模拟中的仿真环境等方面都开始被应用,计算机图形学也应运而生,并极大地促进了数据视觉化的发展(自文艺复兴时期"中心视点"的概念出现以来,计算机图形学的发明可能是视觉化领域最重要的成果之一)。1987年,美国国家科学基金会的学术报告《科学计算的视觉化》(Visualization in Scientific Computing)(最初被译作《科学计算的可视化》),作者迈克考米克(Bruce H. McCormick)、德范提(Thomas A. De Fanti)和布朗(Maxine D. Brown)在报告中,强调了以新兴计算机技术为基础的视觉化手段对科学研究的意义。20世纪90年代初,信息视觉化研究的新成果不断涌现,为不同应用领域中海量信息的处理提供了有力的支持。"科学计算的可视化"的中译名也被"科学计算的视觉化"所替代。之后,动画领域的技术突破也助推了视觉化的发展。

作为一个不断发展的概念,数据视觉化的影响范围不断扩大,其定义亦越来越明晰:利用图形学、图像处理、计算机视觉、用户界面设计等方式,通过信息表达、计算机建模、物理展示、界面交互、动画呈现等视觉化形式,来解释数据的先进技术手段。事实上,视觉化过程是呈现和传达相关思维及其得出结论的过程,以达到知会、指导、说服之目的。如今,视觉化在政治、科学、教育、工程(例如,产品视觉化)、新闻传播、医学、军事等领域中的应用得到不断扩展。最具代表性的乃是计算机图形领域,下列两个案例可被视作佐证。

【例1】应用于人体功效学的风险研究(见图1-3)

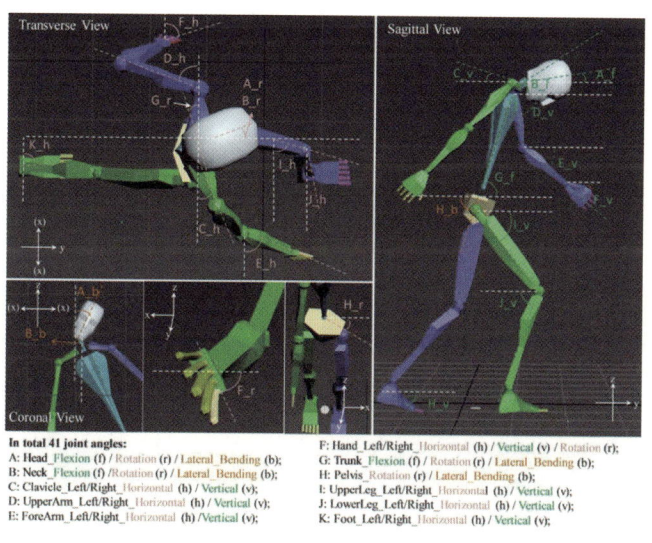

图1-3 应用于人体功效学的视觉化呈现[1]

---

[1] LI X, HAN S H, GÜL M, et al. 3D visualization-based ergonomic risk assessment and work modification framework and its validation for a lifting task[J]. Journal of Construction Engineering and Management, 2018, 144(1): 04017093.

【例2】应用于交通工具的风险研究（见图1-4）

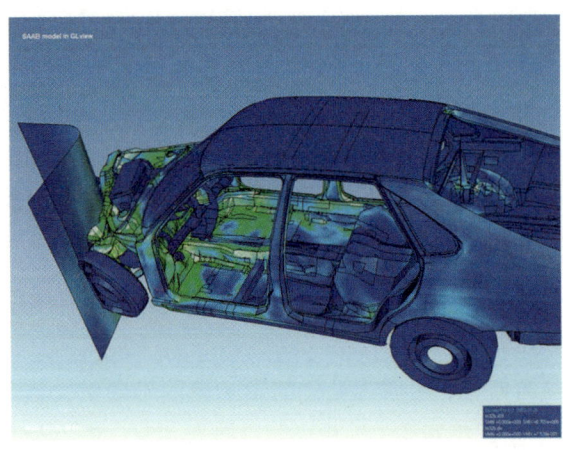

图1-4　分析交通事故中汽车在非对称碰撞中的变形受损[①]

2.可视化（Visibilization）

词义："将原先裸眼看不见的或无形的东西变得可见的过程"（The process of making visible something that was previously invisible to the naked eye）。

用通俗易懂的语言来表述，"可视化"意即"把原来不显眼的东西变成人皆可见的过程"。

在尼采看来，"可视化"即"将事物变得可见的名词"（It takes a name to make something visible）。

早在1784年，瑞士的麦歇尔（Christian von Mechel）也曾提出博物馆或美术馆应根据年代顺序或大师及其画派对艺术作品进行分类，将同一位艺术家的作品放在同一展厅，从而形成一部"可视的艺术史"（A visible history of art）。

梳理国外的学术文献，不难发现不少包含"可视化"（Visibilization）的研究，例如，学术著作《谁是难民——难民收容营和拘留中心周边的可视化策略》（*Almut Rembges: Who is a Refugee—Strategies of Visibilization in the Neighborhood of a Refugee Reception Camp and a Detention Centre*），又如学术论文《作为呈现社会现实问题过程的可视化》（Visibilization as Processes of Problematizing Social Realities）。在一些应用性研究中也常常可以见到"可视化"一词，如"建筑设计中学习的可视化"（The visibilization of learning in building design）、"集体活动系统的广泛可视化为处理工作的重大转变提供了强有力的干预方法"（Expansive visibilization of collective activity systems offers a powerful intervention methodology for dealing with major transformations of work）等。

---

① Visualization (graphics) [EB/OL]. （2024-08-25）[2024-09-12]. https://en.wikipedia.org/wiki/Visualization_(graphics).

与"视觉化"一样,"可视"也形成了相对完整的、专业的话语表达体系。

以下为"可视"话语体系的相关词语:

可视的(Visible);

可视性/可见度(Visibility);

可见参数(Visibles);

可见行为主义者(Visible Behaviorist);

可见的差异(Visible Difference);

可见光(Visible Light);

可见的标志(Visible Mark);

可见的迹象(Visible Signs);

……

学以致用,知行并进。通过以上的辨析,我们可以发现对一个专业语汇的错译会造成以讹传讹,上述讨论还有助于数据新闻报道团队全面理解被处理后的数据呈现的意义与数据呈现的合适方式。

我们不妨试想一下,在数据新闻报道的过程中,一名记者与一位图形设计师就数据视觉化呈现进行合作时,如果使用的是诸如"可视符号""可视设计""可视传达""可视心理"等表述,很可能使双方都陷入十分尴尬的境地。

第三节 数据视觉化叙事的历史

人类最早对于世界的认识和理解都来自眼睛的直观印象,而人类对于自身社会发展的记录,最初也都借诸信息的视觉化。在不同的文明中,艺术象形图像都是文字出现之前人类最初的表意和沟通的载体。在史前文化时期,人类就是借诸信息艺术图形来表达情感和思想的,后来,这些图形中的一部分逐渐演化成象形文字或字母。有欧洲学者大胆地提出,尽管象形文字由"图形"构成,但仍是一种声音表意系统。①值得注意的是,这一见解十分符合视觉化是"将听见变成看见的过程"的定义。

人类视觉传播的文化源远流长。世界上现存的历史最悠久的原始岩画在西班牙北部的阿尔塔米拉洞窟(Cueva de Altamira),这些壁画绘于公元

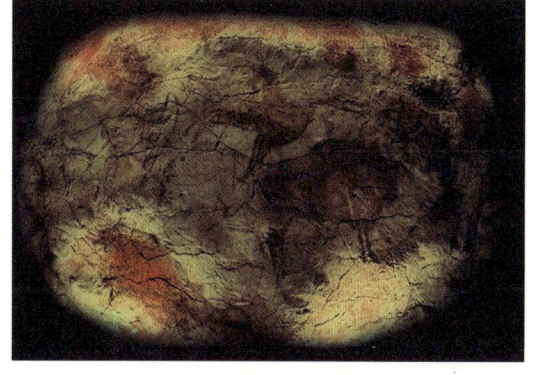

图1-5 阿尔塔米拉岩洞②

---

① 克里斯坦.文字的历史:从表意文字到多媒体[M].王东亮,龚兆华,译.北京:商务印书馆,2019.

② Spaanse grotschilderingen oudste ter wereld[EB/OL].(2012-06-15)[2024-08-24]. https://historiek.net/spaanse-grotschilderingen-oudste-ter-wereld/16649/.

一万多年前的旧石器时代晚期，内容多为野牛、猛犸等动物（见图1-5）。

略晚于阿尔塔米拉岩洞，表现内容更丰富、艺术技巧更娴熟的壁画，在法国西南部的拉斯科洞窟（Lascaux），洞内共有500余幅绘画，其中有100多幅是动物绘画（描绘了牛、马、熊、狼、鹿、鸟与人等形象的轮廓外形），画面长度约为1-5米，风格粗犷（见图1-6）。1979年，拉斯科洞窟岩画被列入联合国教科文组织世界文化遗产名录。

图1-6 拉斯科岩洞内被命名为"中国马"的壁画[①]

现存的纪实性岩洞壁画以视觉化的手段，记载了世界不同文明发源地的政治、经济、宗教、哲学、文化、科学的面貌和变化，给对不同民族相互影响的想象和历史观带来了启发。

在现代社会，信息的视觉传播仍是人与人之间交流和沟通的最直接也是最重要的方式。美国著名的心理学家艾伯特·梅瑞宾（Albert Mehrabian）拓展了传播模式研究：人际交流活动规律表明，多达55%的交流是通过非言语类信息（如肢体语言）的视觉化表达来完成的，只有7%的内容来自文字信息，而声音信息（包括语音、语调和音量）占了38%。[②]另一位以研究非言语传播（脸部表情辨识、情绪与人际欺骗）见长的美国心理学家保罗·艾克曼（Paul Ekman）也在1969年做过一项对巴布亚新几内亚独立国中，一个与世隔绝的部落弗雷（Fore）的实地调查：部落大部分人从未见过西方人，但当他们看到艾克曼展示的西方人的不同表情的图像后，却能看懂幸福、悲伤、恐惧、厌恶、愤怒、鄙视、惊喜等各种表情（虽然无法辨别细微表情的含义）。艾克曼也做了反向实验，让西方人阅读弗雷部落人的表情图像，西方人的解读同样无误。

显而易见，艾克曼的研究证实了一个简单的道理：视觉表达可以超越语言障碍和文化差异。

事实上，信息的视觉化表达既非一项技术革新，更非一项革命性的新实践，因为通过信息图表或信息图形来传播信息、数据、知识等的方式，不仅具有十分悠久的历史，而且一直随着技术的进步和其用途的多元化而不断演化。法国《回声报》（Les Échosl）的记者费罗（Jean-Christophe Féraud）甚至这样认为："通过图像解读现实的历史，与信息图的历史一样悠久，它几乎和报业同时诞生。"

的确，使用视觉化方式来呈现信息并不是一种新现象，在地图、科学绘图和数据图等领域，对信息视觉化的应用已经有一千多年的历史了。

早在公元150年，长期生活在埃及的罗马公民、地理学家、数学家和天文学家克劳狄

[①] Lascaux[EB/OL].（2024-09-07）[2024-09-12]. https://pl.m.wikipedia.org/wiki/Lascaux.
[②] HARRISON R. Nonverbal communication [M]. Chicago: Aldine-Atherton, 1972.

乌斯·托勒密（Claudius Ptolemy）（约100—168）（见图1-7）就在他的经典之作《地理学指南》（*Geographike Hyphegesis*，一译《地球现状概论》）中绘制了许多地图。

托勒密最为著名的学术成果是地心说，他的其他两部学术著作《天文学大成》和（*Almagest*）《占星四书》（*Tetrabiblos*）对拜占庭、伊斯兰世界以及欧洲的科学发展也影响颇大。

在其八卷本的《地理学指南》中，托勒密采用经度、纬度两种数据坐标方法来确定山川、城市的位置，并据此确定它们的地理空间位置，将球体的地球绘制到平面上，并以北为上方，开创了近代绘图学的先例。《地理学指南》的第八卷（结论）中的27幅世界地图和26幅局部区域图被称为"托勒密地图"（见图1-8），由此，后人绘制出了一系列地图。

图1-7　克劳狄乌斯·托勒密

12个世纪以后（1477年），含有27幅地图的《地理学指南》被译成拉丁语，是以托勒密的版本为主体所绘制的世界首本印刷地图集，共有61页。这部地图集出版15年后，哥伦布带着它扬帆出海，寻找马可波罗游记中描述的世界（这部地图集于2006年10月在伦敦以213.6万英镑拍出，成为有史以来拍卖成交价最高的地图集）。

美国麻省理工学院有博士认为，尽管这些地图经过一代又一代制图家们的一再复制，但仍然代表了一个古老的、神秘的、具有先进的科学技术文明的手迹，而我们也认为这些地图的绘制同样是数据视觉化叙事的历史记录。

图1-8　托勒密地图①

中国历史上也有为世界文明作出辉煌贡献的视觉化表达案例，中外一些学者［如中国的李军教授和美国的查尔斯·H.哈普古德（Charles H.Hapgood）教授］都认为，如今保存在西安碑林博物馆的《华夷图》是中国最早的世界地图（见图1-9）。这幅镌刻在一块石碑的

---

① Geography (Ptolemy) [EB/OL]. (2024-09-08) [2024-09-12]. https://en.wikipedia.org/wiki/Geography_(Ptolemy).

② 历代黄河舆图特展[EB/OL]. (2021-05-08) [2024-08-24]. http://www.bzsbwg.com/exhibition/latest/795.

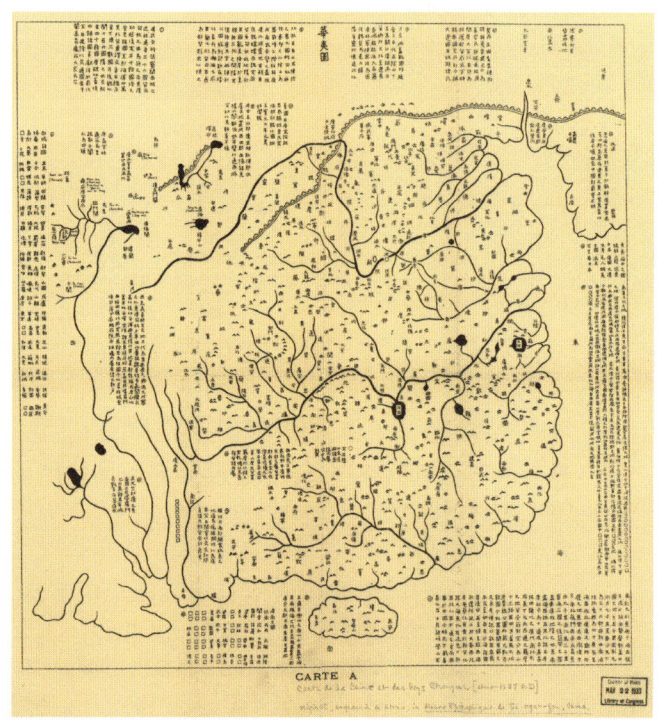

图1-9　华夷图②

地图上有题记表明此图成于阜昌七年（1136年），而图形的视觉化表达清晰地呈现了中国（"华"）与世界（"夷"）的具体关系。

在同一块石碑的背面，还镌刻着另一幅地图——《禹迹图》（见图1-10），图中，不仅有"九州"纵横交错的水系，还有科学的"每方折以百里"的字样（比例尺理念），和以细密方格"开方计里"的方法绘制而成的精确海岸线。它在地理空间中视觉化呈现了王朝历史的时间连续性，意义非凡，被李约瑟等国际著名学者誉为"大大超过西方制图学"的作品。

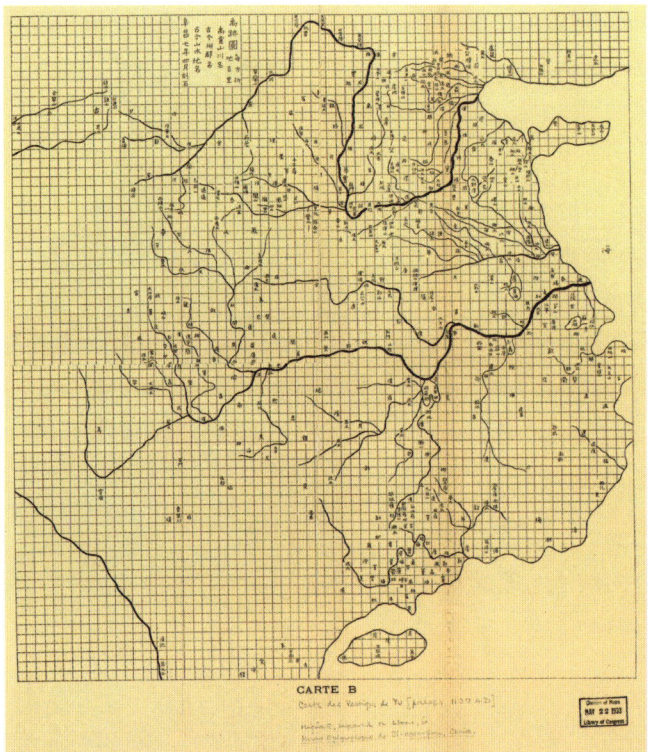

图1-10 禹迹图①

1986年，甘肃天水放马滩1号秦墓出土了7幅战国秦代木板地图和西汉初纸质地图的残片，经文物部门鉴定为秦王政八年（前239年）的物品，是目前已知世界上现存的最早的木板地图。在战争频繁的战国时期，作为视觉化信息的地图均带有军事性质。根据随葬《墓主记》竹简可以知悉，该墓主是一名叫丹的军人，可见这应是军用地图。

放马滩5号墓为汉墓，随葬物品中有纸质地图一幅（见图1-11），该图用细墨线条绘出山川、河流、道路等信息，绘法接近长沙马王堆汉墓出土的帛质地图。经文物考古专家确定为西汉文帝或景帝（前179年—前143年）时期的纸质

图1-11 世界上现存的最早的木板地图②

地图（见图1-12）。这种纸被科学界命名为"放马滩纸"。它不仅是迄今为止考古发现的世界上最早的植物纤维纸，也是世界上最早的纸地图实物（早在公元前2世纪西汉初期，中国

---

① 历代黄河舆图特展[EB/OL].（2021-05-08）[2024-08-24]. http://www.bzsbwg.com/exhibition/latest/795.
② 存于甘肃省简牍博物馆，无数字藏馆。天水放马滩木版地图[EB/OL].（2022-06-02）[2024-09-12]. https://baike.baidu.com/item/天水放马滩木版地图/15522735?fr=ge_ala.

已有造纸技术,而且被应用于包装、书写和绘图等领域,比东汉蔡伦造纸早了两三百年)。

历史是一面镜子,对学术发展史的深入了解,有助于我们更好地认知研究对象的多元性和复杂性,见树见林。同理,对数据视觉化叙事的回溯,不仅有助于我们更好地认识数据新闻报道的演化规律,还能为我们探寻数据新闻报道未来发展的可能走势,诚如丘吉尔所言,你能看到多远的过去,就能看到多远的未来。

图1-12　世界最早的纸地图实物[①]

经验表明,我们在阅读人文社科著作或学习某种学说、某一理论时,了解作者的学术经历和人文背景十分有意义,因为这有助于我们更好地认识和理解学习的对象。

因此,在接下来的教学中,我们将对数据视觉化的演进追根溯源,在此过程中,若能格外关注数据新闻史人物、格外留意图形设计师在视觉化叙事中的地位和作用,我们无疑将获得更佳的学习效果。

1. 最早的数据视觉化(公元1世纪)

早在2000多年前,古罗马就已经绘制出行军路线图(见图1-13),这张图被认为是人类社会迄今为止最早的数据视觉化作品。过了1000多年,到了11世纪,有人据此复制出11长卷的羊皮纸路线图,详细描述了古罗马军队穿越欧洲抵达摩洛哥的路线图,以象征性图标、符号表明了军队沿途经过的城市、河流、森林、山脉和房屋等。与普通地图不同的是,行军路线图既不会标

图1-13　世界上最早的数据视觉化作品[②]

明领土的划分,也不会标明具体的距离,而是围绕一些实用性数据,指明罗马军队应该如何进军,以及应该通过哪些道路设施从某一处前往另一处(一如现今的城市地铁图——只指明人们如何从城市的某一个地点去往另一个地点,而并不标明两点之间的实际距离和所需要的交通时间)。我国的文学、影视作品《智取威虎山》中,土匪们争抢的牡丹江一

[①] 放马滩墓群[EB/OL].(2017-12-26)[2024-08-24]. http://wwj.gansu.gov.cn/wwj/c105497/201712/7ef6b297801f416cb8f9ebf93fa4e5b0.shtml.

[②] La guía Michelín de la Antigüedad[EB/OL].(2013-03-11)[2024-08-24]. https://historiandoporlavida.blogspot.com/2013/03/la-tabula-peutingeriana.html.

带的联络图亦是此类路线图。

2. 第一幅心智图（公元13—14世纪）

西班牙加泰罗尼亚哲学家、逻辑学家拉蒙·鲁尔（Ramon Llull，1232—1316）（见图1-14）的手稿显示，他关于选举理论的研究成果具有超前性。尤以还被认为是计算理论的先驱，影响了戈特弗里德·威廉·莱布尼茨（Gottfried Wilhelm Leibniz）等人对树状图的修辞运用。

图 1-14　西班牙加泰罗尼亚哲学家、逻辑学家拉蒙·尤以

尤以绘制了第一幅心智图（Mind Map），视觉化地呈现了学问和知识之间的逻辑关系与体系（见图1-15），从而建立起不同于基督教学说（Christianism）的认知模式。

3. 历史上最早的柱形图（公元14世纪）

14世纪，法国的尼科尔·奥雷斯姆（Nicole Oresme，1323—1382）绘制了历史上第一张柱形图，率先排列柱形图像进行对比，以说明不同数据变量之间的逻辑关系。

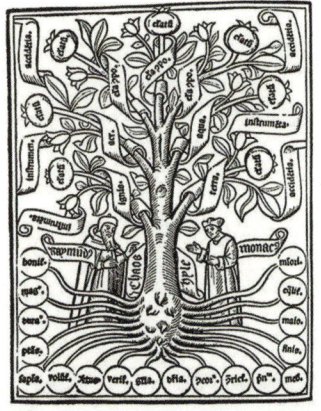

图1-15　世界上第一幅心智图①

他不愧为14世纪最具有创新性思想家之一，集哲学家、经济学家、数学家、物理学家、天文学家、哲学家、音乐学家、神学家、里修主教、法王查理五世顾问等诸多头衔于一身。奥海姆也是近代科学的主要奠基者之一，影响力非凡，饮誉遐迩。作为国王查理五世的顾问和心腹，奥海姆尝试用数据的视觉化来表明高度与时空的关系。例如，他曾用横线条表示只在某处加热的铁栅栏，又用竖线条来表示这一栅栏不同处的温度。他用"纬线"和"经线"分别表示铁栅栏和温度的高度，即密度。图1-16表达了被测量的受热物体的温度变化。

图1-16　奥海姆及其柱形图②

4. 第一张等值线图（公元17世纪）

又过了300多年，到了17世纪，克里斯蒂安·惠根斯（Christiaan Huygens）和埃德蒙·哈雷（Edmund Halley）进一步完善了欧海姆的柱形图，在视觉效果上用更加优雅的曲线表达了更多更准确的数据，例如，他们根据不同年龄或不同海拔生成的压力来表示人类寿命的平均数值。

作为英国著名天文学家、地球物理学家、数学家、气象学家和物理学家，哈雷以计算彗星的轨道而出名（最广为人知的就是他于1680年对一颗彗星的准确预言。在他去世大约16

---

① Arbor Scientiae[EB/OL]. (2024-08-08) [2024-08-24]. https://esopedia.urobore.net/Arbor_Scientiae.
② Nicole Oresme[EB/OL]. (2024-09-11) [2024-09-12]. https://en.wikipedia.org/wiki/Nicole_Oresme.

年之后的1758年,一颗彗星被命名为哈雷彗星——与他的测算一致,这颗彗星于1835年和1910年如期而至)。

哈雷发明了在地图上使用等高线连接和描述大气条件因地而异的区域。1689年至1700年,哈雷随英国皇家军舰做了一次跨大洋的航行,以考察北极与北磁极之间的磁偏角(即指南针所示的北方与实际正北方的夹角,我国宋代科学家沈括首先发现了磁偏角现象,哈雷在十四五岁时就对此现象感兴趣,曾亲手测量过几次)。航海归来后,哈雷于1701年绘制了一张显示大西洋各地磁偏角的地图——第一张绘有等值线的地图(见图1-17)。图中每条曲线经过的点,磁偏角的值都是相同的。今天我们常看到的等高线地形图、绘有等气压线的天气图,其实都来自哈雷的创意。等值线在当时被称为"哈雷之线"(Halleyan Lines)。

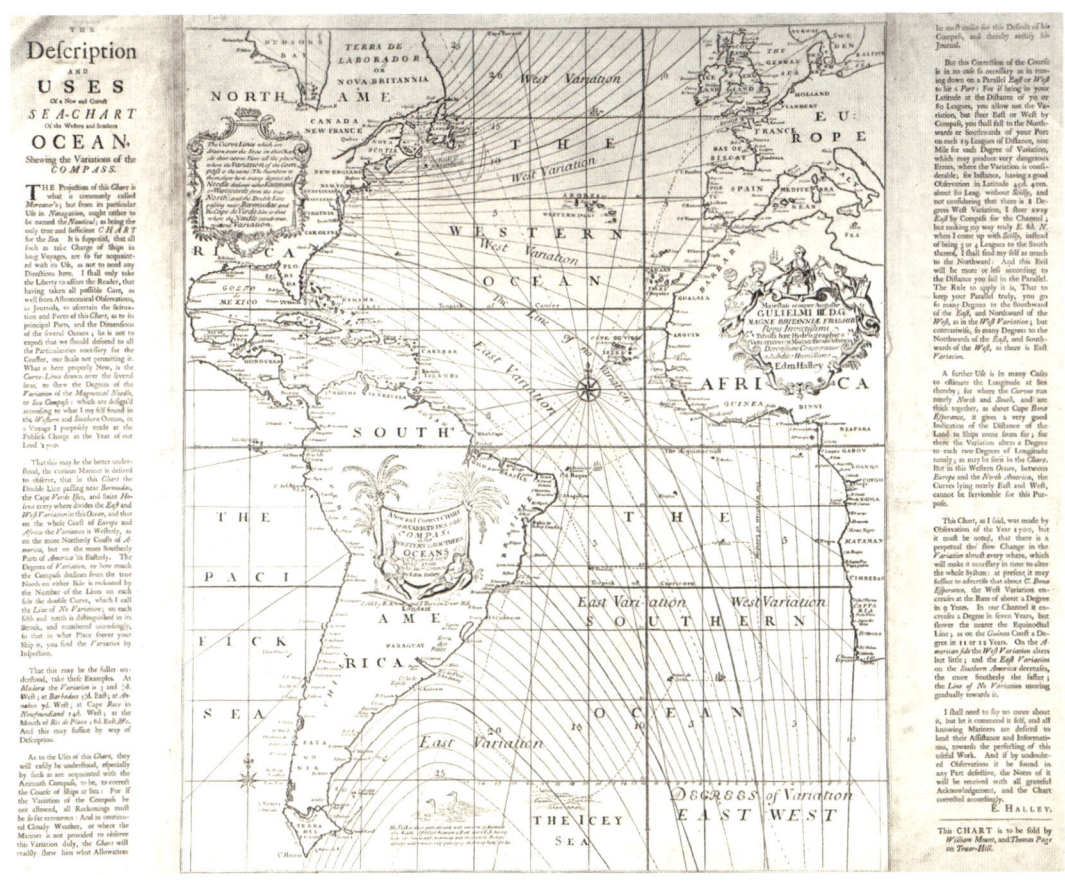

图1-17　世界上第一张绘有等值线的地图[①]

5. 最早的时间轴与走势图(公元18世纪)

18世纪时,英国神父和教师约瑟夫·普雷斯特莱(Joseph Priestley)在教学中向学生们

---

① TUFTE E. Sparklines History by Tufte: 1324 to now[EB/OL]. (2016-09-22)[2024-08-24]. https://www.edwardtufte.com/bboard/q-and-a-fetch-msg?msg_id=000AIr.

展示了一幅长方形的数据全景图,将历史上的不同帝国和该国思想运动合并展示。普雷斯特莱在一条水平展开的时间线的上半部分,标注了一些著名思想家和学问家的名字;在时间线的下半部分,则标上了帝王们的名字。纵坐标显示的是世纪的更迭,每一个名字下都用横线来对应和强调人物存在的大致年代。这或许是世界上第一幅时间轴图表(见图1-18)。

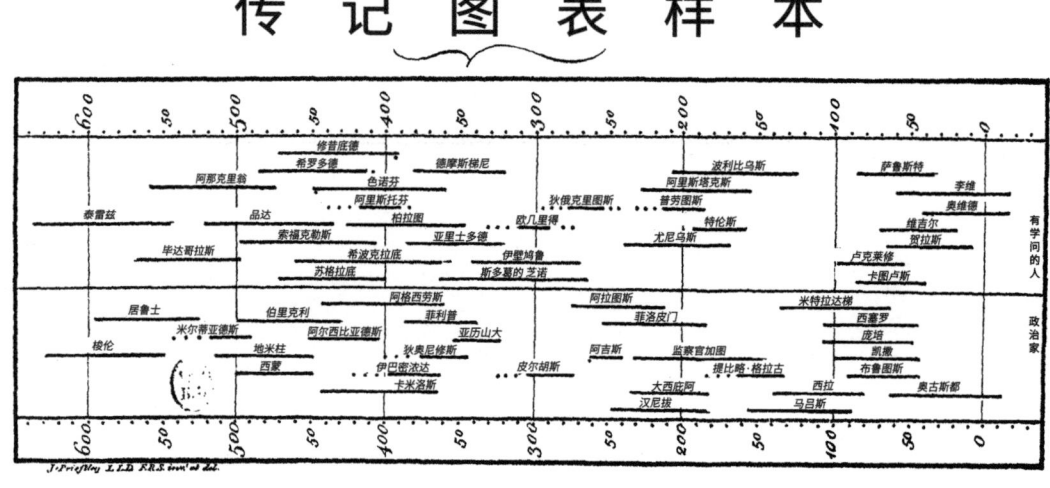

图1-18　世界历史上的帝国[①]

率先发明走势图的是苏格兰传奇人物威廉·普莱费尔(William Playfair, 1759—1823),他以"工程师、政治经济学家和歹徒"闻名(他不仅有过投机和勒索的前科,还在英法战争期间做过英方间谍,并曾发起过一场旨在摧毁法国货币体系的假币制造行动)。普莱费尔多才多艺,社会舆论对其褒贬不一,毁誉参半。1786年,普莱费尔于伦敦出版了《商业与政治图册》(*The Commercial and Political Atlas*)一书,内有44张图表,1700年至1782年的英国贸易和债务记录呈现了这一时期的商业事件。他发明的走势图(Pie/Circle Chart)、柱形图(Bar Chart)和线形图(Line graph),看似简单,实效宏大。起初,普莱费尔对自己书中图文并茂的对柱形及线形图功用的介绍,虽颇感自豪,但并不敢确认是否为自己首创,再三求证,直到1798年其作《线性算术》(*Lineal Arithmetic*)出版时,才最终确认此为自己首创。然而,英国人对普莱费尔发明的走势图反应冷淡,英国皇室亦不表态。所幸他的图册辗转来到法国国王路易十六[后与王后玛丽·安托瓦内特(Marie Antoinette)双双被"革命党"斩首]的手上,大获欣赏,被认为是划时代之作,该书法译本也很快得到出版。普莱费尔因此移居法国,在商界和新闻界大展拳脚。

普莱费尔绘制的17世纪70年代北美外贸图(见图1-19),虽无任何文字说明,但图上革命对贸易的影响一目了然。

---

① A Chart of Biography[EB/OL]. (2023-10-19) [2024-08-24]. https://en.wikipedia.org/wiki/A_Chart_of_Biography.

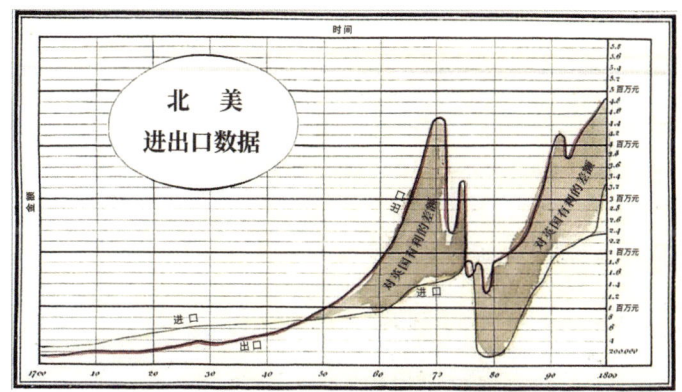

图1-19 北美革命与外贸关系①

1801年，普莱费尔在其《统计学摘要》（*The Statistical Breviary*）一书中，发布了世界上的第一张饼图，内容关于土耳其帝国在欧洲和亚洲土地面积的比例（见图1-20）。

几乎在同一个时期，法国的查理-路易·德福库瓦（Charles-Louis de Fourcroy）成功用盒状方块图展示了大小城市的不同面积。图1-21左上方展示的是一些面积较小的城市，而右下方则是面积较大的城市如罗马和巴黎。可以想象，在这张对角结构的、分层级的数据结构图中，德福库瓦发挥了其建立在数学比例基础上的抽象认知，因而，意大利的佛罗伦萨和法国的波尔多位居图的中央。

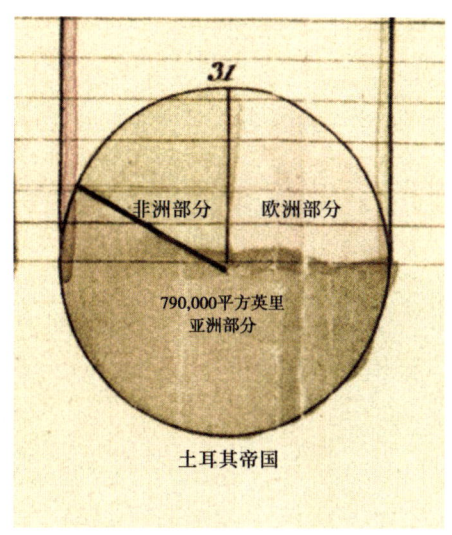

图1-20 世界上第一张饼图②

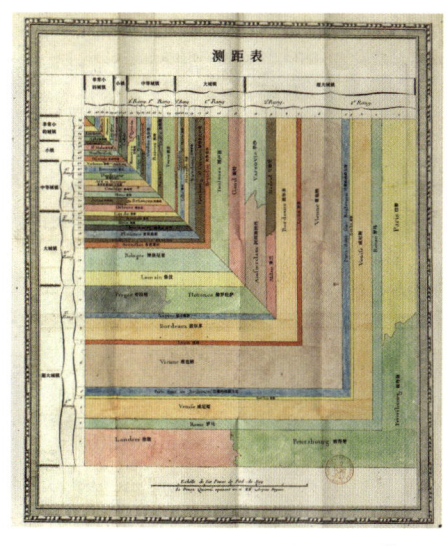

图1-21 欧洲不同城市面积信息图③

---

① Ode to Data Visualisation[EB/OL]. (2014-11-25) [2024-08-24]. https://trozellidesign.com/ode-to-data-visualisation/.
② William Playfair[EB/OL]. (2024-09-05) [2024-09-12]. https://en.wikipedia.org/wiki/William_Playfair.
③ Key Figures in the History of Data Visualization[EB/OL]. (2016-06-15) [2024-08-24]. https://infogram.com/blog/key-figures-in-the-history-of-data-visualization/.

这一将信息准确地按比例视觉化的矩形树状结构图（Tree Map），后来被大洋彼岸的美国媒体借用至今。例如，《华盛顿邮报》根据德福库瓦的盒状方块图原理，定期绘制美国总统的日程变化。图1-22中的每一个方块均依据白宫的正式议程，表明美国总统处理不同事务所用的时间。

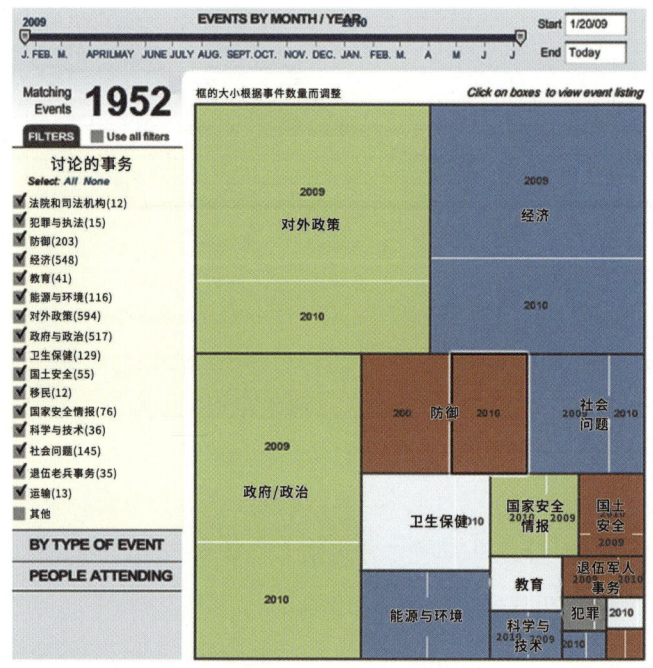

图1-22 美国总统日程信息图①

又如，有媒体借用矩形树状结构图视觉化呈现了2014年索契冬季奥运会的各国运动员人数统计情况（见图1-23）：

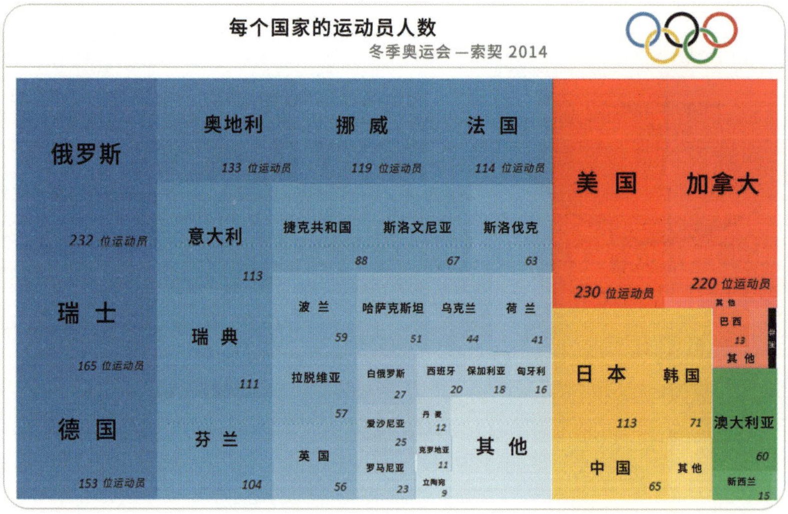

图1-23 索契冬奥会各国运动员人数信息图

---

① GUILLAUD P H. Journaliste de données : data as storytelling[EB/OL]. (2010-07-09) [2024-08-24]. https://www.internetactu.net/2010/07/09/journaliste_de_donnees_data_as_storytelling/.

6. 等值线图 / 面量图（公元19世纪）

如果上述案例尚不足以说明数据与新闻报道之间的关系，那么法国学者安德烈-米歇尔·盖里（André-Michel Guerry）的研究或有助于我们理解数据新闻报道的生动魅力。盖里是法国的一名检察官，从1829年开始，这位律师出身的检察官成了统计学家和犯罪学家，他开始尝试用图层叠加的视觉化程序（相当于如今Flash语言的流行操作）来分析法国犯罪数据及其相关因素（见图1-24）。

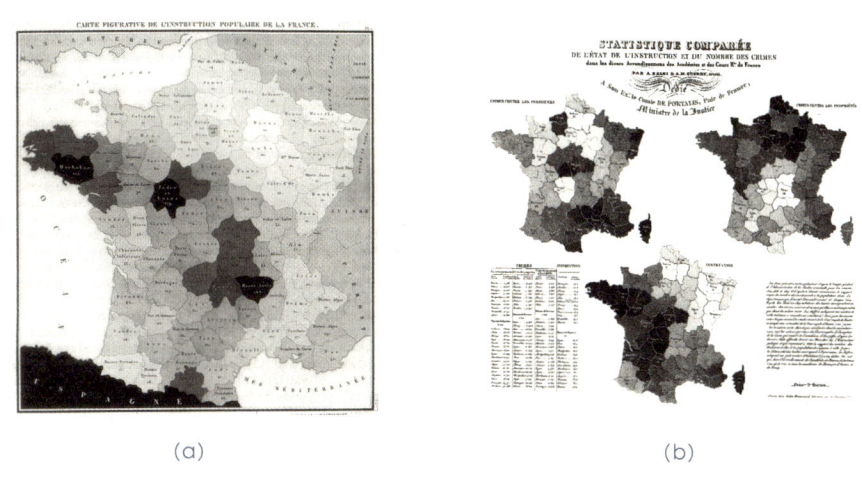

图1-24 法国犯罪数据及其相关因素信息图

盖里绘制了三张数据图（见图1-25）：涉及人身的犯罪数据图（Population per Crime against persons）、涉及财产的犯罪数据图（Population per Crime against property）、受教育程度数据图（Percent who can Read and Write）。

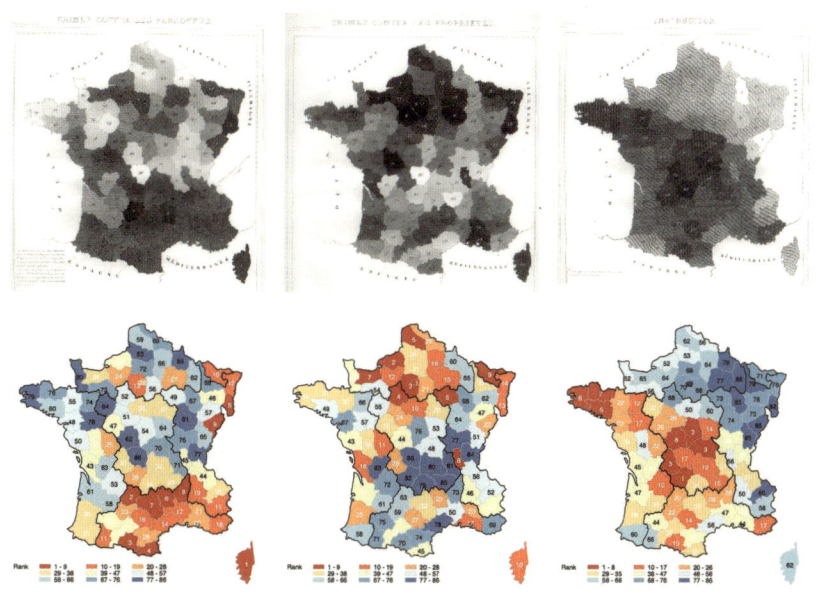

图1-25 盖里分级统计图

他将这三张按年龄、性别、省份、季节等分类的数据图——"分级统计图"并列在同一页上,明显地呈现相关性。

通过三个不同维度数据的视觉化比较,盖里从这些相关关系中得出如下极有价值的新闻素材信息:

一是尽管各省的数据迥异,但当时法国的犯罪率和自杀率异常稳定;

二是涉及财产的犯罪数量与涉及人身的犯罪数量成反比;

三是富饶省份的偷盗案比贫穷省份要多;

四是城市居民的犯罪数量与其受教育程度之间没有明显的相关关系。

盖里在研究犯罪数据时,还考虑了其他变量,如济贫、非婚生子女、财富、贸易等,他的研究后来被称为"算法"研究。盖里本人也因其于1832年出版的《法国死亡统计数据研究》(Essay on the moral statistics of France)——上述"算法"研究的成果而闻名于世(次年,盖里荣获统计学相关奖项)。

作为统计学家,盖里还是"道德统计"(Moral Statistics)学说的奠基人,也是发明和使用"玫瑰图、饼图和极区图"的先驱(他曾在1829年的一篇论文里用极区图来展示一年内风向的季节性和每日的变化,以及一天中每小时的出生和死亡人数)。

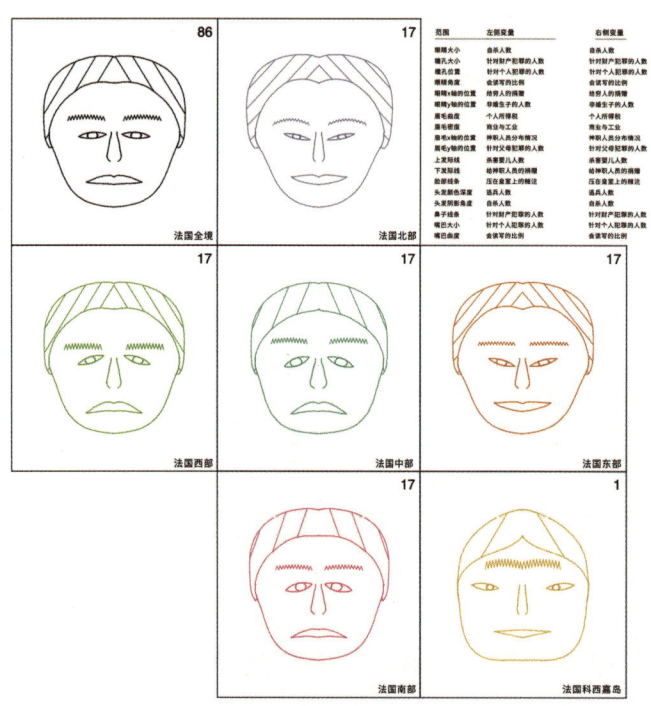

图1-26　法国不同地区人脸特征比较

盖里一生专注于社会变量与死亡变量的关系的研究,如自杀率、罪犯年龄段等。后来,欧洲国家的一些学者都沿用盖里开创的思路,做了许多类似的比较性研究。

这些社会数据暗示人的行为有可能受到类似于物理学定律的影响:统计中的相关分析和回归分析仍处于初级阶段,因为他的研究还仅局限于图表和表格的阶段。

此外,盖里的数据呈现中还有一个十分有趣的例子,不同省份的法国人的面部表情研究(见图1-26):

在这项有趣的研究中,盖里使用了几乎是随意的方法来获取面部数据变量,以呈现不同地区法国人的脸部特征,其数据集(Data set)表明生活在经济好的省份比生活在经济差的省份的居民要显得幸福,展示的法国人样本与其地理分布大致吻合。不过,人的面宏(Faces Macro)的左半边和右半边的变量实际上有可能是不同的,但在盖里的这项研究中,他对面部的左右半边采取了相同的变量。

据说,盖里还在约1851年发明了"统计学计算机",这很有可能是历史上第一台被用于计算数据和评估道德变量之间关系的设备。这台数据计算设备被用于展示某个目标变量(如不同的犯罪类型)与其他可能的解释性变量(Explanatory Variables)(如人口密度)之间的相关性。

盖里在"量循环"曲线图(Circular Curves)方面做出的开创性努力,造就了日后英国护士弗洛伦丝·南丁格尔在数据视觉化方面的辉煌。此外,他的面量图等实践至今都有重要的影响。

2004年美国总统大选期间,不同候选人在各州的选情面量图也沿袭了盖里的方法(见图1-27)。

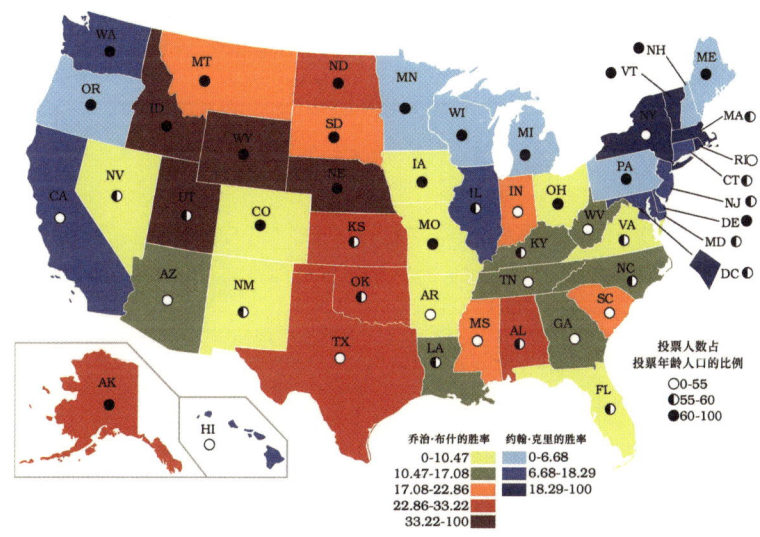

图1-27　美国总统候选人各州选情面量图①

到了19世纪,数据视觉化有了长足的发展,相关的应用也日益丰富多彩,其中最为著名的案例莫过于在欧洲公共卫生学历史上一次重大事件研究中对其的应用。

公共卫生医学的开拓者约翰·斯诺(John Snow,1813—1858)是这项研究的主持人,他发现,1854年英国伦敦西敏市霍乱暴发时水源在病菌传播中起到了介质作用。研究中,斯诺使用信息图来形象地描述和阐明了霍乱病菌集中于抽水机旁的情形,他的研究成果采用了视觉化的呈现方式,清晰地解释了霍乱传播的方式(见图1-28),从而成功地说服当地市政部门最终做出决定,拆移了当地的抽水机手柄,英国各大报纸的报道都将此视作当年霍乱病终结的原因。另一项影响至今的范例是1869年俄国科学家门捷列夫用数据视觉化的传播技巧完成了对已知化学元素的呈现,参见图1-29——他首创的现代化学元素周期表。

---

① 下载链接:https://wiki2.org/en/File:2004US_election_map_svg

图1-28　伦敦霍乱病菌传播图[1]

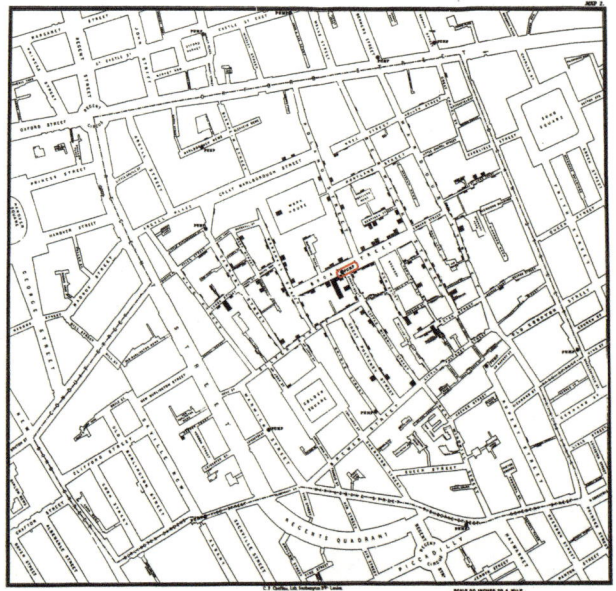

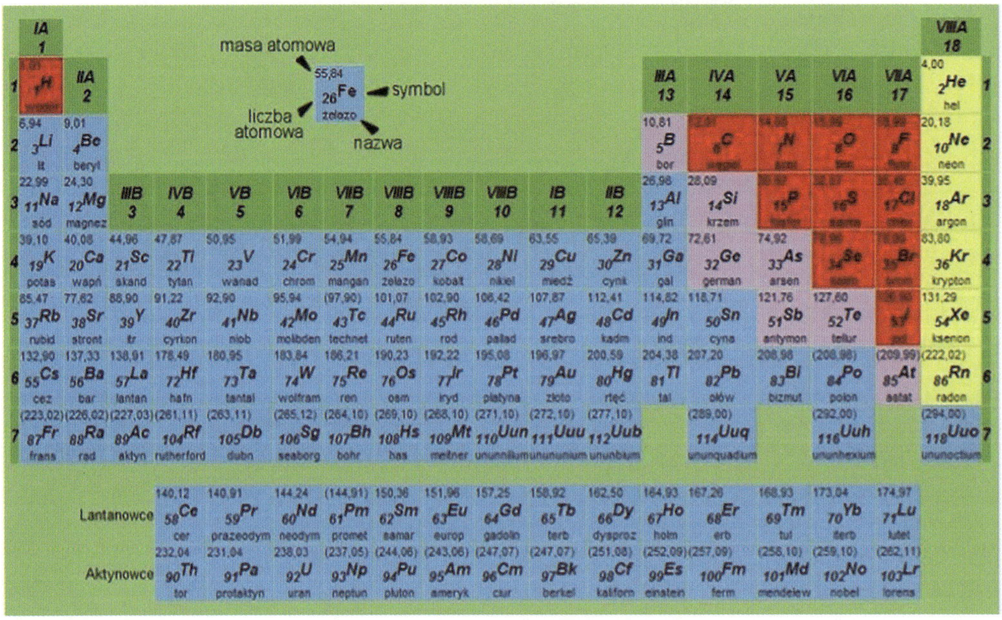

图1-29　门捷列夫化学元素周期表

---

[1] John Snow's Cholera Map Reimagined[EB/OL].（2023-11-07）[2024-08-24]. https://adventuresinmapping. com/2023/12/07/john-snows-cholera-map-reimagined/.

7. ISOTYPE与Pictogram（公元20世纪—）

进入公元20世纪之后，数据视觉化无论在理念还是技巧方面都日益成熟，设计大师及其创新理念不断涌现。其中，不乏几位被载入史册的人物：

【例1】詹姆斯·蒙哥马利·弗拉格制作政治海报

詹姆斯·蒙哥马利·弗拉格（James Montgomery Flagg，1877—1960）是一位以创作政治海报［见图1-30（a）］闻名的美国艺术家。

(a) (b) (c)

图1-30 《我需要你们》[①]

在第一次世界大战和第二次世界大战期间，应政治、战争和索赔以及提升众多新兵的士气等需要，海报被视作最受欧美各国政府青睐的、颇具影响力的大众传播媒介。作为战争宣传手段，弗拉格名为《我需要你们》的政治海报不失为一个颇有说服力的例证。这张海报创作的初衷，缘起于1916年他为《莱斯利周刊》（*Leslie's Weekly*）设计的"山姆大叔"的威严而凶猛的新形象，设计灵感则受到英国图形艺术家阿尔弗雷德·利特（Alfred Leete）之前（1914年）创作的一幅英国军队征兵海报［见图1-30（b）］的启发。1917年，美国参战后，利特将自己理解、诠释的"山姆大叔"的新形象与当今人们已习以为常的许多视觉元素和数据元素相结合，完成了《我需要你们》［见图1-30（c）］的创作，该海报被美国政府以海报的形式印发了400多万份。二战时，美国陆军招募宣传局再次使用这张海报，又印发了500万张，使其成为历史上印刷量最多的海报之一。

---

① 图1-30a: James Montgomery Flagg[EB/OL].（2024-08-26）[2024-08-28]. https://en.wikipedia.org/wiki/James_Montgomery_Flagg.

图1-30b: Category:James Montgomery Flagg[EB/OL].（2023-04-03）[2024-08-24]. https://commons.wikimedia.org/wiki/Category:James_Montgomery_Flagg?uselang=it.

图1-30c: Alfred Leete[EB/OL].（2024-06-09）[2024-08-24]. https://en.wikipedia.org/wiki/Alfred_Leete.

【例2】奥图·纽拉特发明"ISOTYPE"国际视觉符号系统

奥地利的视觉设计大师奥图·纽拉特（Otto Neurath，1882—1945）其实首先是一位科学家、哲学家、社会学家以及经济学家，也是国际哲学思潮维也纳学派——逻辑实证主义的创始人之一。

纽拉特一直希望有一种办法能通过系统的图像来取代文字，形成一种世界共通的视觉化语言，经过反复且认真的思考后，他于1925年发表了自己系统化设计的国际图文符号系统"ISOTYPE"（International System of Typographic Picture Education），这一系统的本质非常类似现在流行于网络平台的表情符号等。虽然纽拉特没有能达到他的终极目标，但是他的"ISOTYPE"国际视觉符号系统的概念（见图1-31、图1-32）后来在图符（Icon）、标示（Logo）设计领域产生了十分深远的影响。

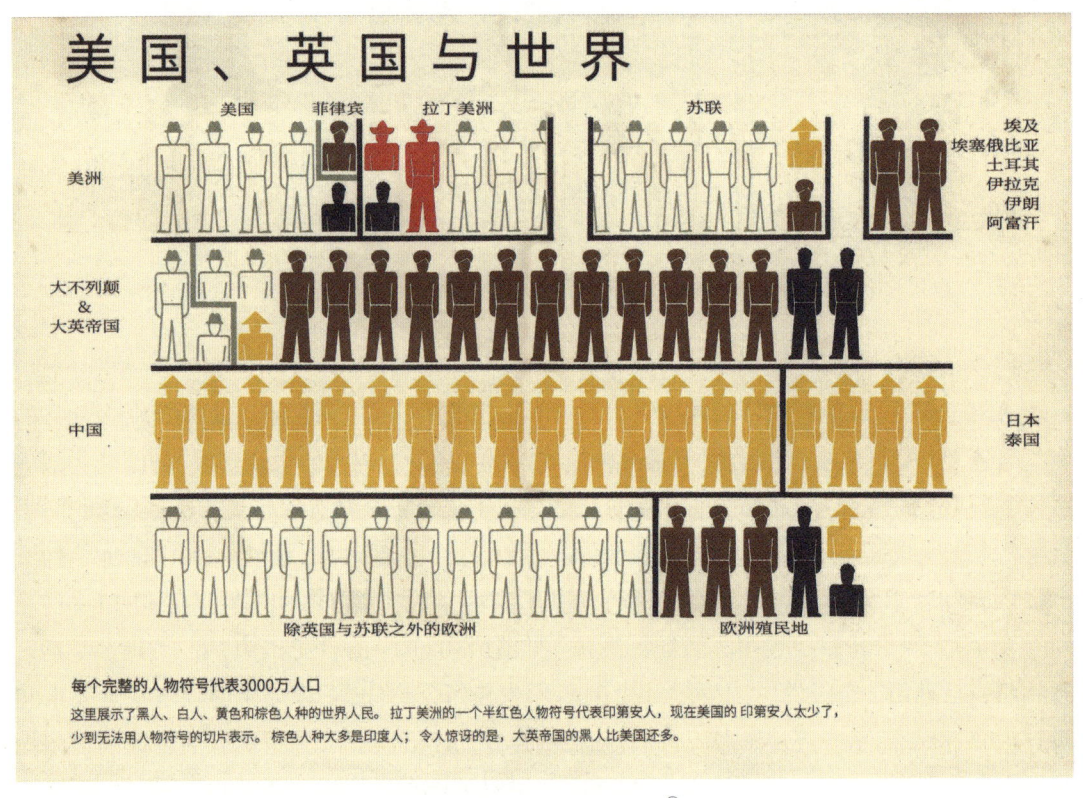

图1-31　英国、美国与世界[①]

---

① Exploring Isotype Charts: "Only An Ocean Between"（LESSONS OF ISOTYPE — PART 1）[EB/OL].（2020-2-17）[2024-08-24]. https://nightingaledvs.com/lessons-of-isotype-part-1-only-an-ocean-between/.

图1-32 动物的寿命①

【例3】 哈利·贝克与现代城市地铁交通图

哈利·贝克（Harry Beck，1902—1974），原名亨利-查尔斯·贝克（Henry-Charles Beck）。他在于伦敦地铁公司供职期间，发现传统的城市地铁图（见图1-33）实用性不足，在视觉设计上也过于保守。于是，贝克利用闲暇时间，像勾勒实验电路板一样描绘出地铁线路，设计了改良版的伦敦地铁交通线路概略图。1931年，贝克设计的新版地铁图脱稿，但并未立即得到上司的认可。直到1933年，新版地铁图公开发行后大受欢迎。此后，伦敦地铁都利用贝克设计的拓扑地图来绘制系统路线。而今，世界上许多城市的地铁图都采用了贝克的思路，图1-34即北京城市轨道交通线网图。

---

① How Long Do Animals Live Graphic[EB/OL].（2014-09-17）[2024-08-24]. https://mossandfog.com/how-long-do-animals-live-graphic/.

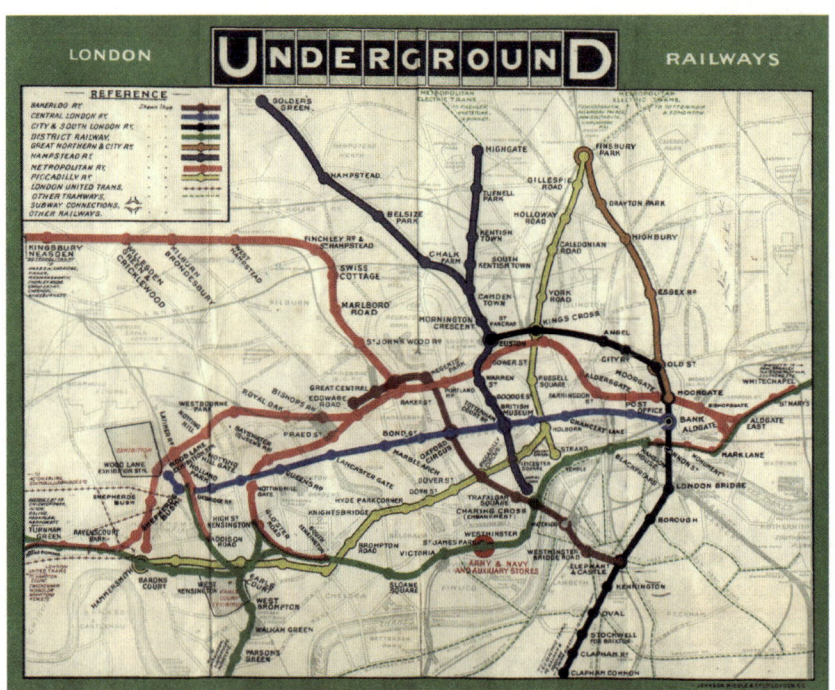

图1-33　1908年伦敦地铁图①

图1-34　北京城市轨道交通线网图（当今地铁图的通用形式）

① Harry Beck[EB/OL].（2024-09-05）[2024-09-12]. https://en.wikipedia.org/wiki/Harry_Beck.

到了20世纪50年代，利用数据的视觉化来赋能新闻报道的实践已明显增多。例如，《纽约时报》的国内政治报道（见图1-35）。

图1-35 《纽约时报》采用视觉化数据进行新闻报道[1]

【例4】奥托·艾舍尔与其创建的象形符号导向系统

德国的图形艺术家奥托·艾舍尔（Otl Aicher，1922—1991）是20世纪最有影响力的现代主义设计大师之一（见图1-36）。艾舍尔早年积极参加反纳粹的白玫瑰组织，二战以后，他与志同道合的友人选择于爱因斯坦诞生的小城市乌尔姆成立了后来在德国最有影响力的"包豪斯—乌尔姆设计学院"。

---

[1] Amazing graphics from the 1950s New York Times archive[EB/OL]. (2017-08-08) [2024-08-24]. https://medium.com/@stuartathompson/amazing-graphics-from-the-1950s-new-york-times-archive-910879e39a73.

图1-36　德国图形艺术家奥托·艾舍尔

艾舍尔最重要的视觉艺术贡献在于其创建的象形符号（Pictogram）导向系统。

作为慕尼黑奥运组委会的代表之一，艾舍尔在1967年至1972年，设计了慕尼黑奥运会赛事从制服到赛事手册、场馆指南、奖牌、纪念品等一整套标准化视觉图形识别系统（见图1-37）。

图1-37　艾舍尔的象形符号[①]

如今，艾舍尔发明的一整套简洁的象形符号已成为传播经典，在国际上广为流行（包括世界各地交通路牌上的简洁的标识符号）。人们普遍将"Pictogram"这一视觉传达的通用

---

① Diseño olímpico: los 5 más significativos de la historia[EB/OL]. (2014-08-05)[2024-08-24]. https://revistacodigo.com/5-disenos-olimpicos-mas-significativos-de-la-historia/.

称呼归功于艾舍尔的理论贡献。

值得一提的是，艾舍尔还十分看重字体在视觉传播中的重要性，把字体设计当作创意的来源，他本人也创造了唯美的"Rotis"字体系列。

不过，也有人认为，1964年的东京奥运会先于艾舍尔设计了象形符号（见图1-38）。

图1-38　1964年东京奥运会中使用的象形符号①

【例5】新闻生产中信息视觉化的应用渐增

英国著名平面设计师、坎特伯雷艺术学院平面设计系主任彼特·沙利文（Peter Sullivan, 1932—1996）从20世纪70年代开始供职于《星期日时报》（Sunday Times），15年间，他一直负责报纸的图形艺术设计，他的努力和贡献极大地推动了新闻报道中对信息图表的使用。自1982年美国首次推出彩色版报纸后，供职于美国报界的图形设计师们更加活跃，想方设法地应用信息图表设计以期更加简洁高效地传递新闻内容。

沙利文还是为数不多的、撰写了有关新闻报纸中的信息图表设计相关文章的学者。1987年，他撰写的专著《报纸图形艺术》（Newspaper Graphics）有口皆碑；1993年，他的著

---

① 1964 Tokyo Summer Olympics[EB/OL].（2019-06-15）[2024-08-24]. https://sport-olympic.gr/sp/index.php/olympic-games/modern-olympic-games/summer-olympic-games/1964-tokyo-summer-olympics/18401-1964-summer-olympics-olympic-memorabilia.

作《彩色信息图形》（*Information Graphics in Color*）面世，这两本书一直是业界和学界有关新闻报道图形艺术的经典之作。

如今，全球信息图表设计马洛菲杰大赛（Malofiej Competition）的最高奖项就是以他的名字命名的"彼特·沙利文奖"——被誉为图形设计领域普利策奖。这一赛事的宗旨就是倡导"演示而不是讲述"（SHOW DON'T TELL!），颇具启发性。

【例6】奈杰尔·霍尔姆斯与解释性图表

图1-39　奈杰尔·霍尔姆斯

沙利文的同事——奈杰尔·霍尔姆斯（Nigel Holmes, 1942—　）（见图1-39）是出生于英国的信息图形艺术家、平面设计师和信息图表设计理论家。霍尔姆斯从伦敦皇家艺术学院毕业后开始了平面设计生涯，先后为英国广播公司和福特汽车公司等客户提供设计服务。不少有影响力的媒体上都有他的作品。后来，他在《经济学家》（*The Economist*）杂志担任图形总监。

霍尔姆斯首创了信息图表的商业化应用，使"解释性图表"得到更广泛的应用和发展。他在积极从事创作的同时，还撰写了几部关于信息图表的设计专著。

霍尔姆斯曾在接受访谈时清晰地表明了自己的设计理念："我的所有方案都不是来自数据分析的视角，而是来自新闻报道、艺术的视角，都是印刷物的信息图表而不是数据视觉化。"他的见解对我们理解数据新闻报道的真谛颇有助益。

图1-40　爱德华·塔夫特

【例7】爱德华·塔夫特："数据领域的达·芬奇"

常与霍尔姆斯相提并论的爱德华·塔夫特（Edward Tufte, 1942—　）是美国统计协会的成员，在耶鲁大学教授政治经济学、统计学和信息科学（见图1-40）。塔夫特尤以其信息视觉化设计方面的四部著作以及对数据视觉化领域作出的杰出贡献而闻名,被《纽约时报》誉为"数据领域的达·芬奇"。

1975年,塔夫特在普林斯顿大学任教期间,被要求为前来学习经济学的记者们讲授统计学课程。他开设了用图形视觉化表达来传授统计学的系列课程和讲座,当时的课程讲义成为他后来的《定量信息的视觉表达》(*The Visual Display of Quantitative Information*)[见图1-41(a)]一书(名列亚马逊世纪百本畅销书,被誉为"信息设计的圣经")的基础框架。这部论著与他的另外三部经典专著:《展望信息》(*Envisioning Information*)[见图1-41(b)]、《视觉解释》(*Visual Explanations*)和《美丽的证据》(*Beautiful Evidence*)[见图1-41(c)(d)]一起奠定了其卓越的学术地位。

(a)

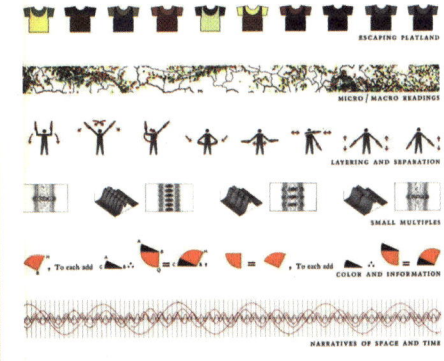
(b)

(c)

(d)

图1-41　塔夫特的"信息设计的圣经"——《定量信息的视觉表达》及其他三部经典著作

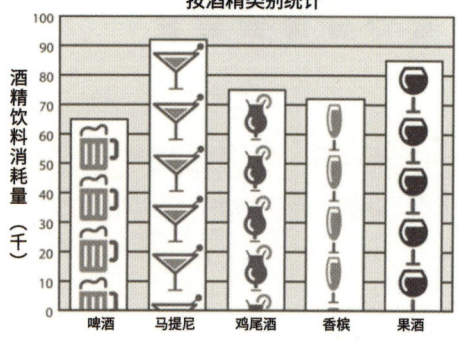

(c)

图1-42 图表垃圾案例[1]

1982年,塔夫特与平面设计师霍华德·格拉拉(Howard Gralla)合作,出版了《视觉阐释》(Visual Display)一书,并在市场销售上大获成功,塔夫特从此也完成了自身从政治学家到信息专家的身份转变。

作为著名专家,2010年3月,塔夫特还应时任美国总统奥巴马之邀约,出任"美国复苏与再投资法案"独立咨询小组顾问,并完成了一项与数据新闻报道关系密切的工作:用视觉呈现方式,分析和描述美国在经历了2008年至2009年的经济衰退之后,公众对将公共财政投资用于帮助国家实现经济复兴的不同态度。

塔夫特对自己的数据视觉化实践十分严苛,精益求精,为了解决一个问题,他甚至会设想几十种可能的方案。塔夫特不仅常常从书籍、报刊、海报、拍卖目录以及不太引人注意的地方寻找灵感,还经常邀请他人批评自己正在进行的创作,他在自己每本书的重印时都会对之进行修订,甚至连颜色、字距和提示格式等的一些小瑕疵也不放过。他的数据视觉化呈现方法被广泛应用于各大著名网站、专业杂志、主流媒体等。

他对信息视觉传播领域发展有着杰出的贡献。除了撰写了多部信息设计和视觉素养方面的学术著作,塔夫特还发明了"图表垃圾"(Chart Junk)这一语汇,特指定量信息中无用的、假的、意义模糊的元素,它们不能阐释意义、反倒提供了更令人费解的信息。换言之,如果图表和图形视觉元素不能有效地传达信息,或者不能引起用户对信息的注意,而只能在视觉上起到装饰效果,那么它们就是"图表垃圾"。在他看来,避免"图表垃圾"的关键在于依赖建立在统计数字基础上的、经过鉴别的可靠知识,让数据本身"说话"。塔夫特的理念简单而强有力——排除"图表垃圾"。

---

[1] 图1-42a: Chartjunk and why to avoid them[EB/OL]. (2019-02-28)[2024-08-24]. https://businessq-software.com/2019/02/28/chartjunk_and_why_to_avoid_them/.

图1-42b: Improve Your Visualization Skills Using Tufte's Principles of Graphical Design[EB/OL]. (2020-09-10)[2024-08-24]. https://medium.com/nightingale/improve-your-visualization-skills-using-tuftes-principles-of-graphical-design-3a0f40a53a2c.

如表示每克拉钻石的价格变化［见图1-42（a）］、周五晚上酒吧不同类型饮料消费情况［见图1-42（b）］以及不同国家钢铁产业工人时均薪酬［见图1-42（c）］的视觉化信息，都被认为是仅有装饰效果的"图表垃圾"。为此，塔夫特用客观的方式，运用计算机技术能力，通过图表将复杂晦涩的超量信息转化为更具"简洁性"的形式。他擅长在二维层面上组织动态的多维度信息，尤其擅用坡度图（Slope Graphs）来实现数据视觉化。

此外，塔夫特还提出了"谎言因素"（Lie Factor）、"图形的数据密度"（Data Density of A Graphic）、"数据和墨盒关系"（Data-Ink Ratio）等一些重要概念。

其中，著名的"数据和墨盒关系"原理，意即"最佳图表应该做到在最有限的注意力时间内给读者最大的信息量，并做到耗费最少的打印油墨，占用最小的呈现空间（最小的篇幅）"。这一带有原则性意义的概念清晰地表明塔夫特反对在量化信息的视觉呈现中过度使用装饰性元素。塔夫特在其《视觉阐释》一书中解释说，有时，装饰性元素可以帮助图表制作者编辑图形的内容。但是，为了进行编辑或为了调整装饰图形而扭曲数据的测量——扭曲数字跟踪的意义的做法是错误的。他对数据新闻报道中叙事内容与视觉图形关系的认知值得我们深思和铭记。

塔夫特在鼓励图表制作者提供所有可用数据时指出，在尽量使用丰富的视觉化表达形式的同时，应考虑读者阅读节奏的舒适度。他用一些史例来解释和佐证这一观点，如约翰·斯诺的伦敦霍乱暴发地图、米纳尔的拿破仑进军图、早期的太空垃圾图、伽利略《星际信使》（*Sidereus Nuncius*）中的天文图（伽利略把自己在夜间对木星卫星的观察与两个月内的叙事记录交织在一起）和林徽因侄女——林璎设计的华盛顿越战纪念碑（在一块黑色花岗岩上列出的阵亡名单并不是按阵亡军人姓名字的母排序，而是按其牺牲的时间顺序排序的，因此，每位战死沙场的官兵都在整个战争的时间范围内得到彰显，纪念意义更为宏大）。

【例8】大卫·麦坎德利斯与复杂数据的简洁化

供职于《卫报》和《连线》（*Wired*）杂志的大卫·麦坎德利斯（David Mccandless，1971—）是当今英国最著名的数据新闻报道记者和图形设计师之一，他在数据新闻报道方面有着杰出贡献，致力于用简练而优美的图表视觉化地呈现各种复杂难解的数据信息，帮助读者从复杂的世界中得到意料之外的新认识。此外，麦坎德利斯著有《信息之美》（*Information is Beautiful*）和《知识之美》（*Knowledge is Beautiful*）两部专著，在其中全面阐释了自己的观念。针对"数据先于图形"这一观点，他提出了相关的定位思考：数据新闻报道视觉化的作业究竟应该由图形设计师（Graphics Designer）还是图形艺术家（Graphics Artist）来负责呢？

【例9】阿曼达·考克斯与信息图形创新

阿曼达·考克斯（Amanda Cox, 1980—）是一位具有统计学学士和硕士教育背景的美国记者，2004年他入职《纽约时报》后，任数据新闻报道中心的图形编辑，同时在纽约大学新闻学院教授数据新闻报道课程。在供职于《纽约时报》期间，考克斯使用统计学知识和数据视觉化叙事完成了许多优秀新闻报道，《哈佛商业评论》（*Harvard Business Reviews*，HBR）对此给予了很高的评价：《纽约时报》成为新闻图形设计领域的领军者之一，不仅领导了创新信息图形领域，而且提升了新闻互动视觉化的标准。考克斯本人也被誉为信息图表设计领域的"迈克尔·菲尔普斯"（Michael Phelps，世界著名游泳健将）。

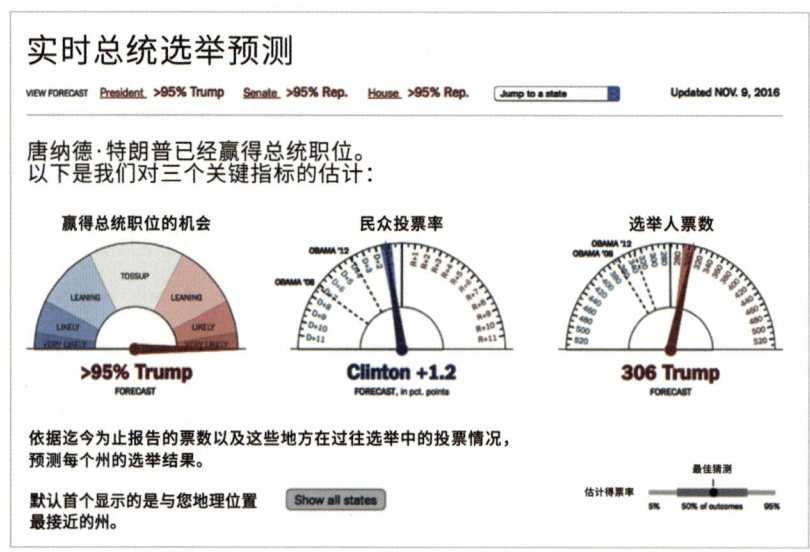

图1-43　考克斯根据现场实时投票完成的数据新闻报道[①]

2017年末，考克斯在《纽约时报》推出了"现场投票"特稿，与锡耶纳学院合作，实时报道选举结果（见图1-43）（中国传媒大学新闻学院也曾与人民网合作"两会报道"，实时抓取并报道两会热词及舆论对其的反应）。她完成的数据新闻报道曾在2014年和2016年两度被评为美国最佳信息图表。

考克斯在做2013年网络开放数据视觉化会议（OpenVis Conf）开幕主题演讲时明确表示，"信息图形设计最终并非仅仅关乎单纯的排版和空间布局，而是关乎情感共鸣，成功的设计即让读者在情感上能够理解和产生共鸣的视觉化作品"。

【例10】费尔南达·维埃加斯等与"上网记录历史流"视觉化工具

出生于巴西的费尔南达·维埃加斯（Fernanda B. Viegas）于2005年获得美国麻省理工学院媒介实验室的媒介艺术与科学博士学位。近年来，她在对信息视觉化的社会维度、合作维度以及艺术维度的研究中崭露头角。这位融技术与艺术知识于一身的女性学者，不仅在信息与传播技术（ICTs）方面造诣颇高，而且创意非凡。她从20世纪90年代开始，就构想

---

① 2016 Election Day: Live Updates[EB/OL].（2016-11-08）[2024-08-24]. https://www.breitbart.com/live/2016-election-day-live-updates/.

了一些能使网民将自己的对话者进行分类的界面。当年,网民可以借助她设计的界面,把文件根据密友、私人、工作等进行归类,并都能用一张照片(作为一个交互性文件)来呈现,这种设计比社群网络要早很多年。之后,她又绘制了十分经典的、极具逻辑性的视觉化聊天圈(Chat Circle)——网络对话图表。

随着作为工程师和艺术家的双重身份不断升华,维埃加斯的平面设计技巧亦日臻完善。然而,她的不足也是显而易见的:无论是网络图表还是"上网记录"历史流,或是数字流账单、对网民群体风格化呈现等,在操作上都有一定难度,都需要借诸指南。

后来,维埃加斯离开麻省理工学院的媒介实验室,应聘并担任了国际商业机器公司(IBM)视觉传播实验室的负责人,继续自己在数据视觉设计方面的研发。她和同事马丁·瓦滕伯格(Martin Wattenberg)一起创建了一个新的空间——"多眼"(Many Eyes)(见图1-44),这一叙事空间可以说是数据视觉化最为重要的平台之一,它能够同时提供分析、建议、免费的工具以及由来自全球各地的无数参与者完成的视觉化数据。

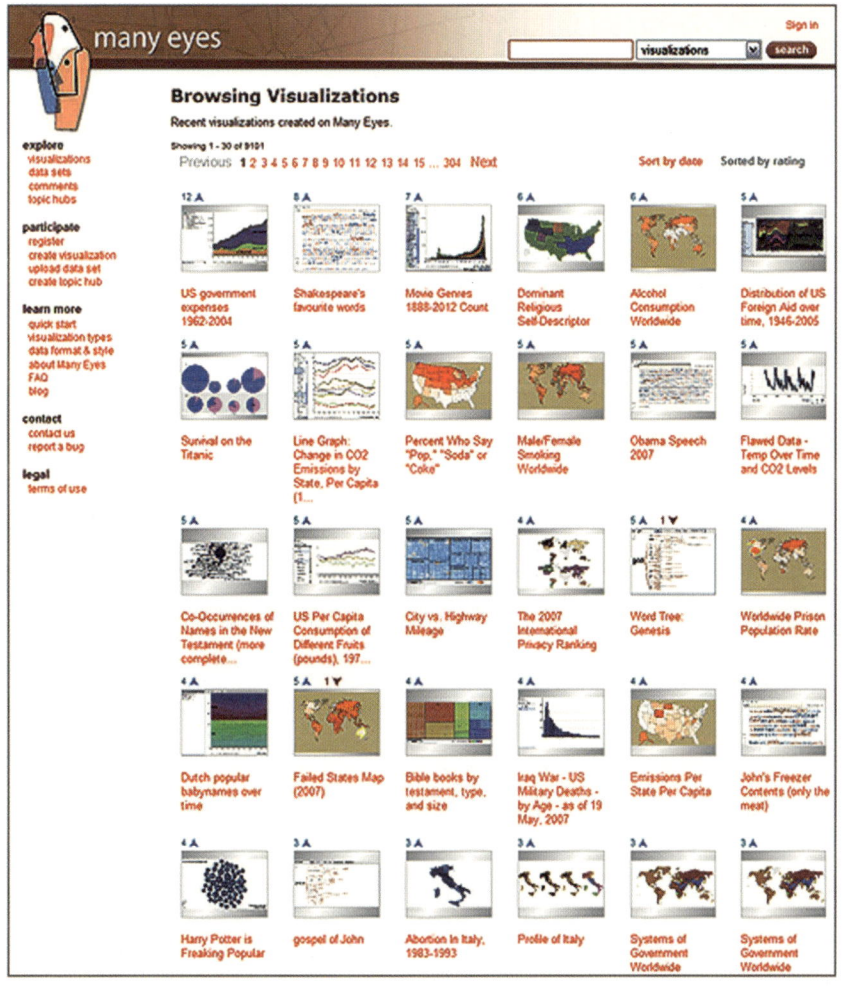

(a)

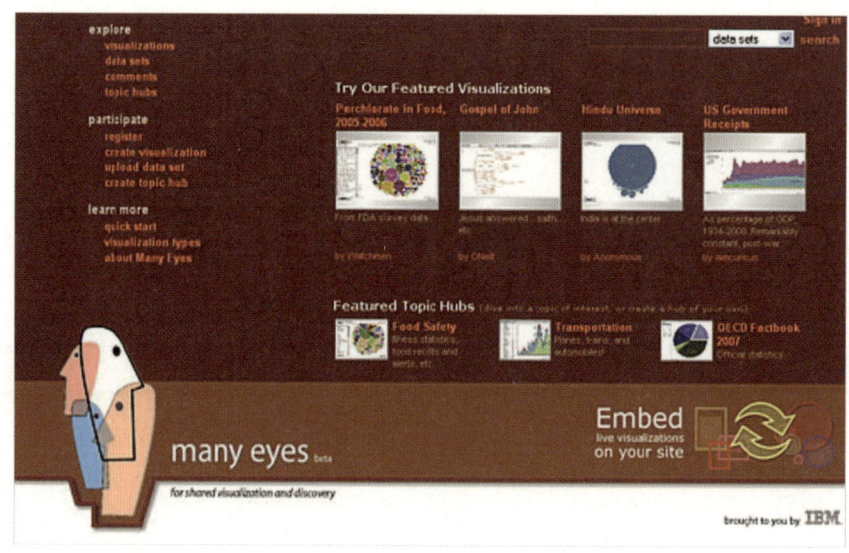

(b)

图1-44 维埃加斯与瓦滕伯格创建的"多眼"

之后，维埃加斯又和两位同事成功研发了视觉化工具——"上网记录历史流"（Life Flow），这是一种记录动态的、不断演进的文档以及将多位参与者互动合作过程视觉化的技术，在呈现方法上沿用了以横坐标标明时间、纵坐标标明事件和数量的传统。这一工具有助于揭示数据，提供文档参与者合作过程的复杂踪迹，尤其适用于展示文献的演化过程，能清晰描述参与者认知不断完善的历程。他们以象征全球网民集体智慧的结晶——维基百科词条作为研究对象。

2003年，维基百科诞生仅两年，人们对于网民创建的这一知识共享体系尚不甚了解，不少人对其开放作者权的模式持怀疑态度。但维埃加斯等人均认为许多词条还是很有价值的。于是，他们决定进行调查研究，梳理高质量内容产生的过程及其中出现的相关问题。通过不懈的努力，他们取得了不少为人称道的成果。

原始数据对于维埃加斯项目的顺利启动来说不可或缺。所幸维基百科的数据不是数据库中的数表，而是一整套不同文件版本和词条的编辑记录。事实上，维基百科完整保存了每一个网页的修改记录，并将之提供给公众。这个意外惊喜来自维基百科创始人最初的英明决定。

维埃加斯和研究伙伴在意的数据正是词条编辑的历史轨迹，通过这些辑录，很容易发现词条的每一次修改情况及其透出的修改思路。通过它们不仅可以比较精确地了解人类对外部世界认识的形成过程，也可以发现维基百科词条维持高质量的秘密。其实，维埃加斯等人的视觉化整体设计式的研究方法对数据新闻报道亦不无启发。

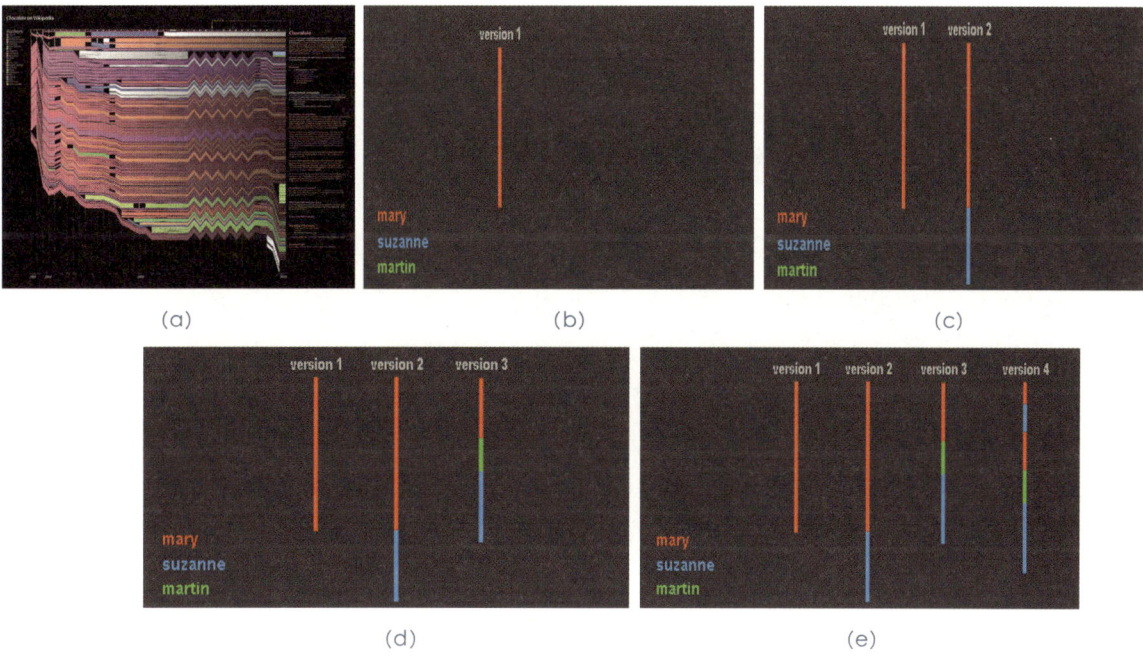

图1-45 维基百科"巧克力"条目的历史流[①]

维埃加斯等人将维基百科"编辑记录"的历史流视觉化，呈现了维基百科中"巧克力"条目的编辑过程。维埃加斯及其合作者对于维基百科条目的修正记录进行了分析和视觉化呈现，图1-45（a）中水平方向的每个条带辑录的是对该条目编撰的参与情况，图中左边列举了对该条目作出贡献的作者（通过颜色编码呈现），图1-45（b）到图1-45（e）依次展示了该条目的历史流信息，每个版本都由一条垂直线从左到右按时间顺序排列。不同作者提供的文本由不同颜色的水平条带表示，文本长度越长，条带越厚［见图1-45（a）］。如以上五图所示，经许多作者修改、编辑的页面在历经多次完全删除后仍得以保存下来。以图1-45（e）为例，为了更好地解释自己的研究方法，维埃加斯等人分别用红色、蓝色和绿色来代表不同的参与者：红色代表初版提供者；第二版中蓝色的加入意味着初版未被该参与者删减，而是被简单地扩充了；第三版中新增的绿色出现在红蓝两色中间，表示前两版均被该参与者删节；而第四版中，蓝色代表的参与者再次介入，意味着他试图再度加强其观点，并在其他参与者的基础上再次完善了该条目。这些图码呈截屏叠加状织构，截屏的最下方，条目的作者们引入了间断性时间序列。这一案例表明，维基百科的条目可以较长时间地存在且不被人修改。然而，当已有条目结构突然完全改变时，图1-45（a）最右端的下行线就会出现，它象征着某些参与者被直接消除了。类似的视觉化案例在维埃加斯和丹尼尔·瓦滕伯格（Danniel Wattenberg）创建的工作室网站上也能查看。2010年，维埃加斯和瓦滕伯格加盟了谷歌名为"大图片"（Big Picture）的研究团队，这是网络数据处理领域的一个重要事件。

---

① A visualisation example—Histroy Flow[EB/OL].（2015-10-16）[2024-08-24]. https://medium.com/the-data-experience/a-visualisation-example-histroy-flow-cb87627013e1.

【例11】欧洲数据新闻报道新秀的贡献

数据新闻报道作为一种借助数字技术工具来寻找、发现和呈现信息，以回应当今时代内容消费者需求的报道方式，为更多的年轻人提供了施展才华的广阔天地。一些新秀因此脱颖而出，在数据新闻报道的发展过程中扮演了承先启后的角色。

较之传统意义上的新闻从业人员，数据新闻报道团队的成员无论是记者、数据分析师还是图形设计师，都要相对年轻一些，他们更容易适应新的生产方式，对数据新闻报道生产流程中数据处理和视觉化呈现的相关技术和艺术也掌握得更为娴熟。坦率而言，在不断追随相关技术及工具的更新等方面，年轻的新闻人普遍更具优势。

在全球传媒生态深刻变革的语境中，悠久的历史积淀和思辨的传统始终是新闻传播界应对和战胜挑战的底气，也始终给新闻人，尤其是业界的年轻人不断革新、创新的勇气。

2009年，法国第一位数据新闻记者脱颖而出，他是毕业于法国里尔政治学院政治科学系的尼古拉·凯瑟–布里勒（Nicolas Kayser-Bril），早在求学期间，他就因个人对新闻传播的浓厚兴趣而开始研究后苏联时代的媒体。凯瑟–布里勒自学成才，在掌握了足够多的编程知识后，他借助谷歌平台的编程界面，制作了自己的应用程序。1999年，还是高中生的凯瑟–布里勒出于好奇，购买了其首个HTML网站，为他的高中同学提供了一些诙谐的内容和游戏。之后，凯瑟–布里勒的个人职业发展方向逐渐由财经转向数字网络技术，他与所在地的政府合作，创建了一个用于市政公共支出的数据处理网站。

之后，他尝试创作了不少数据新闻报道，偶尔也开发一些"严肃游戏"项目（Serious Game，以教授知识技巧、提供专业训练和模拟为主要内容的游戏，自20世纪80年代诞生以来，它也被广泛应用于军事、医学、工业、教育、科研、培训等诸多领域）。凯瑟–布里勒也逐渐成为业界的"网红"，2010年他加入法国新闻及智库类网站OWNI——"Objet Web Non Identifié"。该网站以"知识共享"（Creative Commons）为特色，通过博客发布新闻，每周发布两期新闻杂志，对一些热点专题（如数据开发、个人生活管理等）进行报道和解析（见图1-46）。该网站曾与维基解密合作，荣获2010年度"在线新闻报道奖"和2011年度"最佳非英语网站奖"。

图1-46 法国早期数据新闻报道及智库类网站OWNI

2012年，《数据新闻报道手册》（*Data Journalism Handbook*）的正式出版成为全球数据新闻报道发展的界标。

此前，在伦敦"2011年谋职文化节"（MozFest）上，欧洲新闻中心和开放知识基金会的成员产生了编写《数据新闻报道手册》的设想。"MozFest"是谋智公司（Mozilla）组织的集音乐、技术和社会等主题为一体的大型文化节"Mozilla Festival"的略称。根据2011年该文化节开幕式上宣布的"新闻与技术合作谋智骑士"（Knight-Mozilla News Technology Partnership）计划，欧洲一些主流媒体都将开放自己的编辑室，利用开源技术传递、交流新闻。

由于《数据新闻报道手册》采取了开放数字版权的做法,因此,世界各国的新闻传播学界、业界和普通读者都可以受益,在网络上阅读此书。中国数据科学领域的学者也将该手册译成中文PDF版(并将书中的"Visualization"译作"可视化"),2019年,《数据新闻报道手册》经修订后再版。

数据新闻报道对数据及信息图表的运用不同于以往的新闻报道,而今内容生产过程中的交互性和用户体验也成为数据新闻报道的一大特色。

法国数据新闻报道新秀卡罗琳·古拉尔(Caroline Goulard)指出,数据新闻报道是"点餐式"的新闻消费,不失为解决受众碎片化的一种方法。在她看来,数据的挖掘、清洗和分析为记者提供了新闻报道社会实践的素材(原始资料),有助于在记者同内容消费者之间建立一种新型的交互关系,这对传统媒体"重拾"丢失的受众有不小的意义。古拉尔在法国雷恩政治学院接受过系统的学术训练,在成为媒体管理方面的专家后,曾于2010年夏天创建了法国最有活力的在线视觉化新闻网站之一——ActuVisu网站(见图1-47)。

图1-47　法国早期最有活力的在线视觉化新闻网站

事实上,数据新闻报道的交互性对用户独立得出对某一现象的看法也有助益。当用户可以自由掌控数据,而某一交互应用又有助于他们访问数据库的任何部分之时,用户的消费体验不但提供了在线新闻信息的另一决定性维度——个性化服务,还更便于个体用户形成个人对外部世界的认知。如果能真正实现这一想法的话,数据新闻报道就可以回应用户对了解时事的个性化需求,换言之,新闻信息的个性化消费便可以实现。

传播全球化带给新闻内容生产的普遍影响之一即记者报道视线的下移,具体的表征一方面在于报道体量同时出现缩减与扩容,前者体现在短新闻激增、后者则体现在数据新闻报道的视觉化叙事及其交互性文本;另一方面还在于用户对新闻内容贴近性的苛求,本地新闻(Local News)和超本地新闻(Superlocal News)成为许多现代用户时事类信息消费的第一选项。

欧洲两位年轻的数据新闻报道记者大卫·卡斯特罗-洛佩斯(David Castello-Lopes)和皮埃尔·邦斯(Pierre Bance)及时捕捉到这两方面的变化,旋即在短新闻与报道的贴近性的结合上做出了创新性努力——在新闻内容生产领域开始尝试语境化"微故事"的叙事方式(见图1-48)。

2008年,卡斯特罗-洛佩斯作为"访学记者"赴美国伯克利大学进修时,偶然看到一张1880年以来全美各州县的移民信息图,他颇受启发,因为从中发现了利用数据库进行新闻

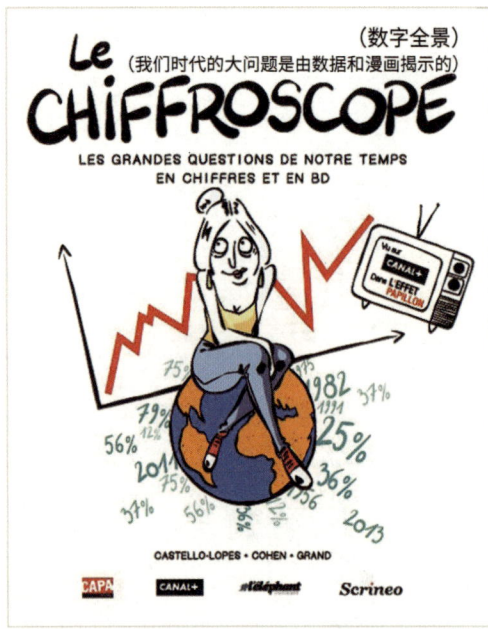

图1-48 数据新闻报道与语境化"微故事"[①]

加工和视觉化呈现的魅力,纽约五个区的犯罪情况统计图尤其使他大有茅塞顿开之感。最令他亢奋不已的不是数据的视觉化呈现,而是从整体上展示一个现象的这种前所未闻的报道方式。该图对犯罪情况的描述不仅提供了相关现象的宏观视野,还提供了构成这一现象的微故事。只要获知某个"小"故事、某起发生在某条街道的谋杀案,所有的情景就会一目了然,这对他来说实在太神奇了。于是,用数据视觉化的技巧和微故事的叙事方式追求见微知著的报道效果,成为卡斯特罗-洛佩斯努力的方向。

他找到自己高中时期的同学、编程专家皮埃尔·邦斯合作,两人成功制作出20世纪80年代初以来法国失业情况信息图。他们的这一合作开启了新的思路:建构一些交互式视觉化的独家信息来作为调查性报道的主题,或者制作一些可重复运用的工具,以便在报道其他时事热点时也能用它处理不同的数据。他俩成功地运用了语境化"微故事"的叙事方式,解决了长久以来困扰媒体而又迟迟没有解决方案的问题,即新闻报道如何同时兼顾宏观和微观叙事的问题。卡斯特罗-洛佩斯的内容生产创新也再次表明,要想获得数据新闻报道的最佳传播效果,有一个前提是万万不能忽略的,即新闻报道需要的、必不可少的情景化。

以上对视觉传播历史的梳理(应该承认,限于时间和篇幅,我们难以完整地介绍所有为当代数据视觉化演进作出过积极贡献的理论家和实践家),并不仅仅是为了寻回逝去的记忆,更重要的是为了厘清数据视觉化发展的逻辑,以便对数据新闻报道的现实和未来做出更加清晰且尽可能准确的认知与判断。如果不了解过去的历史,今天的创新也就无从谈起。

值得重视的是,如今,尽管数据视觉化叙事技巧日臻完善,但它并不能全等于数据新闻报道。虽然不同数据新闻报道的视觉化呈现方式几近相同,可是它们在内容生产的侧重点上存在着较大的差异,因为数据视觉化叙事的内容可以是新闻也可以不是新闻。

思考题:

1.如何理解人类最古老的信息传播始于视觉符号形式?
2."Data Visualization"的准确表述究竟是"数据视觉化"还是"数据可视化"?
3.数据视觉化叙事的演化特点和规律有哪些?
4.享有"数据领域达·芬奇"美誉的塔夫特做了哪些具有建设性的学术贡献?

[①] Le Chiffroscope—D. Castello-Lopes, L. Cohen et E. Grand[EB/OL].(2014-03-27)[2024-08-24]. https://www.viedegeek.fr/article/critique-bd-chiffroscope-d-castello-lopes-l-cohen-e-grand/.

第二讲
数据新闻报道的学理脉络：原理·范式

数据新闻报道的优势：借用数据的视觉化叙事手段来完成新闻报道和时事分析。

因此，我们首先应该了解人文社会科学研究中数据应用的价值，同时厘清数据之于新闻传播实践的意义，然后，梳理数据新闻报道的学理渊源，从而完成对数据新闻报道概念的界定，并正确认知数据新闻报道的两种范式。

第一节　数据与人文社会科学

一、人文社科研究中的数据应用

通过量化的数据来从事人文社科研究，不仅可以为学者提供新的研究视角和研究范式，还有助于形象化地表述社会观察的可信程度，而且更容易验证研究假设，建立定律，从而构建某种经验性的理论或体系。

传统上，人文社科领域的研究是比较个人化的，研究的发展也多取决于研究者包括个人长期思考在内的学术积淀。数据的引入和应用以及相关工具的开发和平台的完善，一改以往人文社科学者独自研究的习惯，学者之间、研究机构之间以及学者与社会之间的交流互鉴更加频繁，相得益彰。

在此，我们可以举一个比较能说明问题的案例：2012年，美国里奇蒙大学数字化学术实验室采用数字文本挖掘技术、计算机算法和概率论，对美国内战期间近1400个主题的新闻报道，以及见报的民族主义言论和爱国主义言论进行了详细的数据分析，为历史学家的研究提供了新路径、新思路；而在此之前，由于这些报道的内容和主题过于丰富，相关文献卷帙浩繁，类似研究的难度实在太大，历史学家仅用"做卡片"等文献梳理的传统研究方法是不太可能对相关数据进行逐一分析的。

二、数据与量化研究

作为研究方法和研究范式，数据是量化分析的基础。

在人类社会的发展进程中，信息化程度不断提升。在哲学、文学、经济学、政治学、历史学、法学、文艺学、伦理学、语言学、社会学、新闻传播学、心理学、军事学、民族学、宗教学、人类学等人文科学和社会科学领域，学者都借助数据进行量化分析、组织研究，他们从实证主义的角度出发，用具体的数据来分析比较一些不甚具体且模糊的因素，以期更好地客观认识人的精神世界、探究和阐释社会现象及其发展的普遍性规律，达到预测社会的目的。

（一）数据作为研究方法和研究范式

量化和质化分析是科学研究的两种研究方法。在科学尚未具备如今这样的规模和细分之时，量化研究主要被用于自然科学，它精准、客观，能够精练地呈现自然世界的现象和规律；质化研究则主要被用于社会科学的领域，它善于发现社会现象的意义，帮助学者对社会现象做出描述和阐释。

量化研究是基于对研究对象的测量和计算，建立在概率论和统计学基础之上的研究；而质化研究则依赖于对研究对象的能指和所指的描述和阐释。马克思认为，任何变化都是量的变化和质的变化的结合。即便是复杂的社会现象，也会有一定的可测量度，当然，有时这种可测量度较高，适用于用数据呈现，有时这种可测量度非常低，低到学者观测到的数据缺乏有效内涵，那么对其进行测量就是没有意义的，这取决于不同社会现象本身的特质。随着人类社会的发展和各学科之间的交融，量化研究逐渐被引入需要探索意义的社会科学研究中，学者会根据研究对象本身的特质，有限度地使用量化研究，它也为提高社会学科研究的准确性、为揭示社会科学核心规律提供了帮助，这也是我们挖掘数据信息的意义、寻找更多被隐藏的新闻价值的方法论的基础。

（二）数据是量化分析的基础

量化研究作为一种建立在概率论和统计学基础上的研究方法，其合法性主要建立在对数据的准确测量和精密计算之上，因此，数据便是其最原始和最基础的研究素材，是可供学者使用的最小的研究单位。也正因如此，数据是否准确，直接关系到后续研究的开展是否具有有效性。假设我们做一个研究，最初拿到的数据就是不准确的、被污染的，甚至是假的，那后面的工作，无论是验证假设还是推导模型，或是归纳规律，都将是无用功，我们不可能得到符合客观实际的研究结论。因此，确保数据的准确性是开展量化研究最关键的步骤。

要考察数据的质量是否合格，我们可以从以下两个方面入手：

其一，研究对象是否具有较高程度的可测量性？我们拿到的数据是关于什么的？它所代表的研究对象是能够被测量的吗？对于情感、认知、心理等受复杂因素影响、具有较大易变性的研究对象来说，我们处理与之相关的数据时就要慎之又慎。

其二，数据获取方式是否合理。对于测量获取的数据而言，需要探察测量工具，例如问卷是否具有较高的信度和效度；是否综合考虑了社会文化等因素的影响；数据采集过程是否科学；调查人员是否具有较高的责任心，能严格执行数据采集纪律；需要间接获取的数据，来源是否可信，数据提供机构是否具有较高的权威性和专业性……都是影响数据准确度的重要因素。

（三）数据在量化分析中的使用

爱因斯坦有一个著名的论断："并非一切可量化的都有价值，也非一切有价值的都可量化。"（Not everything that can be counted counts and not everything that counts can be counted）对于社会科学研究而言，用抽样调查等手段获取的数据提供了对客观社会的一种粗线条的描述，能够在一定程度上反映部分社会现实。但是社会现象是极其复杂的，尤其是当我们要把着眼点放在"人"的要素和故事上的时候，就要特别注意以下几个问题：

◆ 因果关系的推定是否合理；
◆ 人的个体因素是否被充分考量；
◆ 反映共性的大数据和反映个性的异常数值之间，哪个更应被人关注。

TOW数字新闻研究中心的研究者尼克·迪亚科普洛斯（Nick Diakopoulos）也指出，"数据并不天然地意味着真实。诚然，通过确实可信的推理过程，我们可以在数据中找到真实，但是我们也可以找到多个真实，甚或全然的虚假"①。

然而，人文社科领域中的量化研究也存在着不足，诚如法国社会学家雷蒙·布东（Raymond Boudon）直截了当地指出的，"定量研究方法是有局限的……背景分析表明，它也许能极精细地研究社会结构对个人行为的影响，但这种分析只局限于比较狭窄的背景之中"②。

三、数据与经济学

在以往传统的经济学研究中，对很多相关现象每每只进行定性的分析。随着对横截面数据和时间序列数据所进行的数理统计的不断深入和计量经济学的诞生，量化分析在经济学中的应用日渐风靡，对于微观经济现象的观察、建模、分析以及风险评估也越来越科学且便利。

---

① 郭恩强，霍华德. 数据新闻何以重要？——数据新闻的发展、挑战及其前景[J]. 上海：新闻记者，2015（2）：67–71.
② 布东. 社会学方法[M]. 黄建华，译.上海：上海人民出版社，1987.

大数据与经济学的交叉带来的革命性变革不仅仅冲击了经济管理学，还对信息与传播学、社会学、公共管理学等都产生了极为深刻的影响。

曾在伦敦当过记者的现代管理学之父彼得·德鲁克（Peter F. Drucker），在其自传体著作《旁观者》（Adventures of a Bystander）里引用过一个故事：美国明尼苏达大学的一位统计学教授，用幻灯片打出两组统计数字，这两组数字一看就是相互关联的，而且在一段长期发展期间，每一对数字几乎都有相互对应关系。学生异口同声道："这两组数字之间显然有着某种因果关系。"教授说："每个统计学家看过以后，也认为如此。但是，你们能否告诉我，其中到底有什么关联？"他指着两组数字说："左边是每年在纽芬兰周边海域捕捉到的鲱鱼的数量；右边是北达科他州的私生子女数目。"这个案例告诫我们，在习惯于因果逻辑的同时，最好能进行批判性的逻辑思考。

与其他领域相同的是，数据具有意义的前提不仅取决于对其的语境化，还取决于其时效性，因为任何一项数据如果没有与时间建立关系，都将是毫无意义的。更何况世界各地还普遍存在着"数据作假"（Cook the Data）的现象，对此，我们必须提高警惕。

四、数字人文（Digital Humanities）

通常认为，源于"人文计算"（Humanities Computing）的"数字人文"（Digital Humanities），最早可追溯到1949年。那一年，意大利神父罗伯托·布萨（Roberto Busa）在国际商业机器公司IBM的帮助下，用计算机成功为神学家、哲学家托马斯·阿奎那（St Thomas Aquinas）的多达1100多万字的拉丁文作品编制索引。这一成功使得计算机在语言学领域的运用日渐风行，并在此后逐步向文学、历史学、文艺学等领域扩展。20世纪末和21世纪初，随着信息与传播新技术的迅猛发展，"人文计算"的对象从电子文本逐步扩展到超文本、图像、视频、音频、数字地图、网页、虚拟现实、3D等媒介，计算的领域也不仅限于语言学领域，而是扩展到历史、音乐、艺术等多个领域。"人文计算"的概念也与时俱进，演变成"数字人文"。在2001年4月，英国的布莱克威尔出版社（Blackwell Publishing）首次出版了《数字人文指南》（A Companion to Digital Humanities），这是第一部以"数字人文"为名的著作，"数字人文"迅速取代"人文计算"，成为一个在西方广泛传播的新兴跨学科研究领域的代名词。

然而，作为一个全新的且还在不断演化的概念，"数字人文"迄今为止尚未有明确的定义，但其鼓励学者将社会科学领域的某些研究方法引入人文领域，通过规模化的数据或信息技术工具软件，更具智慧地不断提出、重新界定和严谨回答人文社科领域的研究问题，这些技术也对人文社科数据库或数据集的建设、对数字工具的开发和应用等颇有助益。

例如，美国弗吉尼亚大学数字历史研究中心的"影谷"项目（Valley of the Shadow）以电子档案形式保存了美国内战期间弗吉尼亚州奥古斯塔县和宾夕法尼亚州富兰克林县的数以千万计的信件、日记、报纸、演讲、教会记录等原始数据资料，为再现当时该地区的真实生活和相关研究提供了可信的依据。

其实,数字人文的本质在于技术发展与人文观照的融合为一,具有进一步推动科技向善、合以致远的显著意义,从而凸显其赋能社会高质量发展、让人类信息生活更加美好的意向。

可以说,人文社科领域紧密拥抱数据后,被改写的或远不止其研究方法和路径,它的研究视野和格局也势必变得更加宽阔、博大,学者进行跨学科研究的可能性也大为增加。

第二节 数据与新闻传播

一、数据影响新闻报道对事实的判断

数据为学者深度的思考和分析建立了高度的抽象概括与严密的逻辑推理之基础,并为广泛的应用和精确描述提供了可能。在新闻报道中应用数据的力量来完成叙事,既会使对新闻报道对象的多样性和规律性的认知变得更加容易,也将更有利于新闻内容生产者发掘新的观察视角、挖掘独家报道内容。荷兰从事数据新闻报道的记者亨克·范·艾斯（Henk van Ess）曾指出,一个良好的数据新闻报道的过程有不同的层次,可以让人发现个性化的细节,它擅用"长焦镜头"获得大幅画面,倾向于展现问题的各个方面而不是深度解释问题。

在当今快节奏的社会生活中,"快餐"（fast food）及其延伸的"快餐思维"（fast thinking）和"快餐文化"（fast culture）使得人们的新闻消费不仅变得碎片化,也变得扁平而迅捷。越来越缺乏耐心的消费者日益青睐"短、平、快"的新闻产品。因此,如果想要坚持新闻的专业精神、争取传播效果的最优化,在新闻内容生产中增加对数字和数据（如时间、人数、价格、速度、高度、面积等）的应用,或有助于从量化的角度更具体、准确和生动地反映新闻事实,更深刻地呈现主题,也有利于提升报道可信度——量化通常给人精确和真实之感（在财经报道和体育报道领域,数据更是必不可少的辅助性信息）,同时,数据还可以作为新闻背景,为受众理解报道内容、阐释新闻事实提供帮助,以更好地回应受众对新闻产品的需求和期待,既直观又简洁明了,在新闻报道的广度和深度上增加感染力、说服力和影响力。从另一个角度来思考,新闻报道中数据的应用也能对记者的社会实践产生影响,正如法国的社群/社交媒体专家蒂博·托马（Thibaut Thomas）所指出的,中性的数字或有助于受众理解世界,并有效地减少记者的主观性。

进一步而言,既然新闻中的数据会影响人们对报道事实的判断,那么,如果新闻报道中的数据被得当地应用的话,便有可能巧妙地引导舆论。然而,在新闻报道时,应该注意数字和数据有时候也会是不真实的。日本统计学和数据专家西内启认为,人们看到的数据可

能是经过加工的,其目的就是巧妙地误导人们。① 任何统计过程中都可能产生意想不到的疏漏,因此,统计数据也可能存在"陷阱"。西内启的看法或略显绝对,但也的确从侧面阐明了新闻报道中数据应用可能产生的风险。

以色列裔美国心理学家、行为经济学家、2002年诺贝尔经济学奖得主卡尼曼(Daniel Kahneman, 1934—)和美国行为科学家特沃斯基(Amos Tversky, 1937—1996)合作,通过视觉心理学的实验发现,人们的短视行为导致不同的数据呈现方式会影响人们对于事实的判断。例如,相同的选择如果被以不同的数据呈现方式表现的话,就会使人们做出不同的决定。在实验中,研究者召集了一群实验参与者,让他们想象一种情况:一种可怕的疾病暴发,可能有600人会因此死亡。他们准备了两种应对方案供实验参与者选择:A方案的结果是200人肯定可以得救;B方案的结果是有1/3的机会可以使600人全部得救,而有2/3的机会可能1个人都救不了。结果,大部分实验参与者都选了方案A(偏向肯定的方案)。

但是,当换了一个角度来呈现系统的数据时,即换一种描述方式,从"丧生"的角度重述两个方案——告知实验参与者,采用A方案将有400人丧生,而采用B方案,则有1/3的机会没有人丧生,有2/3的机会600人全部丧生,这样的数据呈现方式导致了实验参与者更倾向选择B方案。换言之,在从负面角度呈现数据时,大部分人会倾向选择损失不确定的方案。显而易见,对数据的不同应用和解读影响了人们的抉择。卡尼曼和特沃斯基共同得出的结论是不确定的损失比确定的收益更重要,第一印象对今后的判断很重要,具体而生动的例子比抽象的理论更有分量。

一位法国女记者举了一个生动的例子,表明了对这方面相同的担忧。她发现,法国全国违法与刑事处罚监测中心每个月提供的统计数据都是被建构的,因为这些被政治人物和媒体经常运用的数据都来自宪警的报告。犯罪学家阿兰·波埃(Alain Bauer)在《法国全国违法与刑事处罚监测中心月报》(2010年8月号)中也指出,"受害者没有报案的违法案件,或者是宪警没有介入的案件都没有被统计在内。这就是记录在案的事实并不能如实反映犯罪现实的原因"。波埃认为,将法国全国违法与刑事处罚监测中心提供的数据与通过其他方法获得的数据进行比对是十分必要的,例如通过对受害者进行调查等方法来获得更接近真实情况的数据。

法国记者卡斯特罗-洛佩斯也认为,核实数字无论是对于高校的科研工作者还是对于传统的调查新闻记者而言都是同一回事,因为有些信源是可靠的,有些则不然。作为一名独立记者,他在法国《世界报》(*Le Monde*)网站上发表的一篇数据新闻报道堪称佳作。卡斯特罗-洛佩斯在报道中引用了法国国家经济统计局(INSEE)根据国际劳工局标准提供的数据。网民在阅读这篇报道时,除了能获知全国层面的失业情况变化,还能了解到分省、分年失业情况的变化。

---

① 西内启,朱悦玮. 看穿一切数字的统计学[M]. 北京:中信出版社,2013.

二、数据优化新闻报道的传播效果

数据有助于提高新闻报道的准确性，因此有人认为，数据图表比一篇长长的文字更有价值，数据新闻报道优于传统新闻报道。对于这种看法，法国《回声报》记者费罗（Jean-Christophe Féraud）回应，"读者的阅读能力还在！"在他看来，用三维方式呈现数据固然很好，然而，理解新闻报道的现实不仅要用眼睛和耳朵，更需要动脑子。

数据之所以有望改变新闻报道的传播效果，与媒体在长期的社会实践中形成的报道原则和风格传统不无关系。在英美新闻界，1921年《卫报》最重要的掌门人斯科特致力于倡导的"事实是神圣的"（Facts are Sacred）理念影响至今[①]，它直接作用于数据新闻报道的发展，鼓励以数据的力量助推对事实的呈现和传播效果的优化。例如，美国主流媒体的数据新闻报道就非常符合重事实、轻评论的盎格鲁-撒克逊新闻文化。

除了加强新闻的真实性，在新闻报道中借用数据的初衷，更是希望通过数据更加精确地描述事实以期改进报道质量、更好地回应和满足用户的期待和需求，并争取用最好的传播效果赋能媒体的公信力和影响力。

但是，对于新闻报道中数据应用与传播效果之间的关系，业界并不总是持积极态度。有一种相对偏激的看法认为通过数据来描述现实的方法，无助于解决传统媒体的危机。部分学者甚至对于是否应该努力争取更大程度上的客观性也持反对意见。有记者认为，将法国传统媒体的式微归因于法国新闻传统偏重评论的看法是错误的，因为无论在文化层面或历史层面，法国媒体的新闻内容生产始终都无法摆脱带有倾向性的报道框架。如果一味地追求新闻报道的客观性，会使传统媒体失去与新闻消费者的联系，且是不切合实际的。

通过上一讲对数据视觉化历史的回望，我们知道，早在新闻与传播技术勃兴之前，新闻记者的报道中已有许许多多的数据应用，其主要的呈现形式不外乎文字表述和信息图（Infographics）。

【例1】

纽约时报的网站曾用3780个彩色标记点详细披露了2003年以来纽约市每一件命案事发的时间、受害者和罪犯的年龄、种族、使用的枪械等（见图2-1），强化了该图的传播效果。

【例2】

2009年，英国《每日电讯报》（*Daily Telegraph*）也曾用图表形式，列出议员和政府内阁成员的开支费用，揭露他们的滥权行为。[②]

---

① 数据新闻报道的先驱人物、英国《卫报》的数据新闻编辑西蒙·罗杰斯（Simon Rogers）于2013年在伦敦出版的著作《事实是神圣的：数据的力量》（*Facts are sacred: The power of data*），书名即沿用了斯科特的经典理念（该书中文版出版时，书名被译作《数据新闻大趋势：释放可视化报道的力量》）。

② ROGERS S. Facts are sacred: the power of data[M]. London: Faber & Faber, 2013.

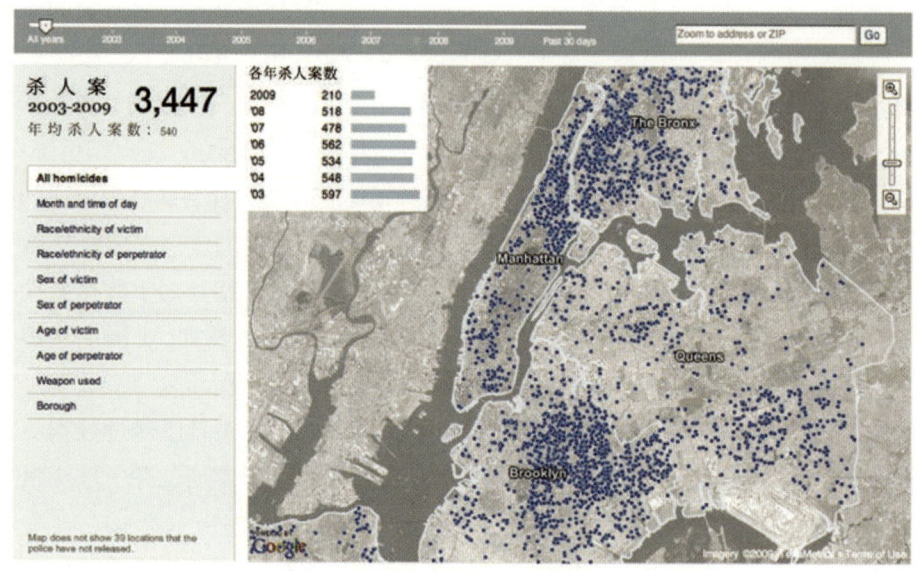

图2-1 《纽约时报》网站报道纽约市犯罪情况[1]

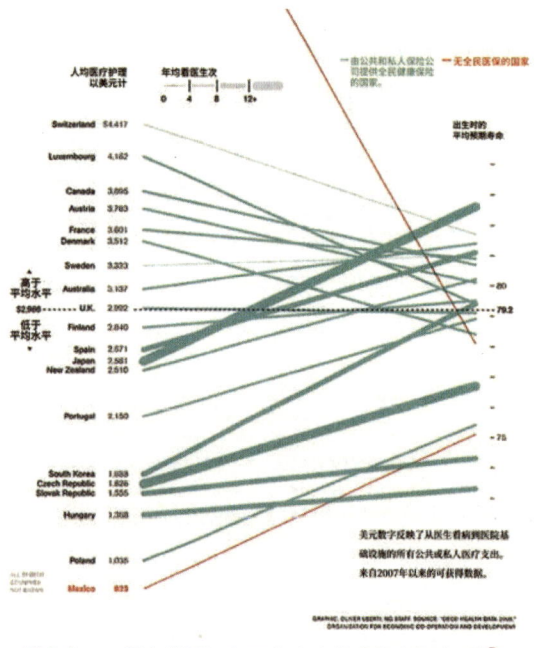

图2-2 《国家地理》真正意义上的数据新闻报道[2]

【例3】

2009年,奥利弗·尤贝提(Oliver Uberti)在美国《国家地理》(National Geographic)杂志上发表了一篇有关世界各国人口平均寿命的报道(见图2-2),在数据视觉化的呈现中,用相关变量,对人口出生率、国民年均医疗费用的支出等进行了比较。

这是一个真正意义上的数据新闻报道,因为尤贝提在通过数据对比进行新闻分析时,还引入了新的视觉化呈现方法——双标轴(Dual-Scaled Axes)。该报道在创新上也体现了重要的价值:通过"双标轴",在那些看似没有任何意义之处发现了新闻价值。

---

① Data Visualization and Infographics Resources[EB/OL].(2009-11-11)[2024-08-24]. https://www.smashingmagazine.com/2009/09/25-useful-data-visualization-and-infographics-resources/.
② The Relationship Between Health Spending and Life Expectancy[EB/OL].(2010-01-10)[2024-08-24]. https://thesocietypages.org/socimages/2010/01/10/the-relationship-between-health-spending-and-life-expectancy/.

三、记者需要具备数据应用素养

数据赋能新闻报道,既可助力记者对事实进行更准确的判断,亦可优化传播效果。记者在内容生产中应用数据完成的新闻叙事,更有可能被认为是具有可信度的、"引证和采信充分的报道"(well-documented work)。同理,数据新闻报道也很容易被贴上"客观性"的标签,尽管数据未必都是真实可信的。一名记者在其创办的数据视觉化网站Actuvisu.fr上,以亲身经验否定了自己日常所用数据的客观性,主张了数据的主观性。她认为数据并不比一个专访或一篇报道来得客观。数据通常都是被建构的,就像建构数据视觉化的平台一样。孤证不足以被人采信,因此,当记者在新闻实践中应用数据及其定量分析时,必须注意避免泛量化或唯量化的取向。

著有《传播理论:起源、方法与应用》(*Communication Theories: Origins, Methods, and Uses in the Mass Media*)等专著的美国得克萨斯大学新闻系教授小詹姆斯·坦卡德(James W. Tankard, Jr.)指出,记者——尤其是没有接受过相关学术训练的记者——在使用社会科学方法时最容易犯以下五种错误[①]:

(1)从不具代表性的样本中概括结论;
(2)用街访(Man-on-the-street)的结果概括结论;
(3)不理解"随机"的意义而误用之;
(4)无效的因果推论;
(5)把先发生事件作为后发生事件的原因。

有记者也指出,数据新闻报道应该避免进入的一个误区是当记者运用大量的数据时,并非一定要在依循相同演化规律的两个现象之间建立因果性。例如,酗酒和死亡率或有相似的增长,但二者之间的因果关系尚有待证实。

于1980年在传播学领域提出"沉默的螺旋"理论的德国教授伊丽莎白·诺埃尔-诺依曼(Elisabeth Noelle-Neumann)(见图2-3)也指出,记者如果缺乏完整的社会科学训练,就可能在新闻实践中遭遇下列情况:

图2-3 著名传播学者伊丽莎白·诺埃尔-诺依曼

(1)对测量理念不了解,对保证测量质量的前提模糊不清;
(2)无法了解预测在社会科学研究中的意义;

---

① 罗文辉.精确新闻报道[M].台北:正中书局,1991.

（3）误解访谈这类收集资料的方法——事实上，访谈在收集新闻素材（采访）和社会科学研究（治学）中的意义是不同的；

（4）新闻记者并不习惯于以系统的方式思考，也不习惯通过系统性比较来获得知识，因此，他们对于使用（数据）统计来获得信息的整体过程不甚清楚；

（5）对相关关系和因果关系的区别认知不清，常认为有相关性即有因果性。

因此，从事数据新闻报道的记者具备一些相关的学术素养、掌握基本的社会科学研究方法、避免误入数据陷阱还是很有必要的。

第三节 数据新闻报道的学理脉络

每个学科的发展都有各自的学术渊源和演进脉络，找寻其学理基因将有助于我们增进对相关问题的理解。如果我们将视线聚焦在新闻报道理念的历史演进上，数据与新闻学的学理逻辑演化便能十分清晰地得以呈现。

数据与新闻学之间最突出的学理关联与学理交叉，主要体现在精确新闻报道、调查性新闻报道、解释性新闻报道和分析性新闻报道等诸多新闻实践理念上。

众所周知，人类信息生产观念一直处在受社会意识变迁和传播技术进步影响而不断演进的过程中，新闻报道实践理念亦如此。

从新闻业诞生起，倾向性新闻报道理念（Opinion Journalism）长期占据统领地位，从19世纪中叶开始，以《纽约时报》为代表的西方报业的办报理念发生了重要的变化：将新闻报道的价值导向由倾向性转移至客观性（政治上，超越党派独立办报；新闻上，力求报道的客观性；社论上，尽量保持议论的平衡性）上，它们执着追求客观性，践行客观报道（Objective Reporting）的理念。在新闻学理论的范畴中，"客观性"也由此被视作"中立"的同义词。

然而，随着人类对社会生产活动的认知的不断深化，实践理性也在与时俱进地不断演化中。新闻业界和学界越来越多的人士对报道的客观性产生了怀疑，这是因为在新闻生产的过程中，受众/用户所消费的新闻内容均是经过媒体、记者/编辑的把关筛选，再被以一定方式表达的事实，它们不仅脱离了事实原有的自然形态，而且带有主观建构的痕迹，即一定程度上带有新闻内容生产者的价值判断。"新闻报道不是社会现实的镜子，记者也不是记录现实的机器"的观点，正好诠释了对新闻报道客观性的某种新认知。

既然新闻报道实践无法避免主观性，它会不可避免地带有个人的价值判断，"完全客观"也只是媒体和新闻从业人员的一种理想、一种追求，那么，何妨在职业伦理道德（诚实）的范畴内允许一定程度的报道者的主观性介入呢？

于是，20世纪50年代，一种新闻报道的创新理念——新新闻主义报道理念／新集纳主义／新新闻体（New Journalism）出现在美国，并得到学术界的普遍认可，它也被认为是20世纪应用新闻学最激进的一种新闻实务理念，在20世纪60至80年代由美国风靡至他国。

新新闻主义报道理念主张按文学创作的手法从事新闻内容生产，综合运用新闻报道、自传、小说等技法，使报道既具新闻性又具文学性。1973年，坚持这种新新闻报道观念的美国记者汤姆·沃尔夫（Tom Wolfe）和约翰逊（E. W. Johnson）选出了21位认同这种写作风格的新闻人的作品，编辑出版了《新新闻报道》（*The New Journalism*）一书，标志着新新闻主义的正式诞生。

这一报道理念的新闻学意义在于对客观报道理念的反动、对创新（如报告文学、纪录片式的主观"镜头"）的追求，在哲学层面则反映了人们对客观性的怀疑和对主观性的偏好。

在新闻报道理念不断创新的过程中，记者们意识到既然新闻报道可以采用文学的手法，那自己也完全可以采用科学研究的方法来无限逼近现实真相。因为，在日常的报道实践中，新闻的意义有可能超出事实的时空范围，但报道的内容不能超越自身存在的时空。只要注重报道事实中重要情节的准确性，就能避免出现新闻失实的情况。于是，20世纪60年代开始，另一种新的理念——精确新闻报道（Accurate journalism/Precision journalism）渐成气候。

一、精确新闻报道理念

在新闻史上，自从记者开始追求报道的客观性以来，新闻学界和业界都在不断尝试以准确性（Accuracy）和精确性（Precision）来逼近真实性。继客观报道理念之后，精确新闻报道理念成为这方面突出的努力结果，直接促进了社会科学量化研究方法在新闻报道领域的广泛应用。

精准性是数据的根本要素，新闻实践中精准的数据则是提升报道可信度的基础。在某种意义上，数据新闻报道实际上也是精确新闻报道实践的一种方式。对于追求新闻报道客观性和真实性的专业记者来说，一项数据很有可能就是一则新闻素材，掌握精准的数据意味着掌握了丰富的矿藏。在新闻报道中，数据常常比概念更有价值。例如，在2020年8月贝鲁特港爆炸事件中，报道泛泛地描述"灾情很严重"远不如直接提供准确的死伤人数更能说明问题。

事实上，早在19世纪上半叶就有了精确新闻报道的最初实践。据考证，最早利用数据进行新闻报道的历史始于1821年5月5日的英国《卫报》，在当天出版的报纸的头版上，《卫报》编发了曼彻斯特在校小学生人数及其平均消费统计的新闻报道。

从历史的角度来观照，精确新闻报道可以说是伴随着美国总统竞选而产生并发展起来的。1824年，美国《宾夕法尼亚人报》（*The Harrisburg Pennsylvanian*）的记者在总统选举前进行了"模拟投票"方式的民意调查，不过，鲜为人知并令人惊奇的是，这次民调不是在宾夕法尼亚州，而是在特拉华州进行的，旨在了解当地选民中意的总统候选人，这项调查中没有任何的"正向歧视"，调查结果的公布者也没有在数据上做手脚，可谓19世纪最诚实的一次投票，调查数据统计结果刊发于当年7月24日的《宾夕法尼亚人报》。这次民调显示，候选人安德鲁·杰克逊（Andrew Jackson）将领先于其对手约翰-昆西·亚当斯（John-Quincy Adams），并将以335票对169票（66%对33%）在美国总统大选中获胜。这是首次借用规模化数据进行新闻报道的尝试，尽管未必有现代意义上的视觉化呈现，但可以被认为是首次进行精确新闻报道的实践。

应该说，除了一些个别失误，《宾夕法尼亚人报》对杰克逊在人气投票中胜出的结果的预测是相当准确的。但遗憾的是，赢得最多民意分的候选人未必一定在总统大选中胜出。当年，杰克逊并未击败他最大的对手亚当斯，赢得秋季大选的胜利。由于没有一个候选人获得过半数的选票，选举结果最终交由众议院决定，而杰克逊输给了亚当斯。

在当代美国总统大选中，也有类似的例子，如在2000年美国总统大选中，起初，阿尔·戈尔（Al Gore）在民意调查中领先他的共和党对手小布什（George Walker Bush）11个百分点，最终却败选了。

由《宾夕法尼亚人报》进行的民意调查类型以"模拟投票"——麦秸游戏（Straw Votes）——闻名于世，更正式的说法为非概率样本（A Non-Probability Sample）民意调查。如今，作为精确新闻报道的最主要的组成部分，人们更习惯于运用"具有统计学意义的抽样方法"（Statistically Sound Sampling Methods）来表述该民意调查方法。

《宾夕法尼亚人报》当年的这项民调具有政治传播和数据新闻报道的双重实验意义：一方面，它不仅是首次民意调查，也是媒体首次借用规模化数据来从事的新闻报道实践；另一方面，这一兼具实验性和开创性的传播实践产生的影响源远流长，尤其是当人们对新闻报道客观性的要求不断增长之时。

20世纪60年代，以研究新闻报道质量、投票行为、报业传播技术等见长的美国北卡罗来纳大学新闻系教授和记者菲利普·迈耶（Philip Meyer），提出了精确新闻报道、精确报道体理念，主张运用调查、实验、内容分析等社会科学领域的实证研究方法，来收集资料、查证新闻事实、用数据说话，并通过现象或变量之间的比较来进行推理。此方法讲求新闻的准确性，希冀从一般事件中看出其潜在意义，以避免新闻报道实践中出现叙述的事实虽是准确的，但报道本身仍然有可能是不真实的现象，换言之，如果报道的事件本身超越了它所在的时空范围，就有可能出现新闻的意义超出事实的情形。

迈耶于1969至1970学年度完成了专著《精确新闻报道：记者应掌握的社会科学研究方法》（Precision Journalism: A Reporter's Introduction To Social Science Methods），该书于1971年出版（2014年又出了第四版）。

20世纪70年代以后，随着新闻业应用数据分析新路径的开发，迈耶不仅继续与《费城问询报》（Philadelphia Inquire）合作，分析报道费城当地司法系统的量刑模式，还与《迈阿密先驱报》（Miami Herald）携手进行有关资产评估记录的报道。得益于计算机在数据挖掘方面的普及应用，精确新闻报道理念进一步流行。

但是，精确新闻报道理念毕竟是不是迈耶率先提出的，学界还有另外一种看法，即"精确新闻报道"这一术语是由《媒介论争：19个重大问题的正反方辩论》的作者、时任俄勒冈大学教授，伊夫蕾特·E.丹尼斯（Everette E.Dennis）在1971年的一次研讨会上首创的[①]，当时研讨会的与会者中有许多才华横溢的新新闻主义倡导者，他们独到的见解给丹尼斯带来了不少启发。之后，丹尼斯的弟子尼尔·费尔根豪尔（Neil Felgenhauer）在一篇论文中论述和阐释了这个概念。

随着信息与传播领域技术的不断革新、新闻传播教育的日趋完善，以及民意调查在美国的日益发展与多样化和细化，精确新闻报道趋于成熟。到了20世纪70年代，精确新闻报道已经成为美国新闻界普遍重视的一种新闻报道理念和报道方式，它不断升温并日益受到肯定，被视作对19世纪初期美国运用规模化数据从事新闻报道的学理传承。

迈耶在精确新闻报道方面作出的贡献在于通过调查、实验和内容分析等方法，用具体的精确数据解析新闻事件，尽量将新闻报道中的主观性降至最低，从而成功确立了一种新的、持续性新闻叙事的标杆，为记者利用社会科学研究方法来提高新闻叙事的深度和准确性开辟了新的路向。

较之传统的新闻报道以观察、访谈和经验为主的工作方式，精确新闻报道要求记者更具主动性、更具科学精神，强化其新闻报道的准确性和客观性，避免对新闻事实进行一般性叙述和表面性评论。其理念主张"新闻报道"不再只是对"新闻事件"的被动描述与解读，还应包括对"新闻问题"的主动采访和分析。

由于精确新闻报道在信息传播实践过程中运用了抽样调查、内容分析和科学实验等社会科学领域常见的量化研究方法，而且其大量数字的呈现给人一种"科学"的感觉，因此精确新闻报道理念通常被人们认为是科学的，相关叙事内容的可信度亦自然而然地得以提升。精确新闻报道的生产过程使记者有可能在比对数据库之前，就发现不易被发现的趋势。如果另一位记者或研究人员也采用了相同的报道手法和路径，也有可能得出相同的结论——可复制性是精确新闻报道的一大特点。

精确新闻报道理念的核心与基础在于数据（如民意调查研究的结果），记者借助这些经过挖掘、清洗和分析得到的数据，寻找新闻报道的线索和角度，对报道对象进行科学的解读与剖析，努力使构成新闻要素的时间、地点、人物、事件经过真实可靠；新闻事实在整体上（包括环境与条件、原因与结果）符合客观实际；新闻引用的资料、史实、引语、数字等准确无误。记者需要确保其对新闻的解释合乎事实本身的逻辑，以期达到现象真实与本质真实的统一、宏观真实与微观真实的统一，以及新闻事实与新闻真实的统一，实现新闻报道可信度的最大化。这些数据新闻报道理念的形成及其对相关实践的影响无疑是重大且深远的。从学术史的角度而言，之后的数据新闻报道与此是一脉相承的。

[①] LAVRAKAS P J. Encyclopedia of survey research methods[M]. California: Sage publications, 2008.

二、调查性新闻报道理念

调查性新闻报道（Investigative Journalism）目前尚无统一且确切的定义，业界的认知如美国调查记者与编辑协会（IRE）对调查性新闻报道的界定为通过"以假设为基础的调查"——即通过记者的工作、记者的初衷——独立地去发现被一些人或组织遮蔽的新闻或基于偶然性而被遮蔽的事实，并公之于众；又如中央电视台《调查手册》（2002年3月）的定义——"揭露一种被某些个人或组织故意掩盖、损害公众利益的内幕"，都认为调查性新闻报道的唯一目标在于寻找并揭露秘密（通常是对媒体保密的重要问题），而其特色在于深度调查，报道要素包括：系统的、深入的、原汁原味的调查与新闻叙事。

联合国教科文组织出版了名为《调查记者手册》（*Story-Based Inquiry: A Manual for Investigative Journalists*）的手册，书中对调查性新闻报道的界定为：调查性报道旨在曝光不为人知的重大社会问题；这些社会问题或是被位高权重的人物刻意隐藏的，或因被淹没在错综复杂的背景和事实之中而显得模糊不清；因此，做调查性报道既要挖掘隐秘的信息，也要利用公开的资料。荷兰佛兰德的调查性报道组织（VVOJ）给出的相关定义则较为简明：批判性的、深入的新闻报道。因此，由世界82个国家、211个会员组织、300多个记者组成的，以致力于整合并分享深度报道资源为宗旨的非营利性专业协会组织"Global Investigative Journalism Network, GIJN"将自己的中文名称译作"全球深度报道网"，显而易见，在他们看来，"调查性新闻报道"与"深度报道"是一组同义词。

回溯历史，调查性新闻报道起源于揭露性报道。19世纪与20世纪之交，美国经济发展迅速，社会财富空前富裕，美国进入"黄金时代"，急剧的工业化和城市化令社会结构在短时期内发生重大转型，各种社会问题尤其是腐败问题层出不穷。报人普利策倡导媒体进行揭露性报道，以"揭短""揭黑""揭丑"（罗斯福将此类报道及其报道者称为"扒粪""扒粪者"）。作为负面报道的"坏消息"报道，也因此逐渐成为美国新闻价值观的主核并渐成传统，那是美国揭露性新闻的辉煌时代。

20世纪70年代，美国的水门事件成为调查性新闻报道的界碑和调查性新闻记者的荣耀。虽然此前美国也不乏调查性新闻报道实践，但有关水门事件的调查性新闻报道成为导致美国总统尼克松下台的推力，被全球新闻业界和学界所称道。自此，各国记者尤其是年轻记者都向往从事调查性新闻报道，希冀借此实现自己的抱负和价值（此后，世界上各类政治性、社会性丑闻也都被称为"某某门"）。

实际上，为了揭露真相，《华盛顿邮报》负责报道水门事件的记者曾借用数据库，将尼克松连选连任委员会的所有相关工作人员——列表排名，进行详细的调查分析。

市场需求常常是影响生产的主因之一，新闻消费者期待那些能带来附加价值的内容、那些在别处无法找到的信息、那些可以信赖的并且能够给他们带来力量的新闻。

不同于传统记者日常的工作方法，调查性新闻报道需要核实各种细节，需要寻找证据来支持或证伪消息源——任何信息在没有被验证之前都不能使用。通常，调查性新闻报道依循如下生产步骤：提出假设-将假设分解成不同的概念并严格进行界定-查询公开信源，验证假设-利用人脉资源，丰富对问题的理解-组织素材、构建叙事逻辑并进行核对-寻找相关性-完成报道。

可以说，如今的数据新闻报道一直带有调查性新闻报道留下的痕迹。在通过查询公开信源、寻找相关性等验证新闻线索的有效途径方面，两者更是有着极大的相似性。数据新闻报道的生产过程明显近似于调查性新闻报道的上述生产步骤：发现数据-整理数据-视觉化数据-混搭其他叙事元素-完成报道。调查性新闻报道充分发挥其创造性以增加新的消费吸引力的生产理念也完全被日后的数据新闻报道所继承。

三、解释性新闻报道理念（Interpretative Journalism）

"一战"前，世界各国主要流行以对新闻事实（What）的客观叙事为主的描述性报道，随着战争爆发，报纸读者和广播听众渴望了解战事的缘由、发展和前景，对于报道"为什么"（Why）和"怎么样"（How）的需求大增；加之20世纪20年代末期至30年代初期的资本主义经济危机，大众对相关新闻分析的期盼也更为急切；再有"二战"期间局势风云变幻，媒体的深度解读大受欢迎，这些动因直接催生了解释性新闻报道及其演进。20世纪50年代，解释性新闻报道在美国"爆红"；到了20世纪80年代，这一新闻报道理念开始进入中国新闻界。

在传统上，解释性新闻报道以调查性报道的高品质和挖掘精神为特色，鼓励记者运用充分的背景材料和例证，通过对各种事实的解读来报道新闻背后的相关因素，深度解析新闻的原因和背景，阐明新闻的意义并预判事件可能的发展路径。解释性报道对时效性的要求不高，报道制作周期较长，属于慢新闻，因此，比较适用于对相对复杂或重大题材的报道。在风格上，解释性新闻报道侧重新闻的可读性和贴近性，鼓励记者用颇具文学性的叙事技巧将一些硬新闻类的报道故事化、趣味化。解释性新闻报道具有描写（Description）、解释（Explanation）和评价（Evaluation）三大特点（简称"DEE"），它的出现被认为是第三次新闻报道革命。

基于对新闻真实性的追求，解释性报道恪守的原则包括：保证新闻要素的时间、地点、人物和事件经过真实可靠；保证报道引用的资料、史实、引语、数字等准确无误；提供相关的背景资讯；整体联系、符合客观实际；保证报道分析合乎事实本身的逻辑等。解释性报道不同于英美新闻报道中消息与评论截然分开的叙事传统，而多采用夹叙夹议的法国式新闻叙事方式，在借助相关资讯和数据为受众释疑解惑的同时，还侧重解析新闻事实与相关事物之间的联系。解释性新闻报道的"衣钵"（原则和特点）后来也都被数据新闻报道全盘继承了。

四、分析性新闻报道理念（Analytic Journalism）

分析性新闻报道是数据新闻报道的另一个学理渊源，这一新闻实践整合了调查性新闻报道和解释性新闻报道两种理念，在当今信息泛滥的时代帮助公众在了解特定的新闻事实的同时更好地理解现实的复杂性。

调查性新闻报道主要揭示复杂现象背后隐藏的信息，分析性新闻报道则以解释复杂现象为主，侧重对复杂现象的分散信息进行整理，通过对背景、历史细节和统计数据的描述，完成报道对象的情景化（Contextualization）叙事，以期用全面的解释塑造公众对现象的认知。因此，分析性新闻记者努力收集不同的数据以及各种参数和说明，其重点并不在于对事实本身的分析，而是为了揭示事实之间不甚明显的相关性，从而给出对相关问题更加深刻的解读。

不同于解释性新闻报道，分析性新闻报道通过运用综合梳理、解析和预测等方法，对新闻事实的历史渊源、因果关系、矛盾演变、影响作用、发展趋势等进行立体性报道，剖析新闻事实的内核又展示新闻事实的宏观背景和发展趋向，帮助内容消费者从总体联系上把握事物。分析性新闻报道客观且深刻，兼有评述的透彻性和综述的全面性。

分析性新闻报道并不满足于对事实的转述，而是鼓励记者以批评的眼光、应用科学的方法搜集相关信息；对假设进行求证以核验、证实和修改假设；通过对信息的清洗和阐释，来建构理解相关现象的新框架、新角度，从而拓宽对新闻事实的全面解析，使新闻现象暗含的意义为人所知。我们在数据新闻报道中不难发现对分析性新闻报道这些特点的传承。

事实上，无论是调查性新闻报道还是解释性新闻报道，或是分析性新闻报道，都具有深度报道的属性。

总而言之，上述四种报道理念和实践因其深度及对精准事实的追求，使其新闻写作从选题策划到最终脱稿的时间都比传统报道要长出不少，例如，《华尔街日报》的解释性新闻报道的平均周期为六周。在数据新闻报道的实践中，能清晰地看到上述四种新闻报道理念的影响。因此，详细讲解这些理念的内涵，不仅有助于在学理上厘清数据新闻报道的渊源，还能提醒我们在数据新闻报道的实践中，时时想到并运用这些理念中的相关部分，以期更好地与数据视觉化呈现一道完成新闻叙事。

在日常的新闻内容生产的过程中，但凡遇到数据新闻报道的路径是否越走越窄的困惑，对照上述数据新闻报道的"学理基因"，便可找到破局之道。

综上所述，数据新闻报道的诞生不仅与深度报道颇有渊源，而且发扬光大了深度报道的优秀特点。

第四节　数据新闻报道的两种范式

作为内容生产的方式和新闻叙事的形式之一，数据新闻报道制作过程的基石在于线上日益增加的、供大众免费使用的开放数据及其开源工具。有人认为，英国《卫报》的编辑西蒙·罗杰斯（Simon Rogers）是最早使用"Data Journalism"这一专业语汇的人。但迄今为止，对于数据新闻报道的界定尚无明确、统一的看法，新闻传播学界和业界对其的认知也不尽相同。有的学者从新闻呈现方式来界定，认为数据新闻报道是"区别于一般以文字叙述为主的新闻报道，数据新闻报道以数据为中心，密切围绕数据来组织报道"[1]"数据新闻通常运用可视化技术，以信息图表的形式发布。信息图表通常以图表、图解、图形、表格、地图、动画、视频等视觉化工具来传递数据新闻及信息"[2]。还有学者从数据新闻的特征进行界定："以服务公众利益为目的；以公开的数据为基础；依靠特殊的软件程序挖掘数据背后的信息；以形象的、互动的可视化方式呈现新闻。"[3]另有学者则认为，"从概念上讲，数据驱动新闻强调利用数据科学发现新闻"[4]。

业界一些数据新闻报道的先驱也有各自的理解：

西蒙·罗杰斯认为数据新闻的使命在于帮助人们发现和使用数据。他表达的核心更多在于数据工具在数据新闻报道中的作用，指出数据新闻是把传统的新闻敏感性和具有说服力的叙事能力，同海量数字信息相结合的新闻。

德国之声广播电台记者、信息数据结构师米尔科·劳伦兹（Milko Lorenz）则认为："数据新闻是一种工作流程，包括以下基本步骤：通过反复抓取、筛选和重组来深度挖掘数据，聚焦专门的信息以过滤数据，可视化呈现数据并合成新闻故事。数据新闻可被视为一个不断提炼信息的过程，在这一过程中，原始数据被转换成有意义的信息。当把复杂的事实组织成条理清晰、易于理解和记忆的故事时，公众才能获得更多益处。"[5]

……　……

在此，我们愿意结合学界和业界有识之士的见解，对数据新闻报道做出较为概括且综合的定义：

---

[1] 文卫华,李冰.大数据时代的数据新闻报道：以英国《卫报》为例[J].现代传播（中国传媒大学学报），2013,35(5):139-142.
[2] 文卫华,李冰.大数据时代的数据新闻报道：以英国《卫报》为例[J].现代传播（中国传媒大学学报），2013,35(5):139-142.
[3] 方洁,颜冬.全球视野下的"数据新闻"：理念与实践[J].国际新闻界,2013,35(6):73-83.
[4] 石磊.数据驱动新闻的制约与挑战[C]//武汉大学.媒介化社会的社会文明建构：第四届"华中地区研究生新闻传播学术论坛"优秀论文集.武汉：武汉大学党委研究生工作部,武汉大学研究生院,武汉大学新闻与传播学院,2013:203.
[5] LORENZ M.Data driven journalism: what is there to learn?[C]. Journalism meets data. IJ-7 Innovation Journalism Conference. Amsterdam: European Journalism Centre,2010:10.

【数据新闻报道】

数据新闻报道以数据库和信息视觉化为基础，以事件的可证性为特征，秉承调查性新闻报道的传统，冀求在报道对象的某些相关关系中找寻罕见信息。数据新闻报道记者通过对事实的采集，借诸图表（Graphics）、地图（Map）、线图（Diagrams）等视觉化信息的交互性呈现，解读复杂的现象，注重时事的真实性和客观性，以期最大程度地满足新闻内容消费者的好奇心与期待，从而帮助人们更好地理解自己所处的时代。

数据新闻报道离不开技术与艺术的结合。在数据新闻报道生产团队中，记者是灵魂；数据工程师负责数据的挖掘和处理；图形设计师则是完成视觉传达的专业人士，他不仅负责借诸对不同图形形式的应用来呈现新闻的意义，也是团队的一名协调者，负责团队的内容生产与用户/消费者需求之间的平衡。

在严格意义上，数据新闻报道的出现既非新闻形式的革命，它也不是解决当今大众传媒及其产品日益严重的商业化的"灵丹妙药"。但是，数据新闻报道作为一种内容生产的创新形式，借用数据的视觉化叙事手段来完成消息报道和时事分析，其意义超越了这一时髦语汇本身。数据新闻报道应用新型工具处理信息，对新闻职业产生了颠覆性的影响，尤其是对媒体内部的分工合作关系以及新闻从业人员对个人价值的实现造成了冲击。将数据应用于新闻报道的实践早已有之，但大数据时代的来临给新闻传播活动带来了新的挑战和机遇，挖掘、储存、过滤、分析和视觉化数据，已成为当今媒体编辑部的日常工作。

中外新传学界和业界在日益关注和思考数据新闻报道的同时，从各自的专业角度讨论了这一新闻实践新形式的前世今生、特征及范式，见仁见智，对完善和发展这一内容生产形式无疑十分有益。

目前，人们对数据新闻报道范式的不同认知主要集中在下列两类：

一是以数据为驱动的新闻报道范式（Data-Driven Journalism, DDJ）；二是以数据为辅助的新闻报道范式（Data-Assisted Journalism）。

一、以数据为驱动的新闻报道范式

2009年3月，《卫报》率先使用"以数据为驱动的新闻报道"这一表述后，此语日渐流行。尽管对这一表述仍有争议，但自2010年7月维基解密上出现的阿富汗战争文件泄露事件后，"以数据为驱动的新闻报道"这一术语日益被业界内外接受和使用。

2013年，荷兰记者亨克·范·艾斯（Hugh Van Es）曾用简明的句子对数据新闻报道进行定义（他甚至根本未言及数据的视觉化！），他认为，进行"以数据为驱动的新闻报道"的前提在于可以用工具处理的数据，对该数据的处理结果应可以用于任何新闻报道形式。

中国的一些著名学者也将数据新闻报道视为以数据为动因、为主导的内容生产。例如，有人认为"数据新闻是数据驱动型新闻""数据新闻的核心价值在于数据"。[1]

---

[1] 罗杰斯. 数据新闻大趋势：释放可视化报道的力量[M]. 岳跃, 译. 北京：中国人民大学出版社, 2015.

有的学者强调数据的作用，从技术主义的角度出发来界定数据新闻报道："在大数据等技术的支持下，新闻中所需要的信息资源将发生结构性变化，新闻中的事实、要素、背景等信息越来越多地通过自动的方式被采集，并通过相关的技术进行过滤和分析。"[①]

以数据为驱动的新闻报道的拥趸们坚持认为，开源软件、开路发表和开放数据等是新闻内容生产的动因和主导。因此，对庞大数据集的筛选和分析是数据新闻报道的根本。

学者朱建华认为，数据驱动型新闻是分析和过滤海量新闻数据的工具，它通过对数据进行整合，从而挖掘新闻。数据驱动新闻所用的数据是公开的，所用的工具资源也是共享的，这是数据驱动新闻的一个特质。

在传媒产业领域，曾经有不少由数据驱动且内容生产大获成功的、非常经典的案例。例如，根据小说家玛格丽特·米切尔（Margaret Mitchell）的小说《飘》改编的影片《乱世佳人》（*Gone with the Wind*）。《纽约时报》称它为"好莱坞历史上第一次用科学计算来判断一部电影是否会成功"的案例（这部电影于1939年9月在美国首映后，在世界各地、在文化和商业上都获得极大的成功，成为电影史上的不朽经典，1940年的奥斯卡奖评选中，它荣获了包括最佳影片、最佳导演、最佳女主角等在内的八项大奖；1998年在美国电影协会评选的20世纪最伟大的100部电影中名列第四）。

事实上，保证这部影片成功的关键人物既不是大导演、名演员，也不是制片人，而是一位从事数据工作的专家、现代民意调查奠基者——乔治·盖洛普（George Gallup）。起初，好莱坞对于将小说《飘》改编成电影的投资极为犹豫：一因作者在该小说成功之前在文坛上是个无名之辈；二因同类以南北战争为背景的电影均为亏本之作。不过，好莱坞想到了盖洛普，委托他进行民意调查。两周的调查结果显示，这是有史以来最受欢迎的小说之一，虽然发行量不大（1万册），但传阅者众，于是，好莱坞果断斥资5万美元买下了该书的版权。

进入影片筹拍阶段后，投资者又在拍摄彩色片还是黑白片、确定合适的片长以及女一号人选［让英国演员费雯·丽（Vivian Leigh）来演绎美国南北战争是否有失"国格"？］等制作方面遇到了难以决断的问题。于是，制片方再度约请盖洛普进行民调，结果表明，大部分人不反对将电影拍成上下集（最终该片实际片长约为230分钟）、六成受访者希望看彩色片、三成五的受访者接受英国女星费雯·丽。制片人根据盖洛普提供的这一数据进行了决策。盖洛普还通过统计数据预测，《乱世佳人》将成为人类历史上最受欢迎的影片，也将是票房最高的影片，他预估这部电影的总票房将是5650万美元。四轮放映后，《乱世佳人》的最终票房是5997万，与盖洛普预测的结果仅仅相差6%。为了保证民调的成功率及其预测票房结果的可信度，盖洛普在这部影片四轮放映的每一轮都以对数据的统计分析为基础，向片方提供市场营销建议，针对不一样的电影观众，制订行之有效的差异化广告策略，以吸引不同的观众群和重复观影人群（启用英国演员也提供了拉动国际票房的成功经验）。从此之后，好莱坞、迪斯尼等公司投拍影片时，必须经过数据演绎。毋庸讳言，没有数据驱动就不

---

① 彭兰.大数据时代新闻信息资源的结构性变化及其影响[J].中国广播电视学刊，2013（7）：3.

可能有作为内容产品的《乱世佳人》的成功。

这一案例生动地说明了数据驱动在传媒内容生产、管理和市场营销等方面的功用，在新闻报道领域，数据驱动或有助于提升内容产品的水准，帮助新闻消费者、媒体管理人员甚或政治人物理解现实，帮助记者发挥新的社会功能。

从技术操作的效果来看，数据驱动新闻需要专门的技能（Skills）和工具（如MySQL、Python等）来发现数据，然后进行调查和分析，并借助开源工具来完成信息混搭和信息视觉化，最终完成新闻叙事。

因此，这与其说以数据为驱动的新闻是"Date-Driven"，倒不如说它是"Data-Based"（以数据为基础的）。

从最终的信息呈现方式来看，数据驱动新闻也就是要通过对数据的转化和细化，将原始数据变成新闻素材，把事件发生背后的趋势和意义以融合的方式完整地呈现给受众。

综上所述，以数据为驱动的新闻报道体现了大数据技术对新闻内容生产流程的改造，使新闻生产效率和新闻呈现形式都发生了重大的变化。但是，鉴于不同数据的类型和性质（大数据、深数据、坏数据/脏数据、巧数据等），以数据为驱动的新闻报道显然是有风险的。

数据的力量的确是影响新闻内容生产的新技术因素，但数据驱动并没有让记者在专业实践中变得微不足道，当代医疗技术的进步并不意味着医生就变得多余了。在记者费罗看来，什么都无法取代记者的新闻实践，数据新闻报道并不能叙述完整的故事，它的长处只是在于能用既定的视觉化呈现来支撑叙事。

以数据为驱动的新闻报道也不言而喻地存在着明显的缺陷：这一范式的核心是以数据为主导的，只强调技术的可行性，并不十分重视人在数据处理中的主体性，因此带有明显的技术决定论的色彩。过分地强调和依赖数据，不仅有可能使新闻报道偏向因果性而忽视相关性，或会降低新闻记者、编辑等在专业实践中的主观能动性和人文指向性。此外，数据驱动甚至可能带来另一个风险：传统上被认为是保证新闻报道品质（Quality of Journalism）的记者的专业素养（包括思辨能力与批判精神），反而会被视为阻滞数据驱动的因素。

与社会其他领域的实践相同，在新闻传播活动中，记者的作用绝不仅是对技术的服从（甚或盲从），记者要凭借日新月异的信息与传播技术工具，在拒绝被人类创造的机器或技术异化的同时，努力解决报道中的客观性和准确性难题，以期更好地逼近所报道事件的事实真相。当代的大数据分析技术正是有助于记者从海量信息中厘清逻辑思路的工具，而非可以取记者而代之的行为主体。这是因为冰冷的量化数据并不能完全自动体现新闻报道的人文态度和意识形态取向，有时甚至会抑制人类的经验、思考和智慧，降低新闻报道应该提供的现实分析、价值判断与多元解读，导致不同新闻报道产生同质化倾向。

二、以数据为辅助的新闻报道范式

事实上,除了以数据为驱动的新闻报道范式之外,还存在另外一种不同的范式,即以数据为辅助的新闻报道范式,在某种意义上,这种内容生产的本质实际上是基于数据分析的"叙事驱动"(Narrative-Driven)的。

学界的有识之士直截了当地指明,数据新闻的最终也是最根本的诉求,仍然是讲好故事[①]有的学者虽然使用了数据驱动概念,但实际上却是在强调"叙事驱动",例如,数据新闻又称数据驱动新闻,它是对数据进行分析与过滤,从而创作新闻报道的新闻。数据新闻并不是在新闻实务中直接引入数据分析技术或可视化技术的新闻,其核心仍是新闻叙事,仍是在讲故事,只不过采用了数据的形式,我们不能仅将数据新闻视为加入了数字技术的新闻,也不能把数据分析与数据挖掘技术或数据可视化等同于数据新闻。[②]

既有新闻实践经验又有学术造诣的跨界人士的理解或许相对全面一些,曾在《纽约时报》《卫报》《泰晤士报》负责计算机辅助报道(CAR)、数字创新、数据新闻报道并在坦普尔大学任新闻创新教授的阿隆·菲尔霍夫(Aron Pilhofer)认为数据新闻报道是一个概括性术语,它囊括了一套仍在不断增多的可用于新闻叙事的工具、技巧与方法,涵盖了从传统的计算机辅助报道(使用数据作为"信源")到最前沿的数据视觉化报道等一切叙事方式。其统一的目标是新闻业意义上的:提供信息和分析以帮助我们得知一天内所有最重要的事件。

数据新闻报道的先驱西蒙·罗杰斯更是一针见血地指出,"数据新闻记者很容易陷入方法论和工具的泥潭而本末倒置,往往会忘记我们真正要做的是新闻。数据是报道的关键要素,但不是决定性的要素"[③]。

本末不能倒置,以数据为辅助才是数据新闻报道的真谛,新闻叙事是这类报道的本质,而数据及其视觉化只是叙事的帮手而已。

迄今为止,计算机数据分析技术与新闻报道结缘的时间已经超过半个世纪。从"基因"上来说,以数据为辅助的新闻报道(DAJ)脱胎于以计算机为辅助的新闻报道(Computer-Assisted Journalism)。在以计算机为辅助的新闻报道领域内,人们不断探讨着以数据为基础挖掘新闻、解释新闻的方法。公开或隐蔽的数据成为记者发现新闻选题、拓展新闻深度的重要资源。

20世纪50年代,以计算机为辅助的新闻报道萌芽,媒体在计算机技术的辅助下,获取信息和数据分析的途径更加多元,记者不仅可以通过计算机发现新闻线索,还可以借助线上交互更加便利地收集舆论的反馈与动向,其新闻报道的深度和广度因此得以拓展。在美

---

① 罗杰斯. 数据新闻大趋势:释放可视化报道的力量[M]. 岳跃,译. 北京:中国人民大学出版社,2015:5-7.
② 章戈浩. 作为开放新闻的数据新闻:英国《卫报》的数据新闻实践[J]. 新闻记者,2013(6):7-13.
③ 罗杰斯. 数据新闻大趋势:释放可视化报道的力量[M]. 岳跃,译. 北京:中国人民大学出版社,2015.

国，媒体开始不断尝试运用科学的调查统计方法，利用大型计算机对政府等公共数据库信息进行分析来发现线索，完成调查性报道。这种新闻生产方式客观上还发挥了媒体履行监察政府、服务公众的社会功用。例如，美国哥伦比亚广播公司（CBS）借助大型计算机UNIVAC I的辅助，对1952年的总统大选结果进行了分析和预测。

倡导精确新闻报道的菲利普·迈耶也大力主张运用计算机技术把数据分析与新闻报道结合起来。他在成为教授之前曾有26年的记者生涯，1967年，他供职的《底特律自由报》派他报道底特律的骚乱事件。为了改进有关城市骚乱的报道，他进行了以计算机为辅助的报道的尝试。在报道中，迈耶借助一台大型计算机，运用调查研究的方法，对底特律的居民进行了分析，最终发现了城市居民是否参与骚乱与其自身学历关系不大的客观现实——分析结果表明有高等教育背景的年轻人同样有可能和从高中辍学的青少年一样参与骚乱。他的报道当数最早的计算机辅助报道之一（几十年后，《卫报》在研究英国种族骚乱事件时，也借鉴了迈耶的一些方法，并引用了他当年的新闻作品）。

在总结当年在新闻实践中应用计算机和数据来辅助报道的特点时，学界有人将其简要概括为"4Rs"：

（1）计算机辅助报道；

（2）计算机辅助研究；

（3）计算机辅助参考；

（4）计算机辅助聚谈。

显而易见，"4Rs"的关键在于"辅助"，而非"驱动"或"主导"，因为机器和技术正在不断进步，也许会在许多领域取代人的工作，但就总体发展而言，机器和技术无法取代人类在社会实践中的统领地位，就和"机器人记者"（Roboporter）或"新闻机器人"（Newsbot）或许在财经、体育等领域的消息写作速度方面领先人类记者，但在涉及人文关怀和价值判断等方面的特稿、评论等深度新闻写作方面无法比肩、更难以超越人类记者一样。

三、从以计算机为辅助的报道到以数据为辅助的新闻报道

以计算机为辅助的报道的特点在于使用计算机挖掘和分析报道需要的数据并完成新闻叙事。计算机辅助报道与使用社会科学、行为科学和其他学科研究方法的"精确新闻报道"或"分析性新闻报道"密切相关。

然而，尽管1952年哥伦比亚广播公司使用大型计算机UNIVAC I，通过美国总统大选的回馈信息预测了大选结果的实践，常常被视作最早期的计算机辅助应用案例，但是，哥伦比亚广播公司当年并没有运用相关数据来辅助任何新闻报道。

1969年，菲利普·迈耶在自己的专著《精确新闻报道》中表示，记者必须利用以计算机为辅助的数据库和调查统计结果。2002年，其作《精确新闻报道》再版时，迈耶进一步表示，记者必须是数据管理者。

20世纪60年代末开始,美国报业在日常的新闻生产中日益借助计算机的辅助:《迈阿密先驱报》(The Miami Herald)的克拉伦斯·琼斯(Clarence Jones)开使用计算机分析大量政府公开数据之先河,通过计算机寻找刑事司法模式;1972年,《纽约时报》的大卫·伯纳姆(David Burnham)使用计算机揭露了警方报告的犯罪率与实际犯罪率之间的差异。

但直到20世纪80年代中期以后,数据库才逐渐成为记者新闻报道实践的重要辅助工具。随着相关技术的发展,计算机辅助报道在美国开始流行。1986年,美国罗得岛州《普罗维登斯日报》(The Providence Journal)的记者艾略特·贾斯平(Elliot Jaspin),通过与数据库比对,揭露了有前科的校车司机在个人驾驶历史方面及其他犯罪行为方面的不良记录(成为一个标志性事件);1988年,美国《亚特兰大宪法报》(The Atlanta Journal Constitution)的记者比尔·戴德曼(Bill Dedman)借助计算机发现了抵押贷款歧视以及拒绝或限制中等收入黑人社区贷款的歧视性做法——"红线注销"(Redlining)[这一表述由社会学家约翰·麦克奈特(John McKnight)首创,意即银行用红线划定应减少投资的领域,这种限定并非基于该领域的实际支付能力,也未必特指某一社区,因此带有种族主义色彩,后来"红线注销"成为美国的一种歧视性的代名词]。戴德曼以此为题材的计算机辅助报道《货币的颜色》(The Color of Money)获普利策奖。以上典型案例都从侧面揭示了通过计算机的辅助、从相关性发现新闻报道线索的意义。

信息化时代来临的20世纪80年代,以计算机为辅助报道成为记者的日常作业。到了20世纪90年代,随着计算机的日益普及、相关软件的不断成熟以及互联网的普及,记者有了新的工作方式:借助计算机收集和分析新闻报道需要的数据,这标志着传统新闻媒体为接受数字化挑战而做出的转型努力。

1989年,美国调查记者协会(IRE)在密苏里新闻学院成立了国家计算机辅助报道研究所(NICAR),并于1990年与印第安纳大学合办了首届计算机辅助报道专题研讨会。自此,该研讨会每年举行一次,现已成为数据新闻报道领域规模最大的专题学术活动。国家计算机辅助报道研究所成立至今的30余年来,不仅为数千名记者提供了电子信息获取与分析实用技能的培训,而且创建了一个包含不同领域的政府数据在内的数据储存与管理系统。

目前,国际上还有一些活跃的计算机辅助报道团体,如1998年为了促进在新闻采访中使用计算机以辅助报道而成立的丹麦国际分析报告中心(DICAR)。新闻传播学界和业界的一些其他组织,如专业记者学会(Society of Professional Journalists)、加拿大记者协会(Canadian Association of Journalists)以及哈利法克斯国王学院(University of King's College in Halifax)等,也都举办过相关研讨会,并为各国记者提供了以计算机为辅助的报道的培训。

信息与传播技术的日新月异和普及进一步促进了利用数据库来挖掘和深化新闻专题的实践,为个性化新闻消费和趋势预测性报道提供了更多可能。从20世纪90年代中期开始,以计算机为辅助的报道的数量日益增加,记者们不仅在技术操作层面上越来越娴熟,其报道的内容表现形式也越来越丰富。

之后，数字与网络技术的迅猛发展进一步改写了记者们传统的工作方式。进入21世纪后，美国媒体的新闻编辑部对计算机的使用、对在线数据的搜索和分析研究等都已经成为常态，美国新闻记者日常上网频率的增加也标志着以计算机为辅助的报道的普及。2010年之后，随着人工智能、大数据和云技术"ABC"（AI、Big data、Cloud）时代的来临，新闻业界又在新闻实践中日益引入数据新闻报道的概念。在日常的新闻内容生产实践中，以数据为辅助的新闻报道渐渐取代了以计算机为辅助的报道。

如果说以数据为驱动的新闻报道是一个以数据或数据库作为原始素材引领记者完成的新闻内容生产过程，那么与此相反，以数据为辅助的新闻报道则更多是一种内容组织架构。从新闻线索与选题的发现的角度来看，以数据为辅助的新闻报道要求记者与编辑更多地利用媒体自身的数据库或合作机构的数据库来发现有价值的新闻素材，尽管在有些情况下，新闻线索的发现有可能是由"机器"完成的。新闻专业人士的"智能"在于通过人工智能、大数据和云技术所提供的辅助进行更深层次的采访与数据挖掘。

以数据为辅助的新闻报道在沿袭以计算机为辅助报道的传统的同时，侧重于记者定期从数据库提取报道素材；通过分析公共事务记录、运用地理信息系统明确政治、人口结构变化背景；利用在线互动访谈等技巧，组合、叠加不同领域的信息，寻找相关性，挖掘新闻报道线索，最终完成以视觉化数据为基础、辅以文字等符号的新闻叙事，值得注意的是，数据工程师和视觉设计师并不总是出现在新闻内容生产的全过程中。

与精准新闻报道理念和以计算机为辅助的报道相比较，数据新闻报道与前二者主要有三处不同：首先，数据新闻所处理的数据量级已远远超过传统新闻实践会涉及的数据图表；其次，网络数字媒体的出现使交互式视觉化效果在新闻中的呈现成为可能；最后，不同于精确性新闻"以文字为主、以数据为辅"（Data for The Journalism）或是"数据与文字相辅相成"（Data with The Journalism）的特点，数据新闻报道则是以数据分析为先、文字在后的、借助对数据的视觉化呈现而完成的新闻叙事。因此，也有人将数据视觉化（Data Visualization）称为信息视觉化（Information Visualization），认为它是数据新闻报道的重要组成部分之一。

今天的记者定期关注数据库中的信息，使用统计软件分析公共记录，通过地理信息系统（GIS）研究政治和人口变化，通过社会化网络等数字平台进行访谈，研究网文的背景材料。

需要着重指出的是，以数据为驱动的新闻报道也好，以数据为辅助的新闻报道也罢，二者的结构其实是相似的，主张以数据为驱动新闻报道的人士在界定和解释数据新闻报道时，使用的表达往往道出了以数据为辅助的新闻报道的内涵：新闻报道以数据为基础，而非被数据驱动或主导。对此，德国记者洛伦兹·瓦格纳（Lorenz Wagner）一语破的：数据新闻报道"讲述的是以数据为基础的故事"（Tell the stories based on the data）。

思考题：

1.为什么说记者必须经过专门的训练才能在新闻报道中应用数据？

2.数据新闻报道主要的学理渊源有哪些？

3.如何理解数据新闻报道的两种范式"DAJ"与"DDJ"？

4.如何理解数据新闻报道"讲述的是以数据为基础的故事"？

第三讲
数据新闻报道的生产逻辑：原则·意义

数据新闻报道的内涵在于重新发现并活化新闻价值。

新闻报道实践中的数据应用须满足一定的先决条件，还须规避误区。

数据新闻报道有两种主要的叙事结构，追求叙事的完整性、逻辑的缜密性以及视觉化叙事的平实性（质朴实在）与平衡性。因此，其生产过程必然有一定的规律和原则，我们需要掌握其逻辑要点。

第一节 数据新闻报道摘要

一、理解报道中数据的多重语义

数据新闻报道是视觉呈现与数字呈现的结合，所以，对数据语义有正确认知是非常重要、颇具意义的。从语言学的视角出发，看似平淡无奇的"数据"二字，实际上却是一个多义（Polysemy）语汇，新闻报道中"数据"至少包含四重语义：储存性（Storage）、片段性（Snippets）、抽象性（Abstract）、颗粒性（Granularity）。

（一）数据具有储存性

"数据"（Data）一词，在拉丁文里是"已知"的意思。因此，"数据"这一语汇的潜在的含义应该被解读为"人们已知的信息"。"数据"首先应被理解为"已知的"和"既有的"，亦即"已被储存起来的""已在人们脑子里的"。在学理层面上，这一含义实际上关乎数据和时间之间的哲学问题，因为数据并不是一系列没有温度的集成和收藏，而是将人们的过去、现在和将来相连接的介质。例如，1789年法国革命者的诉求和欲望与法国人对古罗马的记忆之间，就有着密不可分的联系，而"共和"一词就是这二者之间联系的证据。离开了"已被储存起来的""已在人们脑子里的"信息，就不可能创新，因为完全抛弃过去是不能带来任何创新的。创新并不基于对过去的遗忘，而是始于正确的、对历史谱系的回溯。此外，数据作为决策参数之一往往离不开对以往经验的观照。

（二）数据具有片段性

数据不仅是以某种约定的方式呈现的事实，隐含着发布者的观念，还要便于沟通、解读，便于通过人文或技术的手段来处理，如是，它在新闻报道中被视觉化手段引用和呈现时才更有价值。

（三）数据具有抽象性

数据是某种可以用数学推理或哲学推论得来的抽象元素，它的这一属性有助于新闻工作者在报道中从事实中提炼具象的共性，省略新闻价值较弱的素材以更好地逼近真相。

（四）数据具有颗粒性

作为信息的构成元素，数据亦被形容为"原子"，因为数据库的级配结构一如原子和原子核、质子和中子。在此意义上，颗粒性指的是数据级配的细化程度：数据颗粒性越小，数据级配的细化程度越高；数据颗粒性越大，数据级配的细化程度越低。所以说，颗粒性小的数据包含的信息较多，解读起来也相对较难。因此，设计相关的数据分析时，一定要根据实际需要来选择颗粒性的大小；而数据级配的颗粒性与新闻报道的层级性（Hierarchy）之间的关系也给新闻工作者带来驰骋想象和多元叙事的空间。

二、数据赋能新闻报道

（一）帮助理解新闻报道内容

记者的新闻实践活动（收集信息、搭建平台、生产内容、广为传播等）也是意义和观念的生成（Meaning Making）过程。对于新闻内容生产及其产品而言，无论是媒体、新闻人还是消费者都会重视新闻是否客观属实的问题。

在海量信息充斥人们的社会生活的当今时代，传统媒体的时效性受到挑战，专业记者失去了以往的新闻报道的垄断权，生存空间被不断蚕食，人们面对着超过个人接受能力的信息，深陷困惑、怀疑、焦虑或麻木之中。舆论对于报道的可信度和媒体的公信力的评价变得更加严苛。

在新闻传播学的视野中，只有当信息具备了精确性，数据的质量得到保证，报道的客观性才会有托底，新闻的价值也才能真正得以体现。因此，在新闻内容的生产过程中，数据的引入对记者和内容消费者来说都变得格外有意义。新闻报道借助对数据的挖掘、处理、分析和分享，不仅有助于证实新闻背后隐藏的线索或记者的假设，将复杂的现象用简洁的方式来呈现和解读，令新闻价值、新闻分析能够经受得住经验性的批评，从而提高新闻报道的透明度、增强媒体的公信力；而且能帮助内容消费者直观地捕捉新闻要素，理解记者所要表达和传播的内容，从关注社会表层现实到发掘社会深层现实。此外，在现今的"读图时代"，新闻叙事的视觉化契合了消费者整合感性体验和理性认知的需求。参见图3-1，《纽约时报》1981年至2010年中"希望"（深蓝）和"危机"（浅蓝）的词频图。

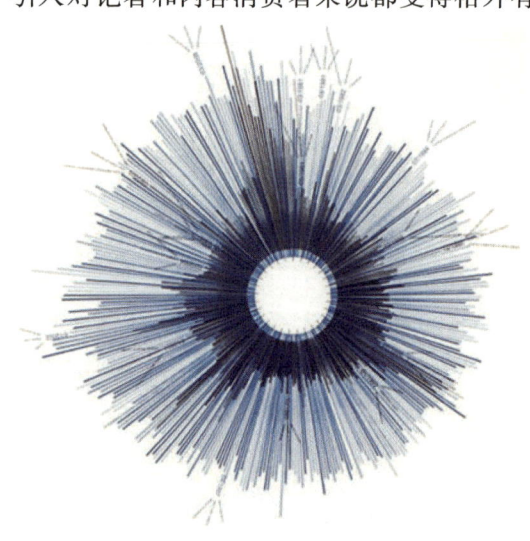

图3-1　《纽约时报》数据新闻报道词频图[①]

（二）帮助判断新闻事实

长期以来，媒体和新闻从业人员在报道中但凡涉及了艰深主题或趋势性预测，大都习惯依赖于对个别专家的采访，但专家自身的局限性自然也会影响媒体和记者对新闻事实的判断，且再优秀的记者对于外部世界的观察也无法摆脱个人、历史、社会、文化等方面因素的制约，即使是相对深入的认知也未必是全面且充分的。然而，新闻报道中数据应用及其相关工具的成熟使对信息的有效加工规模化，这显然为新闻人判断事实、揭示真相另辟蹊径，也正好回应了新闻专业精神对于多元消息源的要求。

数据辅助的新闻报道能帮助媒体和记者有效地甄别报道对象，记者能在新闻线索采集、选题采编和新闻价值挖掘的过程中，根据传播规律进行判断和取舍，以期新闻报道更加逼近真相。从这一维度来考虑，对数据的运用无疑促进了记者新闻报道模式和报道技巧的创新，从而为媒体的新闻内容生产提供了专业保证。在报道质量上，数据新闻报道的信息与社会化媒体（社交媒体、社群媒体）所传播的信息是有距离的，数据有效地提升了传统媒体应对信息与传播技术变革、新兴媒体的挑战和自身的解困突围的能力。

面对突发的危机，媒体对事实进行准确判断的难度加大。例如，阿拉伯之春期间，不同媒体的报道众说纷纭，各国政府和舆论普遍将社会化媒体特别是推特（Twitter）[②]视作这场政治风波的"推手"，事件真相究竟如何，一直没有明确的定论。又如，2011年夏天英国的骚乱发生后，推特等社会化媒体再度被认为是导致骚乱的"罪魁祸首"之一，再次引发了各国政府对社会化媒体的格外警惕，媒体亦无所适从。

---

① Hand-Printing Computer-Generated Art by Marius Watz and Jer Thorp[EB/OL].（2011-06-06）[2024-08-24]. https://visualstandpoint.com/hand-printing-computer-generated-art-by-marius-watz-and-jer-thorp/.
② 推特自2023年7月起改名为X。

真正揭示社会化媒体与社会激进运动之间关系的是大数据的分析。英国《卫报》进行了一项统计（见图3-2），对250多万条推特消息进行了梳理，结果发现有相当大的比例的消息是骚乱发生后推送的，它们至多是推波助澜，不能被视作骚乱的诱发因素。更有意思的是，推送的信息中有20.6万条（近10%）的消息，是相关地区警局提醒本地居民留意骚乱的蔓延态势以及骚乱结束后市民呼吁大家上街清理杂物的内容，均属于正向内容。这一数据分析结果至少启发了人们去更全面地认识社会化媒体在政治风波中扮演的角色，而媒体新闻报道中对这些数据的引用也使记者和公众对于事实的了解与判断更加明晰，相关报道的可信度也得到提升。

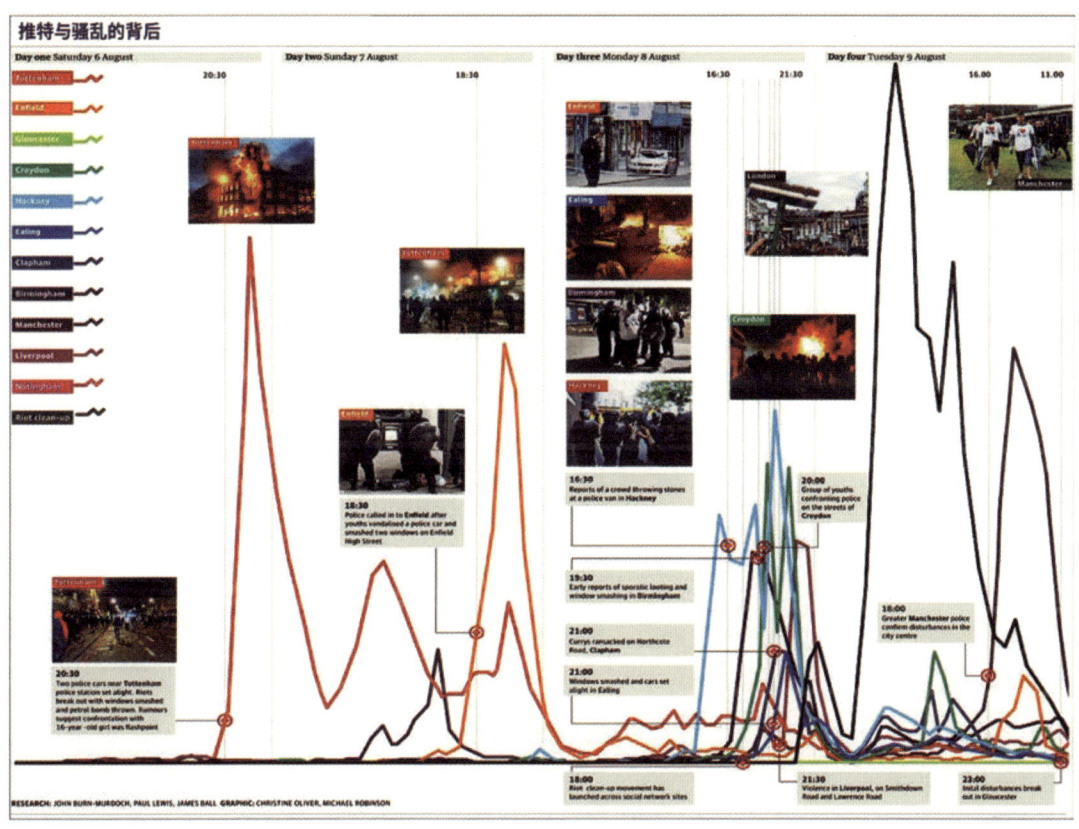

图3-2 《卫报》对有关英国骚乱的250多万条推特的分析①

（三）增值新闻内容生产

在社交媒体大行其道、公民新闻运动此起彼伏的当下，高质量新闻报道（Quality Journalism、Quality on/of Journalism）成为传统媒体赖以生存和应对挑战的制胜法宝，对于专业新闻人员而言，保证并不断改进新闻产品的质量的意义至关重要。当新闻时效性的传统定义被公民记者和社交媒体改写之后，高品质新闻报道的内核更加朝向对深度解

---

① Twitter study casts doubts on ministers' post-riots plan[EB/OL].（2011-08-24）[2024-08-24]. https://www.theguardian.com/uk/2011/aug/24/twitter-study-post-riot-plans.

析的追求。

如何在单位版面或单位时间内，最大可能地帮助内容消费者厘清新闻事件的前因后果并提供令人信服的趋势预测，自然成为记者努力的方向。科学研究的进步日益清晰地表明，人类行为多数是可预测的[①]，因为人类的大部分行为都受制于规律、模型原理法则，且其可重现性和可预测性能经受住自然科学的检验，因此，分析经过处理的数据完全有可能解释人类行为与社会变化之间密切且深刻的相关性。掌握这一相关性，新闻报道就能更加准确地分析、解读和预测趋势。

在新闻内容生产中导入数据分析结果，报道会立即增值，其魅力也得以彰显。明丽的色彩、曲线、图表等，不但为报道的全面和深入提供了基础，而且极大地丰富了新闻报道，还增加了内容的趣味性，令消费者对其的记忆更为深刻并激发消费者的互动欲。

此外，改进新闻报道的质量往往还需要清晰地了解内容消费者的反馈，而数据分析结果可以提供更加真实、更加充分的反馈信息，新闻报道过程中若能进一步发挥与利用数据的价值，无疑有助于改进新闻质量，并有可能以传媒议程影响舆论议程，从而增强传媒在议程建构方面的能力。

例如，在印度，《真相访谈》(Satyameva Jayate)是一档非常受欢迎的新闻类电视节目，这档节目谈论的都是印度当地比较受关注的社会话题，每期播出之后都会在网络上引发激烈讨论。为了让节目产生更大的社会影响力，节目组找到了一家名为"持久系统"(Persistent System)的信息技术咨询公司来帮助管理和分析大数据。该公司设计了一个系统，帮助搜集网络上与每期节目话题相关的信息，并对其进行分类、贴标签，根据观众的兴趣水平和情感指数评分（如图3-3所示）。这些数据最后会以信息图的形式被公布在节目的官网上，它们并不只是对受众的整体情绪与意见的揭示，还作为社会舆论的反映被政府所关注。例如，这档节目的第一期聚焦女性堕胎的主题，播出后99.8%的观众认为执行这类手术的医生应该受到惩处；而公众的这一数据反馈，引起了官方的重视，印度政府几乎立即就同意了改善审判系统。

(a)　　　　　　　　　　(b)　　　　　　　　　　(c)

图3-3　《真相访谈》节目

[①] 巴拉巴西.爆发：大数据时代预见未来的新思维[M].马慧，译.北京：中国人民大学出版社，2012.

当今时代，传统媒体和社会化媒体提供的海量信息都将经过大浪淘沙，唯有真正具有新闻价值的高品质信息才会经受住时间的考验，留在用户的记忆中；而这样的报道如果具有强力的视觉化呈现，吸引力无疑会更大，传播效果也会更佳。专业媒体面对社会化媒体在传播能量和话语权方面咄咄逼人的挑战，只有通过重新定位自身，变革新闻生产的形式和内容，灵活运用数据挖掘、分析、解读与视觉化呈现等方式，才能谋求和发现新的生存价值。在相关实践中，大数据的诞生使数据成为新闻报道中的重要资源，媒体数据呈现、分析与解读能力的提高重塑了新闻报道理念。但这并不意味着新闻报道仅是对数据的堆积和简单的视觉化呈现，信息泛滥的时代需要的是更准确的信息分析、更深层的信息解读和更有效的信息传播。

数据新闻报道带来的红利集中表现在三个方面。第一，升级深度报道：深度报道成为专业媒体区别于社会化媒体的重要界标，以往的深度报道尤其是调查性报道，往往建立在记者个体能力的基础上，而现在基于大数据的挖掘与分析能实现对新闻事实的深层调查、分析与解释，有助于提升深度报道的数量和质量。第二，拓宽报道重点：借助大数据分析结果还可以实现新闻报道观念的创新，甚至改写新闻定义，按照传统专业理念，新闻报道以传播新近发生、变动或正在发生的事实为主要目标，数据新闻报道的优势完全可以拓宽新闻实践的理念——预测未来的发展，从而凸显专业媒体的价值，进一步拉开专业媒体与社会化媒体的距离。第三，新闻生产的跨界合作：专业媒体面对着日益严峻的生存条件和竞争环境，自然会将视线转向媒体融合。运用数据分析与加工技术，在媒体的战术合作层面实现采编机构、采编技能和叙事技巧等的融合，无疑将帮助媒体在新闻报道理念和跨媒体、全媒体的内容生产方面实现创新。

三、新闻报道中数据应用的先决条件

为了充分发挥对报道事实的准确描述、价值判断和趋势预测等功能，数据新闻报道有意追求叙事的完整性、逻辑的缜密性以及视觉化叙事的平实性和平衡性。无论是以数据为驱动的新闻报道范式还是以数据为辅助的新闻报道范式，若要保证内容产品的质量都必须满足以下诸项先决条件：

（1）数据来源的可靠性；
（2）数据来源的多元性；
（3）数据应用的合理性；
（4）数据应用的简洁性。

四、数据新闻报道的误区

数据新闻报道的优势是显而易见的，但它也不是没有风险的。因此，记者若要完成令人满意的作品，应当注意规避一些可能进入的误区。首先，千万不要因数据而使新闻报道变得枯燥。很多经过系统的专业训练的新闻人都认为，记者在新闻内容生产时，应该冷静、中立、诚实地面对报道的事实，必须注意保持客观。当然，新闻记者并不是个冷漠的职业。记者的职责不是简单地报道新闻事实，而是以事实为基础、用人文方式讲好故事，然后让受众/用户/消费者自己得出结论。同时，记者应避免没有温度的数据让新闻叙事变得干巴巴。为此，记者报道的事实既能不被其个人的观点、情感或价值观所左右又要保持人文情怀。不然，记者对事实的呈现方式会显得不够专业。而今的传播生态中，意义的创造需要生产者和消费者双方的互动参与方能完成，否则，传播效果就会打折扣。因此，数据新闻报道的交互性也需要消费者一端的"配合"，消费者也需要以一种开放的心态参与互动。其次，数据新闻报道应增强自信，规避外来干扰。记者尽管比其他人更有机会获知各种有意思的消息，但他们并不总是外界印象中的"无冕之王"，在日常实践中也会遭受有权势者的白眼，这会对记者的自信造成打击，来自政治、技术和市场的三重压力也成为记者必须面对的问题。因此，记者应守住底线，尽力不受外部干扰。再次，数据的视觉化服务于新闻叙事，新闻内容生产毕竟不是纯粹的视觉艺术创意作品设计，不应喧宾夺主。数据新闻报道不应一味追求视觉效果和艺术风格而造成形式大于内容的后果。最后，数据新闻报道应讲求团队成员的配合，须考虑团队不同角色在内容生产中各自的位置和作用，力求"共生协同"（Symbiosis）效应，以最合适的叙事结构完成新闻报道。记者在数据处理中获取新闻线索而确定报道选题之后，需要考虑新闻的时效性，不妨从先前的范例汲取灵感或从业内专家的经验中借鉴元素，选择并使用自己最得心应手的叙事方式，而将对视觉艺术效果的追求和试验放在闲暇时间，毕竟，记者需要在有限的时间里来处理有新闻价值的素材并将其视觉化呈现。英国作家安东尼·特罗洛普（Anthony Trollope）发明了一种"分场景叙事结构"（Scene-by-Scene），将众多的叙事元素编排进不同的小单元，这不失为一种化繁为简的良策，值得学习和效法（这里或可与第一讲时曾经言及的洛佩斯和邦斯的"语境化微故事叙事"进行比较）。

第二节　数据新闻报道与跨界合作生产

一篇理想的数据新闻报道离不开团队成员的通力合作。但是，不同国家、不同媒体的数据新闻报道团队中，记者、数据分析师和图形设计师等成员的作用、地位及彼此之间的关系各不相同，不仅跟团队所在国家的新闻文化有关，更取决于所在媒体对数据新闻报道的认知。

一、记者、数据分析师与图形设计师的联动

大体而言，全球数据新闻报道团队的合作模式大致有两种，一是以欧洲新闻传播理念为特色的西班牙风格，二是具有北美新闻传播实践色彩的美国风格。西班牙风格的数据新

闻报道作品的特点在于风格写实、数据解析清晰、信息图表绘制精准，纤毫毕现。在数据新闻报道团队中，记者占主导、统领地位，数据分析师和图形设计师都是辅佐记者完成新闻报道的助手。

美国风格其实应被称作英美风格，它继承了早年《卫报》掌门人斯科特倡导的将消息与评论分开报道的新闻传统。在数据新闻报道团队中，记者、数据分析师和图形设计师各司其职，都把自己视作新闻人且认为人人地位平等。美派数据新闻报道通常风格清新，数据处理严谨，非常在意视觉化的艺术效果，在制作上讲求精益求精，对报道的交互性亦十分重视，因此，消费起来比较轻松。例如，2011年4月，围绕维基解密的近700份与关押特殊嫌犯监狱相关的官方文件，《纽约时报》制作了关于监狱虐囚的数据新闻报道《关塔那摩文件》（Guantanamo Files），为了追求视觉效果最优化，整个报道先后被修改了15次，在网站数字版中更是强化了交互性，实时更新信息，该报道发表后收效颇佳。

实际上，无论是西班牙风格还是美国风格，数据新闻报道都是跨界合作的成果。因此，在实践中应该着重注意避免一些常见的错误：一方面，记者在新闻内容的生产过程中，在数据处理或图形设计上耗费过多的精力和时间，并不是可取的工作方法，未必有利于记者发挥专长——对新闻事实和新闻价值进行开发；另一方面，数据新闻报道也应避免团队内部合作关系的失衡，数据分析师和图形设计师竭力把所有挖掘、清洗、处理妥当的数据用视觉化的方式呈现，这是可以理解的，但一味地将新闻报道简单地等同于数据视觉化，过度运用信息图表，势必影响记者主导作用的发挥，而令新闻报道误入纯视觉艺术作品的歧途。

对此，业界有一些有益的经验值得我们借鉴：一是形式服务于内容，我们要用数据分析及其视觉化呈现故事，完成叙事，舍弃那些不能彰显新闻价值的视觉化数据，即便它们看上去极具艺术性；二是要让数据源"说话"，把不同的开发数据当作新闻素材，穿插在视觉化叙事中，让内容消费者能通过新闻报道领悟得更多。

二、数据新闻报道的两种主要叙事结构

数据新闻报道是多重叙事元素的复杂组合，叙事结构远比一般的消息写作复杂。常规化的消息只需紧扣新闻的五要素，即围绕何人（Who）、何事（What）、何时（When）、何地（Where）及为什么（Why）来完成报道即可，而数据新闻报道的篇幅比一般的消息报道更长，它也更复杂，叙事既需要包括新闻五要素及其相关的逻辑关系，还不能不顾及文字、音频、视频、图表等表意符号各自的特性及其在立体融合叙事过程中由混搭而产生的协同效应（Synergy），以期获得优化的传播效果。

确定清晰良好的逻辑结构是完成复杂叙事并丰富之的可靠保证。国外学界和业界将数据新闻报道复杂叙事的空间结构大致概括为两种，分别借用古希腊荷马史诗的"伊里亚特式"（The Iliad）叙事结构和"奥德赛式"（The Odyssey）叙事结构来命名。荷马在《伊里亚特》中按时间顺序记述特洛伊战争；在《奥德赛》中则主要是以不同空间结构来叙事，按空

间顺序的转换来排列战事,而每一个既独立又连贯的空间都对史诗的整体叙事产生影响。由于叙事元素在结构中的移动性和游走性,"奥德赛式"结构叙事的方式,又被称为"流浪汉结构"(Picaresque Structure)。

总而言之,数据新闻报道可以按叙事需要,任选"伊里亚特式"结构——按新闻事实发生的顺序来线性展开叙事(前后内容很可能是因果关系)或"奥德赛式"结构——按新闻事实发生的空间顺序来建构叙事,依靠报道内容的独立性、连贯性和相关性来结构新闻并完成叙事。

经验表明,这两种叙事结构各有千秋,基本上能够覆盖数据新闻报道内容生产的现实需要。举例来说,如果将"抗击疫情"作为一项报道选题策划,那么,"伊里亚特式"结构比较适合按疫情暴发的时间线来叙事;而"奥德赛式"结构则可以交叉讲述各地疫情防控的进展。此外,相比之下,传统的新闻叙事结构非但与数据新闻报道的两种叙事结构没有矛盾,还有不少异曲同工之处。

在我们使用结构化的数据新闻报道叙事方式的时候,一定要尊重新闻传播规律,坚持以事实为报道的基础的理念,调查和解析报道对象时,务必注意数据呈现要合乎事实本身的逻辑,切忌先入为主,套用数据处理结果来佐证预设的结论。

在日常实践中,有别于社会化媒体移动平台新闻的"金字塔"式叙事方式,数据新闻报道宜将最吸引人、最有视觉冲击力的新闻元素作为开头,然后抽丝剥茧,引人入胜,以确保数据新闻报道的成功。

虽然不同于传统媒体线性叙事的一目了然,数据新闻报道在选用"伊里亚特式"时间顺序结构来完成内容生产时,仍应按照新闻事实的发展线索建立叙事的时间顺序,注意循序渐进,宜逐步加快叙事节奏,以契合用户对了解报道内容进展的期待;而选用"奥德赛式"来结构新闻报道时,即便叙事本身已是立体的,也应注意讲述的逻辑,保持清晰的三个基本层次——缘由、过程和结局,叙事不宜过于跳跃和反复,倒叙时也要保持条理明晰。

细节决定成败,注意细节可以说是做好各项工作的密钥,在新闻内容生产工作中也不例外。在数据新闻报道的传播实践中,数据不仅是信息,我们更应该将其当作细节来思考和应用。内容消费者不一定能接收很多信息,却可以很容易地接收细节。细节化的数据及其视觉化呈现有助于增加新闻叙事的色彩和意义。因此,国外有记者把细节称作新闻叙事中闪光耀眼的金片(Nuggets)。

第三节　新闻的数据相关性:价值变现

新闻报道的理念和实践不断演进至今,记者对数字和数据的运用实际上已经上升至运用大数据分析结果的维度。

数据及数据与数据之间的相关关系直接有助于催生有高附加值的新闻。具有重要的新闻价值的报道首先一定是准确的新闻报道。事实上，不同类型的数据之间的相关关系定义了个体，量化了新闻所报道的事件、现象和趋势，赋予了新闻报道独特的意义。

一、从数据之间的相关关系中发现新闻价值

关系既是一种连接，也代表一种关联。连接意味着把某种原因和某种后果联系到一起的依存性，即因果性；而关联则意味着相关（未必有因果性），即相关性。

新闻报道中数据的价值还在于，它必然可以与其他准确的、量化的信息碎片进行比较。不同数据之间的比较可以在同一量化范畴内进行，如在对地震的报道中可以把其损失与其他重大地震灾害损失进行比较；亦可在不同范畴内展开，如与其他自然灾害（海啸等）进行比较。进行比较的过程自然会建构关系——数据之间的相关关系，而关系则会生成新的意义。关系是数据库运作和开发的关键，是其是否具有交互性的决定性因素。没有数据之间的相关关系，就没有交互性，视觉化也就失去了价值。

（一）数据之间的因果关系

无论是新闻调查还是科学调查或犯罪调查，探测、寻找、揭露因果性都是调查的终极目标。新闻实践经验表明，对表面上互不相干的现象之间的因果性产生的好奇乃至察觉，有可能促成重大的发现或成功的调查。

(a)①　　　　　　　　　　　　(b)

图3-4　因果关系视觉化

图3-4中的两个案例均可以在电脑、手机、iPad平板等的屏幕上呈现，地图、照片、视频动画、数字、文字和链接等也均可以实现视觉化呈现。在内容生产时，记者可根据叙事需要，将每一个视觉符号都设计成可供受众互动的节点。

---

① 个人用户制作，网址请参见：https://www.pinterest.com/pin/845128686343706085/。

（二）数据之间的比较关系

当数据之间没有因果关系时，对数据进行比较也会使原先并不是十分清晰的意义变得简洁直观。例如，2022年欧洲公共债务数据的惨淡情形未必是由2021年欧洲公共债务赤字造成的，但记者通过对二者的比较，或可得出赤字加重的分析结果。

又如，图3-5呈现了不同性质企业的工作用餐情况的比较图，它们之间并无因果关系，但通过图表的对比，记者或可在其中发现一些有报道价值的新闻线索。

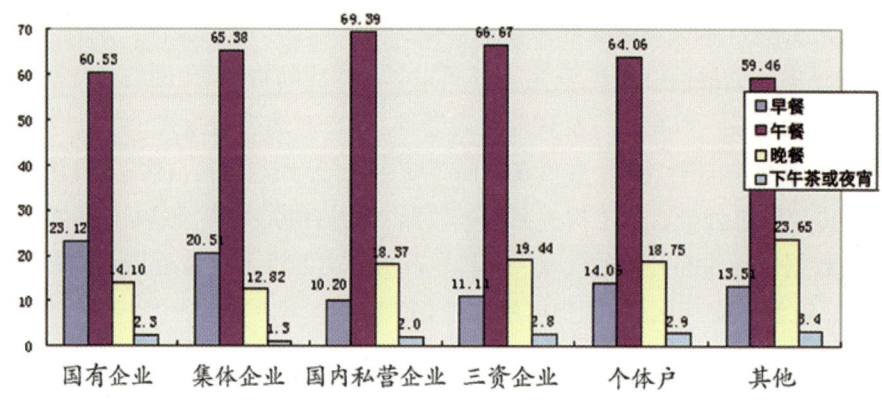

图3-5　不同性质企业的工作用餐情况

（三）数据之间的相关关系

数据之间的相关关系完全有可能产生意义。例如，雇员、雇主和顾客之间的相关关系，至少能产生三重关系意义，即雇员与雇主之间由劳动法界定的劳动关系、雇员与顾客之间的服务关系或互扰关系以及顾客与雇主之间的商业关系。

数据之间的因果性或相关性能够揭示现象、结构的积极意义或消极意义。比如，某一个国家的年度预算比上一年度增加了（同类数据比较），而在同一时期该国的预算赤字也上升了，记者在对二者进行相关关系比较后，就有可能得出原先不易被察觉的因果关系——权力部门掌控公共支出的能力不够。之于新闻报道实践，就是新闻记者发现了新的报道线索和新闻价值。

如果我们将不同指向的数据综合起来进行阐释的话，就能很容易地理解相关性产生意义的原理了。例如，当我们用描述性数据来回答北京和上海的人口数量和两座城市的垃圾数量时，指向的是不明性意义；而当我们用数据来呈现北京或上海的手机用户数量、水电消费量与生活水平，指向的就是影响性意义（它们之间或暗含因果关系）；但如果我们以京沪人口数量为基础，通过生活垃圾量、手机拥有量、水电消费量、金融机构外币存款量等，来估算两座城市之间的现代生活质量的区别，就指向了关联性意义（相关性）。显而易见，其中具有新闻价值的报道线索来自相关性。

因此，对于数据新闻报道而言，更重要的是由相关性生成的新闻。在媒体的日常实践中，相关性产生意义、产生新闻的例子俯拾皆是。

以一则法国经济短讯为例："法国地产税五年平均飙升16.42%，巴黎地区缴纳最少。"如果仅将这条财政税收消息做成数据新闻报道，那意义并不大，因为这则标题式新闻已经说明了问题。但是，如果挖掘、分析巴黎地区近五年停车费用的增幅，并将之与相应时段内地产税的变化进行比较的话，我们就会发现巴黎地区地产税缴纳最少的原因，在于当地政府通过提高其他税收（如停车费用）的方式，达到了税收总量的平衡。一篇有个性、有特色、有深度的独家报道就因此产生了。记者的报道冲动从何而来？一因记者的直觉与好奇心（如，为什么巴黎房产税不提升？），二因政府税收总量守恒是个常识。

在相关性产生新闻方面，还可以再补充两例：

其一，联合国的"全球脉动"（Global Pulse）计划是一个利用实时数据分析来了解世界某些地区人们的境遇、有关政策或项目的执行情况，并给予相关信息指导的国际项目。这一项目组曾与赛仕公司（SAS）合作，用软件自动提取了2009年6月到2011年6月的博客、论坛和新闻网站上含有"失业、被解雇"等关键词的内容，把挖掘出来的数据清洗并归入"住房""交通""教育"等类别，然后通过语言分析工具来定性每一个条目所表达的"情绪"（如"焦虑""疑惑""快乐"等），再逐月将人们的情绪和人们讨论话题的变化趋势与官方失业率的统计数字进行交叉比对。最后，相关关系研究表明，在美国失业率出现上升趋势的4个月之前，网民的"郁闷"情绪就已经开始上升；而在爱尔兰，"焦虑"情绪和"疑惑"情绪的上升分别出现在失业率上升的5个月和3个月之前。另外，在美国，失业率出现上升趋势的2个月和3个月后，网民对搬家、租房和汽车置换的讨论开始增多；在爱尔兰，失业率出现上升的同时，网民对改换交通方式的讨论开始增多，3个月和8个月之后，对取消旅行和置换住房的讨论开始增多。本来"情绪"和"失业"分属两个相互独立的意义表达体系，但如果记者对二者进行交叉比对，就有可能发现彼此的相关性，从而挖掘出新闻线索和新闻价值，还能进一步精确解析"失业"问题对旅行、住房和交通工具等的影响。显而易见，如果相关报道以"全球脉动"的研究数据作为视角，就能通过分析美国和爱尔兰的社会话题以及个人情绪的变化，详解人们的生存现状，还能预警可能发生的危机。

其二，《人民日报》曾于2019年2月18日刊发了驻美记者采写的一篇报道《"绿化地球，中国是榜样"》：

> 近日，美国航天局等机构研究人员在新一期英国《自然·可持续发展》杂志发表论文说，他们在分析了美国航天局"特拉"号卫星和"阿卡"号卫星的观测数据后发现，全球从2000年到2017年新增的绿化面积中，25%以上来自中国，中国对全球绿化增量的贡献比居全球首位。
>
> 本报记者日前就此采访了该项研究的主要负责人——美国波士顿大学地球与环境系教授瑞加·梅内尼以及该论文第一作者——波士顿大学地球与环境系博士生陈驰。
>
> "在观测到地球绿化面积增加后，我们最初以为主要原因是气候变暖等环境因

素促进了植物生长。但对相关数据的分析显示，中国在植树造林和集约农业等方面也为此作出了巨大贡献。"瑞加·梅内尼表示。

"全球的变绿趋势与全球农作物净初级生产力的分布十分吻合，中国等发展中国家植被叶面积增加得最为明显。"陈驰表示，2000年至2017年间，全球绿化面积增加了5%。中国和印度在陆地植被面积只占全球总量9%的情况下，对全球绿化增量的贡献约为1/3，"其中中国贡献了全球绿化增量的约1/4，令人赞叹"。

"这项发现与人们原本设想的情况相反。中国等发展中国家通过植树造林和提高农业效率，使得其在全球绿化方面占据了主导地位，而不是大家想象中的发达国家。"陈驰表示，中国贡献中42%来自植树造林，32%来自集约农业。集约农业可使人们在相同面积的土地上种植更多的农作物，而北半球大规模植树造林等护林活动更加显现了人为因素的重要性。例如在中国，人为管理的森林的面积增速比自然生长的森林的面积增速要大29%。"这也充分体现了中国对生态文明建设和可持续发展的高度重视。"

"绿化地球，中国是榜样。"瑞加·梅内尼认为，中国在植树造林方面为其他国家提供了良好范例，"中国政府大力推进生态文明建设，实施了诸多植树造林项目，努力绿化这片土地"。他表示，随着科技的发展，中国有可能采用更加先进的农业技术和更加科学的管理方式来实现可持续发展的目标，"这也推动中国日益成为全球生态文明建设的重要贡献者和引领者"。

"中国坚持走绿色发展和可持续发展之路，展现了大国的责任和担当。"陈驰对"绿水青山就是金山银山"这一理念印象深刻，认为这一重要发展理念对于保护生态环境、实现绿色发展具有重要意义。"中国实施了许多重要的生态环保工程来保护环境和扩大森林面积，例如三北防护林、天然林保护、太行山绿化等，有效地减少了土地沙漠化、降低空气污染并积极应对气候变化，这将为全球绿地面积增加继续发挥重要促进作用。"

试想，如果该报道只是简单地将全球2000年至2017年绿化面积增加的数据视觉化，那么至少对中国受众而言，它的新闻性并不是很强，至多是一份科学研究报告，但如果将此数据与中国的贡献关联在一起，受众就会发现其中的相关性，即全球新增绿化面积中有25%以上来自中国，新的意义就此产生：中国近年对全球绿化增量的贡献比居全球首位——新闻价值凸显。

二、相关关系与数据视觉化的可能性

历史上早就有过不少用数据视觉化呈现相关关系的事例，开创世界护理事业的"提灯女神"弗洛伦斯·南丁格尔在这方面就作出了杰出的贡献。

19世纪中叶，英法等国与俄罗斯为争夺巴尔干半岛的控制权，在克里米亚交战，南丁格尔主动请缨赴前线担任战地护士。当时,英国伤兵死亡率达42%(高于作战死亡率),南丁格尔及其同事们认为这似乎不太正常,于是她开始对医院的死亡病例进行细致的记录,并对死亡的相关性因素进行了认真的分析。她发现,除了战伤,医院恶劣的卫生条件和营养不良是伤兵们死亡的更主要的原因。

南丁格尔用"鸡冠花"/"玫瑰"图将自己分析的相关性结果进行视觉化呈现,让人们直观地认识到问题所在及其严重性。1858年,她绘制了这张《东部军队(战士)死亡原因统计图》(图3-6)。

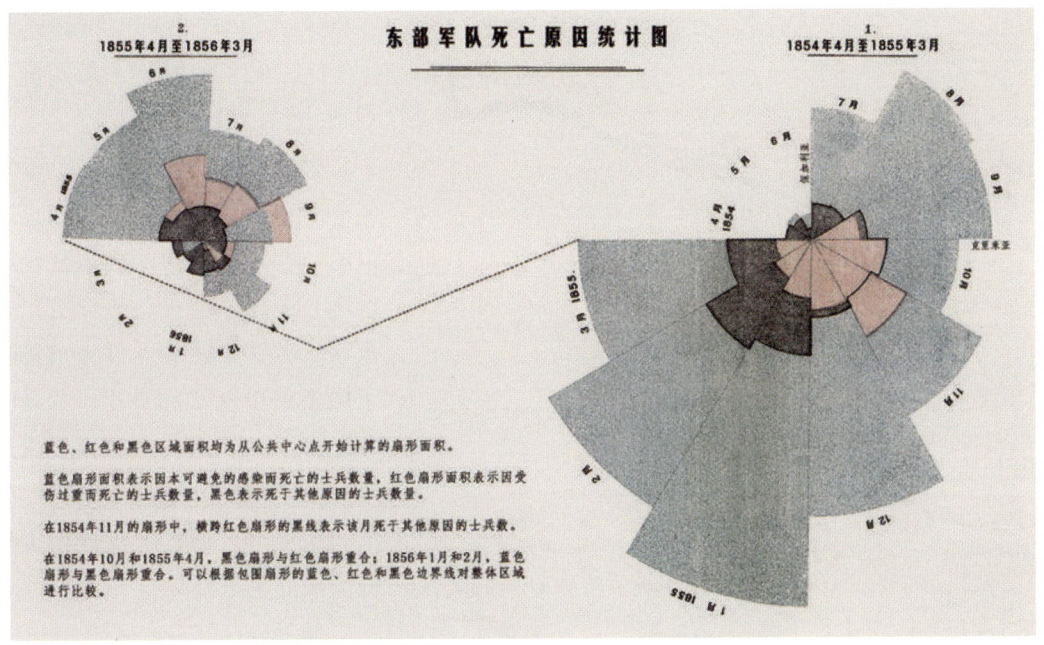

图3-6 南丁格尔绘制的东部军队(战士)死亡原因示意图[1]

这张向英国政府呈交的示意图提供了以下准确的信息:

(1)图1中每一个扇形部分表示1854年4月至1855年3月中的一个月;

(2)蓝色部分表示每个月因感染而死亡的人数,而只要有最基本的盐水,这些死者本来是可以活下来或者是可以被治愈的;

(3)黑色部分表示因受伤过重而死亡的士兵人数;

(4)红色部分表示其他原因造成的死亡士兵人数。

图表用扇形的半径及面积来表示死亡人数,可以清晰地看出每个月因各种原因死亡的士兵人数。显而易见,1854年至1855年因医疗条件不佳而造成的死亡人数远远大于战死沙场的人数。

南丁格尔的努力让人们直观地认识到问题之所在及其严重性,并引起了人们的重视,医院

---

[1] Information is Power—Introduction[EB/OL].(2018-01-18)[2024-08-24]. https://davidrothwellgraphics.wordpress.com/2018/01/18/information-is-power-introduction/.

的护理条件和膳食条件因此得到改善。半年后,伤兵死亡率就锐减到2.2%,许多生命得以被拯救。

另一个著名案例是毕业于巴黎路矿高等学院的法国工程师查理-约瑟夫·米纳尔(Charles-Joseph Minard)绘制的拿破仑进军俄罗斯(1812年)的数据图(见图3-7)(我们将在本书第四讲中详细地对之进行解析)。

此外,将米纳尔绘制的1858年、1864年、1865年欧洲棉花进口图(见图3-8)与其全球移民路线图(见图3-9)进行比对也很有意义。这些数据图不仅分别呈现了19世纪中期欧洲进出口贸易的变化及世界人口流动情况,通过对比,我们还有可能比对二者、找出相关关系,并就此发现很有价值的新闻报道线索。

数据新闻报道最突出的特点:简洁性(Simplecity)。

数据视觉化所具有的化繁为简的功能,每每能让复杂的信息变得更容易被人们了解。

米纳尔最早是以其制作的俄罗斯乡村分布图而闻名于世的。这是将复杂性转变为**简洁性**("Simplecity",从"Complexity"到"Simplecity"——化繁为简)而未改变原始数据的杰作。相关领域的专家和学生普遍对其将宽泛而复杂的数据转化为简而易懂形式的能力给予极高的赞赏,视其为公共管理分析的先驱。

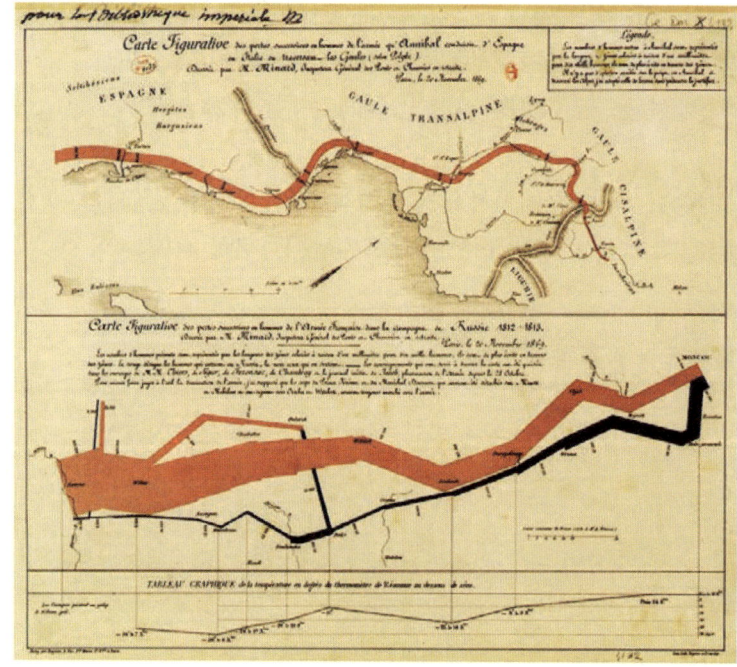

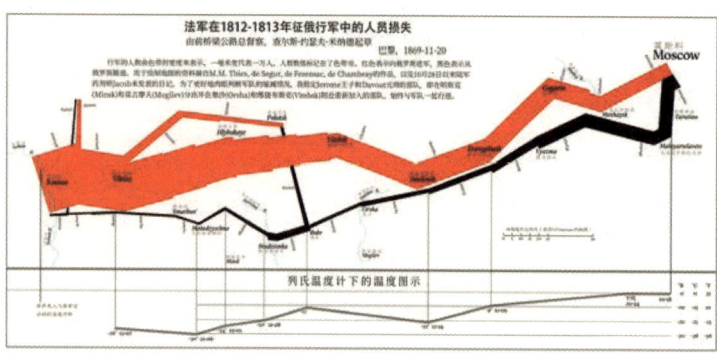

图3-7　法国工程师米纳尔用数据图分析拿破仑进军俄罗斯的路线①

① Charles Joseph Minard[EB/OL].(2024-09-05)[2024-09-12]. https://en.wikipedia.org/wiki/Charles_Joseph_Minard.

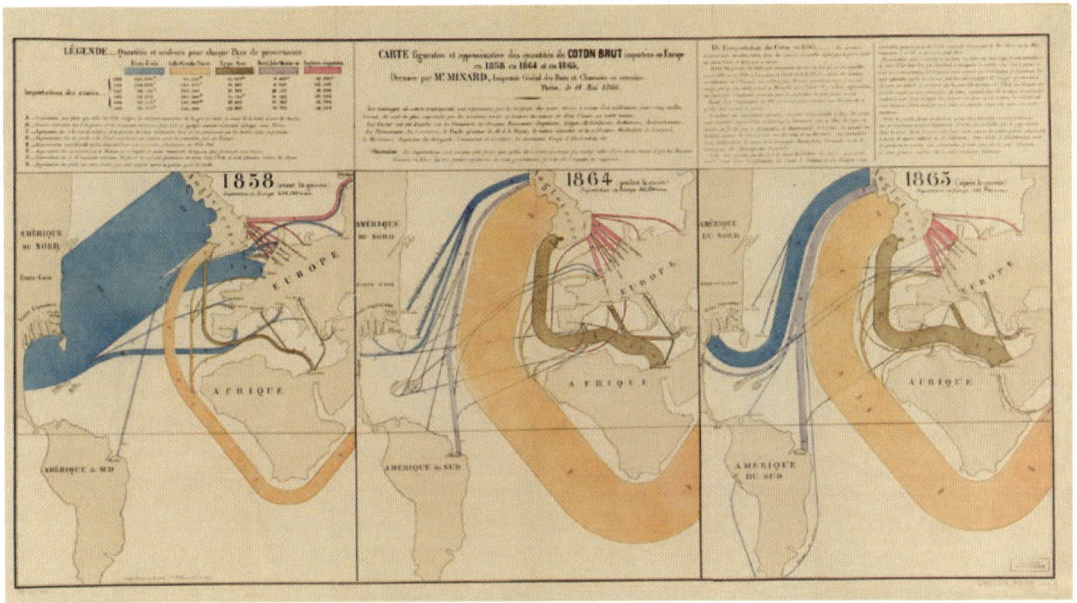

图3-8 欧洲棉花进口图①

  米纳尔的一些其他统计与视觉化呈现的佳作分别描述了迁徙流和英国煤炭出口的情况。例如，他制作了19世纪中叶欧洲20万吨以上吞吐量的港口分布图，之后，他又制作了每个港口的吞吐吨位比例图。通过米纳尔的视觉化数据呈现，人们一眼就能看出当年英国"海上霸主"的地位。地图成为叙事的界面。之后，米纳尔又将自己的研究成果进一步推广，令其声名远播。他完成的1858年的全球移民潮数据图（见图3-9）是一项可以媲美拿破仑进军莫斯科路线图的成果，他在其中化繁为简地将1858年源自欧洲、非洲、南亚的移民人数和迁徙目的地完整展示。在绘制这张世界移民数据图时，米纳尔借用了法国统计学家勒高伊特（A. Legoyt）所著的《欧洲移民》（*European Emigration*）和美国《纽约商人杂志》（*The Merchant's Magazine of New York*）中的公开数据，分别用细线条将来自不同国家的移民人数进行相关呈现（这些线条分别以1500人为千分之一单位）。他还以千人为单位，在线条上标明确切的移民数字。米纳尔仔细地将发散的线条排列在一起，勾勒出从欧洲和亚洲主要港口开始的各个移民潮及其终点。最后，他还在数据图的右上角加注了彩色的编码体系，以便读者更加明晰地确认不同国籍移民的流动情况。

---

① The Underappreciated Man Behind the "Best Graphic Ever Produced" [EB/OL].（2017-03-17）[2024-08-24]. https://www.nationalgeographic.com/culture/article/charles-minard-cartography-infographics-history.

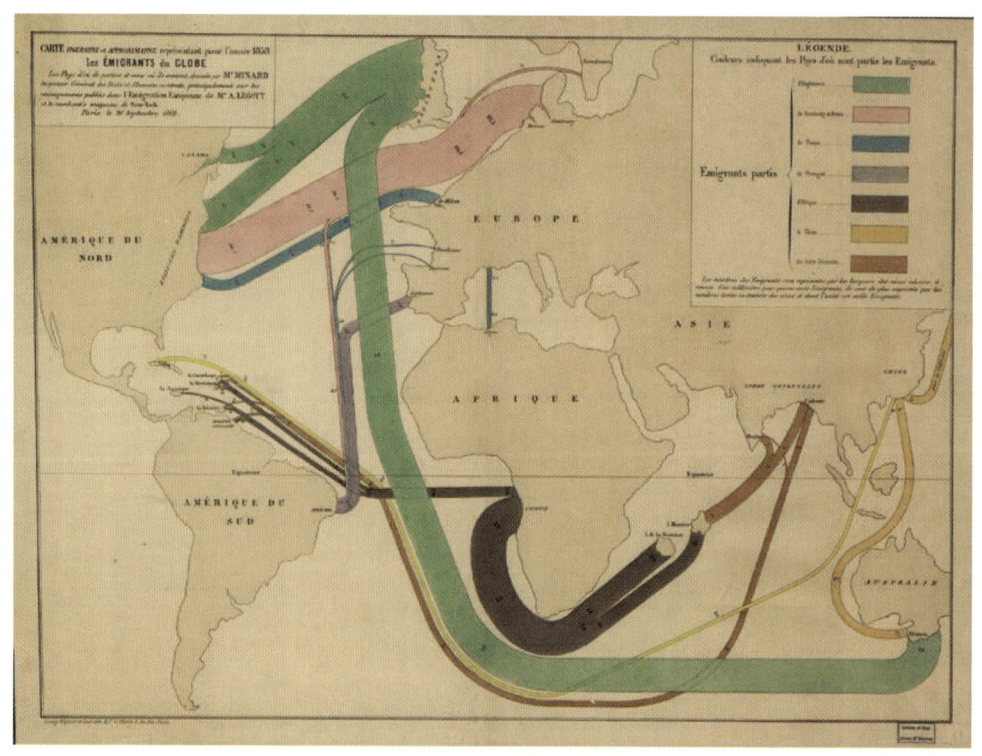

图3-9　1858年的全球移民潮[①]

图3-9的左上方意味着来自英国和北欧的移民在数量上占比较大，米纳尔的统计数据表明，移民澳洲的英国人多于移民美国的。相对移民北欧的人数而言，移民美国的法国人较少，因为他们有语言和文化方面的障碍。移民南非的法国人、北欧人和英国人较少，而从法国前往其殖民地阿尔及利亚的移民人数则较多。图3-9还表明，移民美国的法国人大都从英吉利海峡一侧的勒阿弗尔港出发，而移民南非的法国人则从巴约尔港和波尔多港出发。从图3-9中还可以清晰地看到大量的非洲劳工前往欧洲殖民地。刚果地区至印度洋上的法国殖民地留尼汪岛和英国殖民地毛里求斯岛的粗线条则表明，这些劳工还需要去岛上的甘蔗种植园工作。另有一些较细的线条表示，非洲劳工前往加勒比海、法属瓜德罗普岛和马提尼克岛等法国蔗糖产地，以及当时的英属牙买加、特立尼达和多巴哥以及圭亚那。

如图3-9所示，被带到毛里求斯和留尼汪的非洲劳工人数是被带到加勒比海法属、英属领地人数的三倍。我们通过数据图还可以了解到，前往美国的非洲劳工并不多——这是因为尽管美国奴隶解放运动过去了多年，但美国国会禁止进口外国奴隶仅过去了不到半个世纪（1808年），所以非洲移民人数有限。南亚的移民程式也大致相同。大批劳工离开马德拉斯和加尔各答，前往毛里求斯和加勒比产糖岛屿。米纳尔的数据还显示，中国的移民分为三股：第一股去澳大利亚，与抵达维多利亚的大量英国人融会在一起；第二股绕过好望角并穿越大西洋，前往加勒比海，主要是去古巴，少量中国人去了瓜德罗普岛；第三股进入了太平洋，前往

---

① Minard on Immigration[EB/OL]. (2008-05-12)[2024-08-24]. https://cartographia.wordpress.com/2008/05/12/minard-on-immigration/.

遥远的加利福尼亚。

米纳尔的这张全球移民数据图设计得很到位，若有读者想要了解世界移民潮，甚至都不需要看文字说明，数据图呈现的相关主题的简洁性本身就足以说明问题。然而，这张数据图的某些缺陷也显而易见，例如，北美洲和澳洲版图的轮廓相当不准确，欧洲的版图大得超乎寻常，但这些瑕疵无碍数据图的影响力。

值得我们特别注意的是，这张数据图反映的只是1858年一年的统计结果，仅此而已，因此，此图未必需要记者来完成，仅靠一位数据分析师就能实现相关信息的视觉化。但如果是由记者完成相应的数据新闻报道，或许就不能局限于数据呈现，而需要深挖数据的新闻价值，能够比较几年，甚至几十年的数据，经过这种努力，就能深度解析北美洲成为移民大陆的多维度原因。

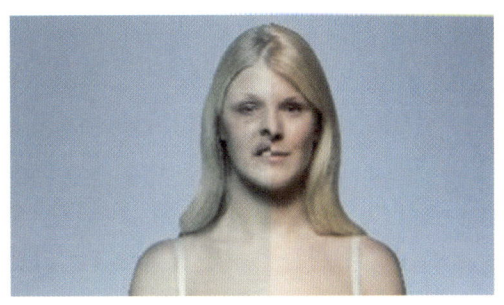

图3-10　吸烟与健康主题的数据新闻报道①

如今，国内外媒体都常常利用数据处理中的相关性分析，发现有价值的报道线索，进而完成视觉化新闻叙事，例如，有媒体通过相关性分析完成了关于吸烟与身体健康的数据新闻报道（见图3-10）。

又如，源自脸书（Facebook）的"开放图谱"（Open Graph）之"社交图谱"（Social Graph）——以"人与人的社会关系"为线索建立的"事情图谱"和以"人与人的共同兴趣"建立的"兴趣图谱"（Interest Graph）（见图3-11）。

2013年1月，在脸书举行的"社交图谱搜索"（Graph Search）发布会上，扎克伯格再次强调了脸书的愿景，即"我们的使命是让世界变得更加开放和连接"——一句永远不变的口号。按其定义：脸书有三大系统支柱，前两大系统是用户已经熟知的"动态消息"（News

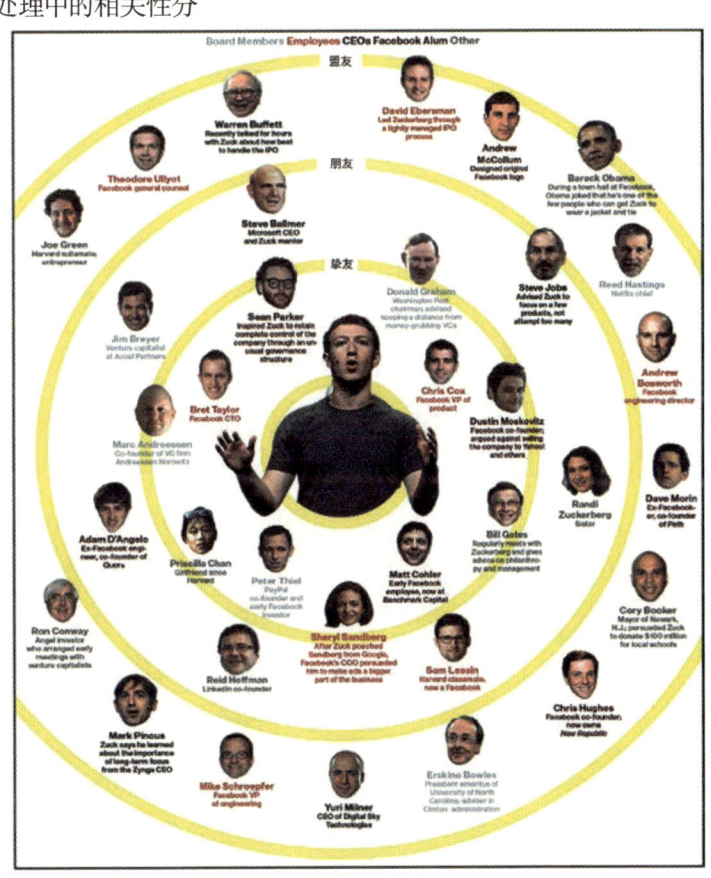

图3-11　视角图谱＝事情图谱＋兴趣图谱②

---

① Oznaka: tobacco body[EB/OL].（2018-08-28）[2024-08-24]. https://hrvatska-danas.com/tag/tobacco-body/.
② Mark Zuckerberg's net worth, er network[EB/OL].（2012-05-20）[2024-08-24]. https://florence20.typepad.com/renaissance/2012/05/mark-zuckerbergs-net-worth-er-network.html.

Feed)和"时间线"(Timeline),而第三大支柱就是搜索服务——"社交图谱搜索"。

据称,目前全球各地至少有10亿人、2400亿张图片和10000亿组连接关系被保存在脸书的社交图谱里,借助"社交图谱搜索",人们很容易找到"这个人是谁"的答案。不同于普通常用的网页搜索,"社交图谱搜索"通过四个要素(人、地点、图片和兴趣爱好),完成与用户密切相关的搜索。这可以说是相关性产生意义的典型案例。例如,在脸书搜索栏里键入"在巴黎有我的哪些朋友?""我的朋友中喜欢上海的"等此类非常口语化的搜索请求,新功能就能很快找到答案;又或者你在聚会上认识了一个朋友的朋友,你可以用"叫×××的人,油管上的'网红',是马云的朋友"在脸书上搜索到她,搜索条件可以是非常细化的。你还可以搜索"悉尼的中餐厅",搜索结果会告诉你基于社交信息和评分信息排名出来的餐厅,中国社交软件豆瓣也有此项功能。

通过对上述交叉的关系化图形(更进一步:交叉的社交图谱与兴趣图谱)的相关性分析,记者很容易就会发现新闻线索和新闻价值,进而可以通过数据深加工处理(挖掘、分析、推理、综合等)的辅助过程,借助视觉化和数字平台的互动,使新闻报道的内容更容易被受众理解,也使新闻叙事的形式更生动、丰富而更具吸引力、影响力。数据新闻报道的价值和魅力亦通过数据视觉化传播得以彰显。

可见,如果我们能综合运用数据视觉化的技术呈现手法,就有可能通过建立相关关系发现有价值的新闻报道线索。就此演绎的话,对于当前的传统媒体和新兴媒体而言,数据新闻报道意味着媒体应成立专门的采编部门(或者与外部合作),依靠数据分析师或数据分析师来挖掘、清洗数据,建立数据分析和视觉化的常规机制,以解析海量数据,配合记者完成采编业务、找寻报道的最佳选题。记者可以依靠图形设计师的数据视觉化呈现方案,最终完成新闻叙事。

对于高校新闻传播学专业而言,对未来学生的培养目标已不再停留于仅培养掌握文字、音频、视频、网络等相关"采、写、编、评、摄"业务技能的新闻人,或是仅习惯于进行数据思考的技术人才,而应培养既懂数据分析处理又熟谙新闻采编业务,并了解视觉设计常识的跨学科专业人才,即将"培养懂数据、编程和统计基础知识并熟悉图形设计常识,具有宝贵的新闻洞察能力,能够从数据处理中发现报道价值,从而出色地完成新闻采编工作的新闻人"作为数据新闻报道人才的培养目标。

三、如何在不同数据分析中寻找相关性

既然相关性在数据新闻报道中有举足轻重的意义,那么在不同的数据分析中寻找相关性以发现有价值的报道线索,就成为最终完成视觉化新闻叙事的关键步骤之一。为此,需要记者运用一定的技巧甚或形象思维的逻辑,在将复杂的大数据、深数据和巧数据化繁为简的基础上,抽丝剥茧,找出数据之间的相关性。

在内容生产的具体实践中,把数据编排得易于收集、追踪和浏览,便于我们在不同素材之间建立联系。如果我们对某些素材尚存一些疑问,这就表明或许还有一些素材需要进一步

完善。由此，我们有可能会对与之前假设相关的新素材更加敏感，进而有意想不到的发现。

在信息图表的理论和应用方面都颇有影响力的法国学者雅克·贝尔廷（Jacques Bertin）认为，数据视觉化是天然智慧的人为记忆，人们不会去阅读一张图表，但会就图表发问。

让我们通过一些典型的案例来进一步理解这一理念。众所周知，西方媒体与其赖以生存的资金链有着较为隐秘却实实在在的商业关联，通过数据的挖掘和清洗，其中的一些相关性便会露出端倪。作为报道选题，记者完全有可能借助数据分析的结果，完成颇具价值的调查性新闻报道及其视觉化叙事。关于法国媒体与"金主"之间关系的数据新闻报道堪称一则范例（见图3-12）。

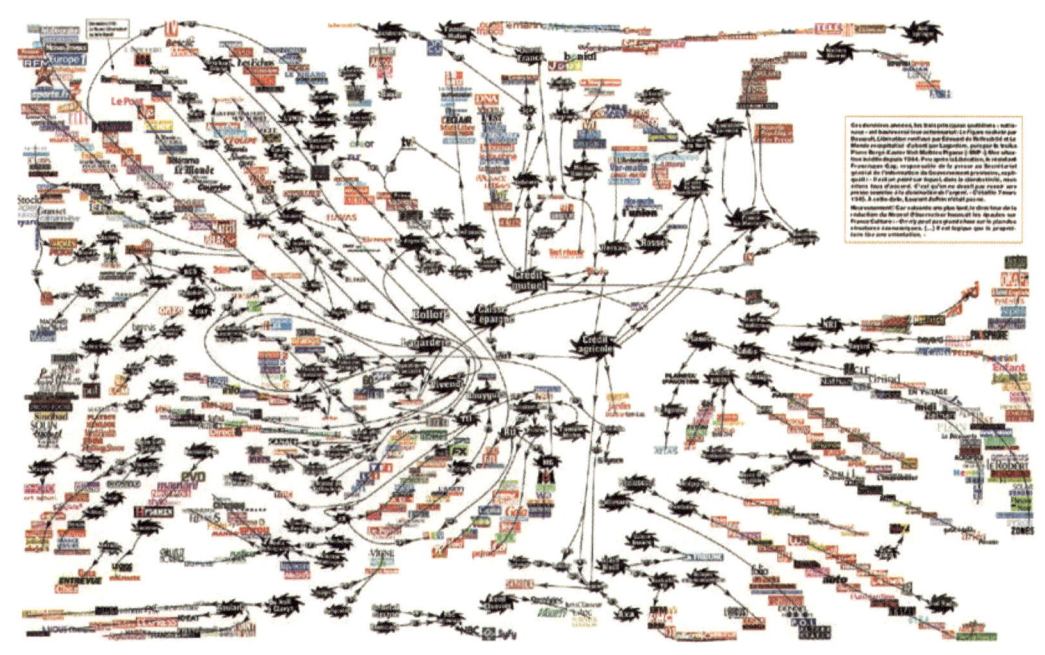

图3-12　法国媒体与"金主"的关系（黑色的图标为财团，其他颜色的图标是不同的媒体）①

我们还可以列举一个在数据分析中寻找相关性的案例：1962年发生的古巴导弹危机事件历时13天，是冷战期间美苏之间最直接、最激烈的一次对抗，险些引发核战争。贝尔廷亲自动手绘制了相关的信息图（见图3-13），完整而清晰地叙述了当年美苏两国对于古巴导弹事件的认知变化以及决策过程。图中的相关信息被视作美苏两国一系列决策的依据，贝尔廷在不同维度上对信息进行理论分类（"潜在的或实际的危险""美国的或俄罗斯的决策"）；而鉴于决策在"时间"与"战争风险"方面的性质是很容易辨别的，贝尔廷据此用图形叙述了时间与风险的关系。在图3-13中，他用三个维度多样化地呈现了决策的全过程：贝尔廷分别用虚线和实线表示潜在的或实际的决策；美国或苏联的决策沿着X轴交替出现（为了

---

① Cette carte répertorie la plupart des propriétaires des médias français, qu'il s'agisse de personnes privées, de familles, d'entreprises ou de groupes.[EB/OL].(2013-01-04)[2024-08-24]. https://zintv.org/la-carte-electronique-du-parti-de-la-presse-et-de-largent/.

更清楚地区分二者，他在纵向上加注了内容差异（纵向标题）和形状差异（代表美苏两国的图案）；用文字表示决策的内容，供读者阅读。

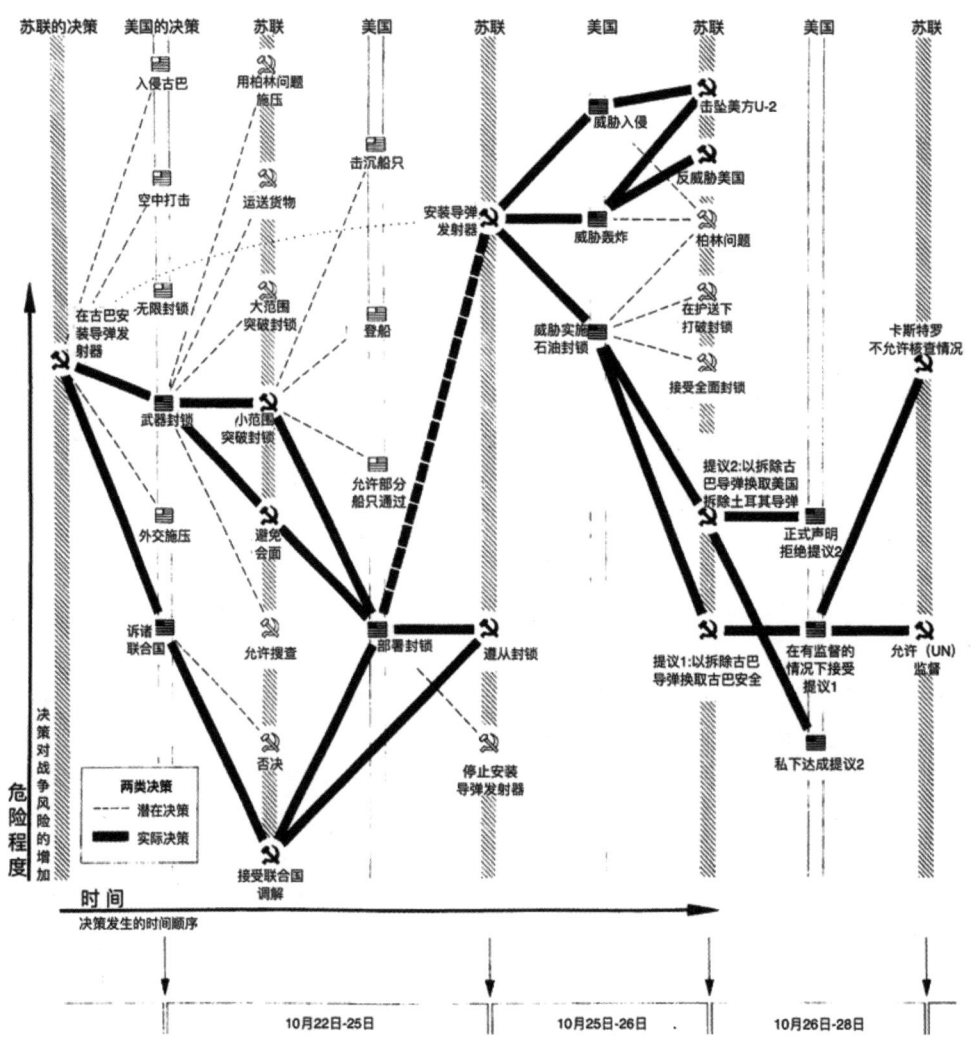

图3-13　视觉化新闻叙事赋能古巴导弹危机报道①

事实上，人们只要想象一下各种决策可能带来的战略问题和后勤问题，立即就会明白关涉古巴导弹危机的要素显然比图上呈现得更多、更复杂。但是，图上表示的所有"斡旋"和文字都在试图减少对导弹危机的报道的复杂性，并展示了不同要素的可选择性，以便人们能够清晰地了解危机的主要特征。

不言而喻，这种视觉化的新闻叙事形式比纯粹的文字报道更具有优势，危机事件的始末被展示得一目了然。受众可以就图上的任何一点展开评析，各种争议、不同的看法都意味着一连串清晰可见的后果。

---

① La Sémiologie graphique de Jacques Bertin a cinquante ans ![EB/OL].（2017-06-27）[2024-08-24]. https://www.visionscarto.net/la-semiologie-graphique-a-50-ans.

其实，在具体的新闻传播实践中，如何在新闻报道素材中通过相关性分析寻找具有新闻价值的线索是有一些规律可以依循的。在此，我们不妨借诸法国记者有关极右政党——法国国民阵线（Front National）的报道实践来熟悉一下在不同数据分析中寻找相关性的具体步骤。

第一步：选题与假设

在研究法国政党国民阵线的报道选题的时候，从事报道的记者发现这一极右政党中的人士经常因各种过火言行而惹上官司。于是，记者假设了国民阵线的中心策略就是法律意义上的行动主义，并开始收集包括新闻简报和法庭报告等在内的、关乎国民阵线法律问题的文字材料。

第二步：将素材进行分类

当新闻素材的收集达到一定数量时，记者开始按照不同的类型来将信息分类。例如，将关于国民阵线成员涉嫌选举诈骗、暴力犯罪等案例的一些材料归为一类。

第三步：聚焦有价值的线索

在发现一些案件中的一些嫌疑人是有新纳粹刺青的"光头党人"后，记者就大胆假设国民阵线与"光头党"有可能存在某种联系（尽管官方否认这种假设的联系），并查阅了有关"光头党"的卷宗。最终发现了一份有价值的案件：两个"光头党人"和国民阵线的一名市议员候选人用棒球棍袭击了一位男子，造成被害者终身残疾。于是，记者立即联系了受害者的律师。

第四步：寻找并发现相关性

记者从律师提供的材料中发现，另有一组看似异教信徒的人员亦涉嫌参与这次攻击却未受到关注，记者联想到之前在其他材料中发现的国民阵线相关的地下异教活动，又把"光头党人"的材料加入对整件事的材料梳理中，与国民阵线内部人员联系后，记者将假设锁定在这些异教徒中，认为他们是国民阵线与"光头党"的关联点。

第五步：提炼新闻价值

记者从各种材料中梳理整合一些信息，并据此全力找寻地下异教徒、"光头党"和国民阵线暴力行动之间的相关关系。记者掌握的有效信息包括对国民阵线官员关于"光头党"的访谈、国民阵线宣传品剪报、对国民阵线中异教徒的访谈等，进而揭露了秘密异教、"光头党"和国民阵线之间的关联，完成了精彩的相关报道。

这一报道实践案例说明，以假设开始，继而归纳演绎、交叉比对、层层递进、抽丝剥茧，到最后以发现相关性作结，不失为挖掘新闻价值的有效方法，值得借鉴。

第四节　数据新闻报道内容：消费习惯及目标用户

传媒影响、改变或转移公众的消费兴趣和对商品的注意力并非新鲜事，在大众传媒称雄的年代，报纸、广播、电视都曾被视作"大规模消遣武器"。近40年来，娱乐和体育赛事都在新闻内容生产的范畴中得以蓬勃发展。自20世纪80年代开始，电视媒介似乎自然而然地将娱乐和新闻混为一谈。之后，网络也加入"娱乐偏好潮"，以"只为网络预留最轻松内容的位置"为特征的"LOL新闻报道方式"和"内容农场/工场"（只根据搜索引擎反馈的偏好内容选择生产内容）大行其道。

当今时代信息与传播技术日新月异，传媒内容消费者的注意力已成为可以变现的稀缺资源，吸引公众注意力完全有可能获取经济收益。

认知心理学造诣颇高的诺贝尔奖得主赫伯特·西蒙（Herbent Simon）在预测当今经济发展趋势时曾指出："随着信息的发展，有价值的不再是信息而是注意力。硬通货不再是美元而是关注。"基于美国心理学家、哲学家威廉·詹姆斯（William James）的认知神经学理论，注意力意味着在同一时刻的众多可能选择中，以清晰而生动的方式，在精神上对某一对象或某一系列思想的获有。意识的聚焦与集中是注意力最基本的内涵。注意力的前提是为了更有效地关注一些事物而规避其他事物，以避免思维的模糊、轻率和游移。

美国加州大学理查德·A.兰哈姆（Richard A.Lanham）于1994年发表了一篇题为《注意力经济学》（The Economics of Attention）的论文，率先提出了"注意力经济"的概念。在兰哈姆看来，经济的自然规律在网络时代会发生变异，传统经济主导的稀有资源由土地、矿产、机械化设备、高科技工厂等物质因素转变为"注意力"。1997年，迈克尔·戈德海伯（Michael H.Goldhaber）在其一篇题为《注意力的购买者！》（Attention Shoppers!）的文章中指出，在新经济环境中，注意力本身就是财产，因为经济学的理论中，如何利用稀缺资源是重要命题。他认为，当今社会是一个信息极其丰富甚至泛滥的社会，而互联网的出现加快了这一进程，信息非但不是稀缺资源，相反是过剩的。相对于过剩的信息，只有一种资源是稀缺的，那就是人们的注意力。

注意力经济的本质在于这是消费者愿意以其注意力换取服务的一种市场运作，进而言之，新闻内容的消费者有选择的权利——选择在何种媒体、何种报道的阅听上"花费"注意力。注意力经济还有另外一个关键因素，即关联性，公众只有对某种产品注意了，才有可能成为消费者来购买这种产品。而媒体为吸引人们的注意力而进行的重要的竞争之一就是视觉效果层面的争夺，也正因为如此，注意力经济也被称为"眼球经济"。

一、当今媒介内容消费特征：注意力分散

在新闻传播学领域，注意力分散是网络数字新闻内容消费过程中，媒体必须面对的严酷问题。摆在我们面前的严峻事实是，新闻内容消费者接收和消化信息的能力正在不断退化。因此，媒体必须提供有价值且容易吸引注意力、易被接收的信息或深刻的洞见，以视觉化呈现为传播形式的数据新闻报道恰好符合这些消费趋势，成为当下新闻内容生产过程中值得我们重点努力的方向。

对注意力或注意力经济的讨论，无法回避的就是时间及其分配。注意力分散从表面上

看是分心，但本质上是消费者的时间投入，它直接与消费心理、消费冲动和消费行为有关。

脑神经网络因习得能力的影响而会不断进行自我调整，可能导致人的信息感知受到干扰，许多重要的生理刺激流可能导致原本负责不同任务的、按轻重缓急程度来组织大脑活动的控制中心被某种不和谐的认知所淹没。

在海量信息泛滥和注意力资源稀缺的当今时代，新闻内容消费者的时间、精力和记忆能力有限，必须有选择地记忆、存储新闻信息和知识，否则可支配的时间就不够用。

曾经有一项调查的结果表明，网民时间的投入大致如下：

◆ 70% 的时间用于寻找信息之所在；
◆ 25% 的时间用于剥离提取有用信息；
◆ 4% 的时间用于查询或寻找与主题相关的资料；
◆ 1% 的时间用于理解查到的信息。

从以上数据不难看出，数字公民常常对确认信息是否真实并不太感兴趣。事实上，受众注意力分散的原因不仅在于时间的分配，一心多用是另外一个不可忽视的原因。新闻内容消费者如果同时使用手机、电视和电脑，或会造成注意力集中的困难。

圣迭戈大学的研究人员证实，以相等的时间看电视或上网，人们的注意力均值只有2个小时。以此为基础来推算，在20世纪六七十年代，一个人每天看电视时的注意力均值就达到5小时。如今，网民每天用于媒介消费的时间甚至可以多达12小时，消费内容则来自纸媒、广播、电视、电话和互联网等。因此，问题在于，在信息内容或娱乐内容的消费时间增长了几近三倍之后，人脑能否适应并完成多重的任务。换言之，在多大程度上，人脑可以通过拟态像一台电脑那样运行，即数个应用程序同时工作。

数字时代的内容消费现实动摇了威廉·詹姆斯提出的关于注意力的经典定义，即注意力的前提是避免思维的模糊、轻率和游移，因为网络浏览模式的强制性促进了网络用户思维的模糊与游移。对美国受薪者上网行为的研究也表明，他们每小时都频繁更换其上网动因。

美国斯坦福大学多重任务处理研究中心首席研究员阿埃尔·奥菲尔（Eyal Ophir）曾经开展一项研究，旨在了解50年来的电脑使用是否将人脑重新格式化。研究经验证明，最能同时开展多项脑力活动的人是最能接受新鲜信息的人，但也是最不能过滤信息、淘汰无用信息的人。他的研究得出的结论是这类人接收能力超强但辨别能力较弱。问题在于，接收能力强是一件有一定危险性的事情，因为在现实生活中，接收能力强的人往往都有排斥对自己工作有用的信息的倾向。实际上，能够同时开展多项脑力活动的人，在从一项脑力活动转到另一项时，经常是迟缓的，意即比起精神集中的人，其某项脑力活动的效率较低，因为他需要同化各种信息。詹姆斯认为，人不能真正做到一心多用。在半个多世纪以前进行的实验亦已表明，人脑可以同时处理（理解）两个不同的信息流，但无法就这些信息所描述的两个不同的问题做出决断。

法国著名的民调机构布吕莱-维尔同仁公司（BVA）的一项针对数字新生代的研究也再度证实了上述结论。

BVA公司的研究表明，在同一时间内，复合消费电话、电视和电脑等信息工具，会给注意力的集中带来困难。如果数字公民清晰地知道自己被淹没在海量信息、矛盾的现实和冗余的数据之中，那媒体所面临的主要挑战就在于如何让这些过多的信息变得简洁、变得有价值。对于内容消费者而言，所有的信息都是可以接触到的，所有的问题都是有答案的，问题的关键只在于如何迅速地找到答案。这一现象也说明，信息的生命周期不仅非常短，还非常脆弱。数字公民常常对新闻的真实性不太感兴趣。他们更多在意的是从何处可以用最方便的方法找到所需的新闻，决定信息的单位是对于新闻价值的趋同认知。

　　很多年来，众多学者的各种经验观察都得出同一个结论：海量新闻信息的碎片化、离散、流动加速、无所不在、再生、消遣、干扰等现象都极大地影响了新闻内容的接收与消费的方式。一个最明显的现象几乎是众所周知的，即越来越多的网民不在意完整地了解、理解新闻，而是满足于在接收新闻后，立即在社交网络上发表自己的看法和感受。网民们对于能否谈论某条新闻的兴趣超过了对这条新闻报道内容本身。

　　据此，追逐受众、争夺新闻内容消费者的"眼球"（注意力），成为时下媒体传播实践的首要目标。各种事件、各种传言只要带有煽动性，似乎就是超值的。这种新闻消费嗜好与一些媒体长期迷恋耸人听闻的、夸张的、八卦的传统有关。表面看来，言过其实的评判、具有挑衅性的见解、"标题党"、谩骂侮辱言辞等都比平衡性报道和缜密细腻的逻辑性评论更能吸引网民，但这些触碰甚至是超越底线的内容传播有可能完全遮蔽（至少是部分遮蔽）那些趣味性略低但真正具有新闻价值的报道。

　　要想真正解决上述问题，数据新闻报道可以大有作为，因为视觉化叙事不仅是吸引和强化内容消费者注意力的有效方法，而且有助于黏合碎片化的信息。

　　众所周知，之所以出现与信息与传播技术的勃兴、普及相匹配的社会现象是因为人们对于视觉化信息的需求日益增大。因此，从20世纪80年代中期开始，法新社、美联社、路透社等世界各大通讯社也都纷纷为契合公众的消费期待改进各自的产品内容，在继续保证文字、图片等传统业务的基础上，又不断拓展音视频和信息图表服务。国际上一些著名的纸媒也纷纷顺应视觉消费潮流，调整编辑方针，如《纽约时报》增加了日式漫画（Manga）的内容，希望在改进版面、加强视觉化表达的同时，吸引年轻读者；又如，法国最著名的日报《世界报》原先从来不刊发照片，至多也只用速写、漫画等形式的插图来辅助文字报道，但如今，也为了顺应读者信息消费的时代变化而开始刊登新闻照片。

　　在中国，20世纪90年代的"读图时代"的到来也代表着这种视觉消费需求的增大。面对电视媒介的强势竞争，报业纷纷增大照片和插图的尺寸，并大幅增加照片和插图的数量，力图以视觉效果来吸引读者眼球，以期达到与电视画面抗争的目的。

　　事实上，文字与图像各自所含的信息量及其接收效果的差异较大。在日常的信息传播活动中，受众视觉和听觉的接收效果的差异性也比较大：一般而言，人类眼睛接收信息的能力大约是耳朵的1000倍，人类的脑细胞大部分用于处理接收的视觉图像。[①]

互联网的发展极大地促进了数据视觉化。信息图表开始在中外媒体上扮演越来越重要的角色。一般来说，人们的阅读速度是每分钟120个单词，相当于每秒81.6比特（b/s）；而人脑每秒钟通过眼睛接收的信息量达8.96兆比特（Mb/s）。也就是说：人们上网不是为了读得快，而是为了看得快。

不同于"读图时代"的是，当今的信息图表是经过了信息的视觉化再加工的，在数据分析与呈现、过程的梳理和图解、相关关系揭示、内容整合和要点提示、意见反馈与表达、趋势分析等方面尽占优势，显然，数值型和文本型的信息形象化能够更好地传达、解析、阐释信息。对于媒体而言，这是新闻报道实践中的一种全新的思维与工具。

因此，一旦报道内容由被作为细节的数据及其视觉化来呈现，复杂的新闻事实便得以被化繁就简地解析，报道的叙事得以建构，这无疑会格外吸引消费者的注意力，数据新闻报道提供的深刻洞见、传递的价值观也会更容易被人接受。

二、数据新闻报道的目标用户

如今，无论是在国内高校新闻传播院系学习数据新闻报道的学生，还是国内业界从事数据新闻报道的媒体人，似乎都有一种共同的"焦虑感"：数据新闻报道内容的消费面相对较窄，数据新闻报道的发展前景不够明朗。然而，从某种意义上而言，这种感觉或许是有偏差的。

美国南加州大学安纳伯格新闻传播学院曾经有一项研究，其结论之一就是网民的层次是不同的。实际上，在日常的新闻传播实践活动中，数据新闻报道的消费者也并非所有层次的网民而只限于某些层次。

上述研究的结果还表明，61%的美国网民认为网上可信的新闻不足整体的50%，对通过网络获取新闻抱有信心的网民比例为46%。持怀疑态度或有信心的网民之间的对立现象只是表面的，对互联网内容持怀疑态度的人或许也就是最有辨别能力的网民，他们懂得寻找准确的信息，自然也信任自己所挑选的信息源。如果网民懂得如何在网络上寻找可信的信息源，那么，现实的复杂性就不会令他们害怕，传播效果反而更佳。在消费新闻内容的过程中，这类网民善于运用智力来感知和思考报道内容，从而理解新闻事实。没有智力与感知，网民思考新闻时就没有理解力。这类内容消费者符合"信息人"的气质，他们的画像轮廓清晰、充满好奇心、渴望理解现实又比较挑剔。这些特征完全契合了数据新闻报道的目标服务对象，从某种意义上而言，数据新闻报道简直就是为他们而生产的。

简而言之，具有"信息控"特征的新闻用户是以数据新闻报道为生产主体的媒体优先服务的目标用户。

---

① MARTIN J. The wired society: a challenge for tomorrow[M]. Jyväskylä:University of jyväskylä, 1978.

思考题：

1.数据何以赋能新闻报道？

2.数据新闻报道主要的叙事结构有哪两种？

3.如何理解数据的相关性？

4.如何理解简洁性是数据新闻报道最突出的特点？

第四讲 数据新闻报道的风险与防范：问题·对策

在信息与传播新技术（NICTs）迅猛发展的时代，网络在线新闻报道遭遇的主要挑战有三个：

一是全球性信息爆炸；

二是网络信息污染；

三是借诸简洁化方式来解析复杂的时事、现象、局势等的难度。

对此，从事数据新闻报道的记者可以采取的应对之策亦至少有三个：

一是注意避免在报道中涉及过多的信息；

二是学会同化网络信息；

三是运用科学建模的方式，将复杂数据简洁化。

第一节 全球信息泛滥及其后果

一、信息过剩造成注意力稀缺

信息表达与生产方式的进步极大地推动了信息数量的增长。参见一项图表式研究成果（见图4-1），人们很容易发现尽管这张信息图没有提供具体数据，但经济和技术数据在内容流通过程中的生产力与信息曲线之吻合却是一目了然的。在印刷术发明后的一百多年内，代表内容生产力的基本曲线沿水平方向平缓增长，但到了广播时代、个人电脑出现后，则呈垂直方向的指数级增长。

随着数字与网络技术的发展日新月异，信息呈爆炸式增长，人类社会浸没在信息的海洋之中。但是，平心而论，未经筛选的海量信息中有价值的数据并不是很多，可浏览和处理这些信息却需要耗费人们很多的时间和精力。生活在互联网社会的人们接收有效信息的能

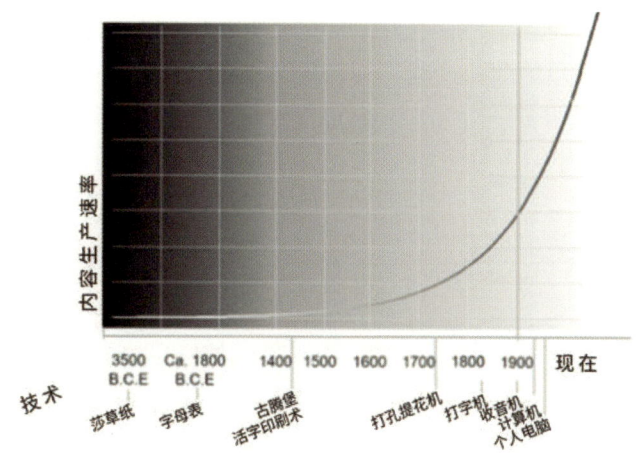

图4-1 内容生产方式与信息量增长

力,远远不足以应对海潮般涌现的信息。可以说,信息过剩也是当今注意力稀缺的主要原因之一。

其实,在互联网普及和用户生成内容(UGC)方式流行起来之前,"信息过剩"(Information Overflow)一词已经出现。早在1971年,未来学家阿尔文·托夫勒(Alvin Toffler)在其著作《未来的冲击》(Future Shock)中就预言了"信息过剩"现象;著名的环球大会TED发起人理查德·乌尔曼(Richard S.Wurman)在其于1989年出版的《资讯焦虑》(Information Anxiety)一书中,也对这一现象进行了分析。此后,"信息过剩"的表述常见于各种有关网络使用的研究中。

"信息过剩"这一语汇最为突出的含义包括以下两点:一是指不计其数的内容——无穷无尽的文本和视听信息,二是指认知的超负荷。

2010年7月底,荷兰高校的研究人员对一些主要的搜索引擎上的近280亿个网页进行了评估。在假定每个网页平均有四项与新闻有关的信息内容的前提下,他们合理估算互联网上关乎新闻报道的文章、图片、音频文件、视频片段有超过1000亿项(而根据国际电联提供的数据,截至2023年4月,全球互联网用户数量已逾51亿,全球互联网渗透率达65.6%)[①]。

除了这些公开的新闻信息,还有一些附加的私人信息流通。一项相关研究报告表明,早在2010年时,全球网民日均发送电子邮件的数量就多达2940亿封,但是,其中89%为垃圾邮件。[②]即时通信工具的勃兴与人们对其的滥用和过度依赖,以及无限(甚或无底线)的网络社交都加重了社会信息过载这一明显的数字消费新特征。数字网络技术创新不仅改变了信息管理的各种手段和工具,也改变了人类社会的传播方式。事实上,当消费者接收的信息成为传播活动的障碍而不能为之赋能的时候,也就是说,当消费者的信息使用效率因获得的信息数量而降低时,就有可能出现信息过剩的现象——即便相关信息是有价值的。

在新闻内容的生产过程中,信息的"通胀"则常常意味着传播渠道的隐性堵塞。人的认知超负荷亦即大脑的拥堵与饱和,是太多需要被知晓、记住、理解的东西造成的、自然而然的后果,过多的信息最终只会造成常态化的信息泛滥。信息泛滥除了会占用、吞噬时间维度,还会引发信息的"信号噪声比"问题。

---

① 前瞻产业研究院,中国下一代互联网(CNGI)建设市场前瞻与投资战略规划分析报告,2021年。
② 美国市场研究机构Royal Pingdom报告,2011年。

信息流通过程中不时遭遇的"打断""中断"之类的干扰,均被视作传播过程中的"噪声",它常常会造成信号衰减甚至造成受众听不见或看不见信息的后果。然而,也不应否认,信息传播的"中断"会给受众带来理解信息、消化信息的时间。

因此,过度丰富的信息会干扰良好信息的正常接收,一如讲究的乐迷在听密纹唱片前,一定会先仔细擦拭唱针,以免冗余信息影响音乐效果一样。当然,在

图4-2 唱片骑士"打碟"原理(AI生成)

特定的情况下,冗余信息这一现象也会被反向利用:唱片骑士(DJ)常常巧妙地利用这一原理"打碟",用手来回控制唱片转速(人为放慢或加快转速),即故意增加冗余信息,以得到令人意想不到的特殊音效(见图4-2)。

在日常的传播活动中,沉重的数据现实并不等同于负载的数据现实,前者的特点是充满高密度性的、多项叠加的信息;后者的特点则是满载各种信息(但其中一部分属于冗余信息,亦即无甚分量、无关紧要的信息)。

对于日常的传播活动而言,信息消费的规律性曲线比较明显:一天之中,一个网民通常很早就会收到各种信息(A点),此时有用的信息多于无聊的内容;接近中午时,无用信息的"撩拨"超过或覆盖有用的信息(B点);在C点,有价值的信息重新回到可供开发的状态;到了D点,通常是夜里较晚的时候,信号噪声比恢复到较好的状态,传播效益提升(见图4-3)。

经济学规律表明,有需求就可能有市场。面对信息泛滥的现象,一些专门处理蛊惑(Haunted)信息、提供"解魅"服务的公司应运而生。例如,Basex(见图4-4)就是一家以帮助企业解决因信息过量而导致生产力偶发性下降问题的专业公司。

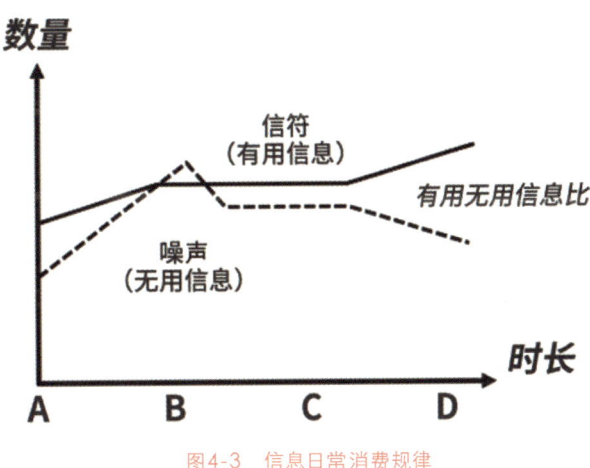

图4-3 信息日常消费规律

人们希望洗析沉重的数据现实,就是要将相关信息变得更有意义、变得能被更多人理解。在这方面,数据新闻报道具有天然的工具开发能力,足以保证既能分析世界的复杂性,又能通过简洁化维持世界的复杂性原貌。

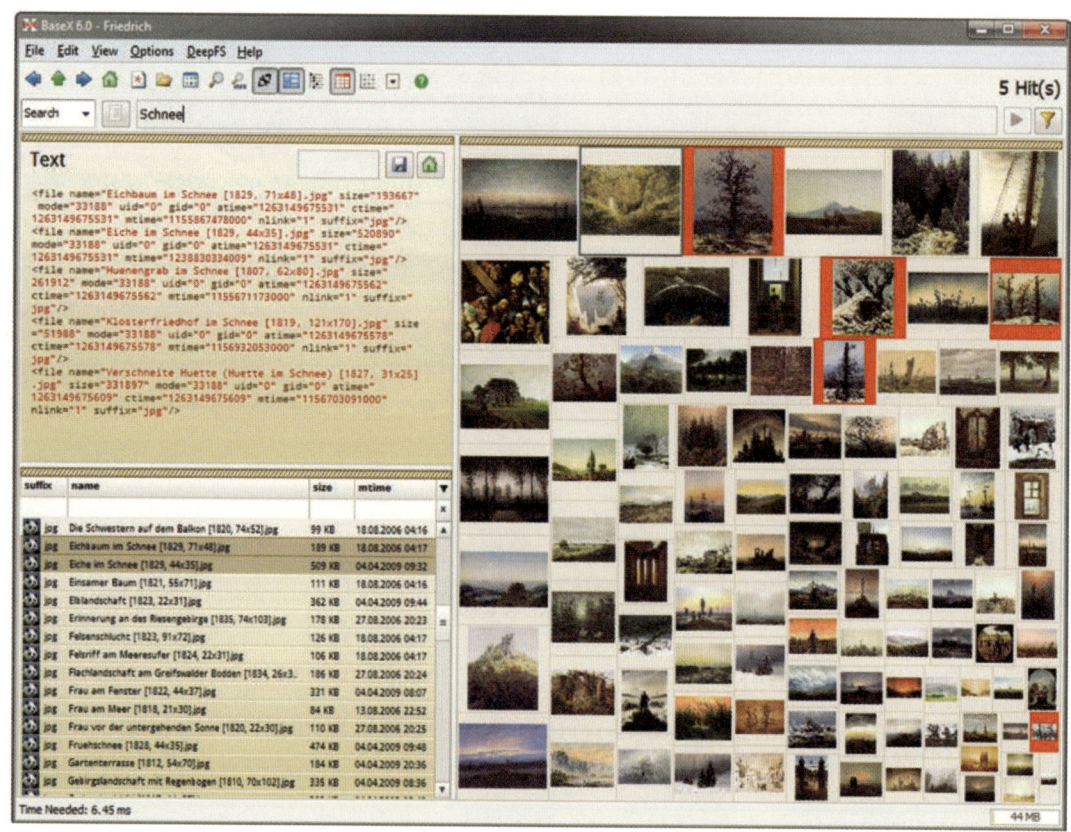

图4-4　解决信息泛滥的Basex

随着数据新闻报道视觉化工具的日益多元化，面对信息过剩的现象，如何在方便且快捷地获取信息的同时，以最佳方式避免落入信息消费陷阱（避免出现诸如对待信息时的焦虑、规避或放弃行为等），是数据新闻报道内容生产过程中复杂且极具挑战性的任务，需要数据新闻报道团队群体成员一同来持续关注、积极寻找有效的应对方案。

二、从"数据烟雾"到网络信息污染

近半个多世纪以来，大众传媒具有的信息、教化和文娱三大功能，如今已逐渐被网媒所传继，而其中的消遣功能更是被网络以超乎人们想象的方式尽情地放大。

传播学领域的"议程设置"理论自1968年问世至今，在解释媒体将其所选择的话题及议论强加给舆论的方面，似乎一直颇有成效。随着时间的推移，尤其是随着传媒生态的变革，人们对其的认识也更进了一步：从政治、舆论和媒体之间较为简单的"议程设置"演进到彼此互动的"议程建构"，并且逐渐扩增了个人议程所占的比例。然而，这一经过不断修正和充实的理论却难以解释数十亿网民自己生产内容并广为传播所带来的变化。

1997年，美国传媒学者、著名作家戴维德·申科（Davide Shenk）首次提出"数据烟雾"（Data Smog）的概念，并于次年出版了《数据烟雾：与过量信息共存》（*Data Smog*:

Surviving the Information Glut）一书，在他看来，大量的网络数据或网络信息的扩散对用户的身体、大脑、人际关系和文化观造成的影响令人不安。他认为，当代人的注意力分散、犹豫不决、文化行为分裂以及社会的庸俗化等都与数据烟雾有着毋庸置疑的联系。而今，世界变得越来越复杂，而人们对此的反应却变得越来越简单。申科预言，随着网络数据的几何级增长，个人的判断能力将被信息侵蚀，人们不再具有区分现实世界与虚拟世界之不同的能力。2004年，"数据烟雾"一词被牛津词典收入后，更被广为传布，后来又逐渐被"信息污染"的表述所替代。

1999年，《信息简史》（*The Information: A History, a Theory, a Flood*）和《时间旅行简史》（*A Short History of Time Travel*）的作者詹姆斯·格雷克（James Gleick）在其《越来越快：飞奔的时代飞奔的一切》（*the Acceleration of Just About Everyting*）一书中宣称，一种极度夸张和追求耸人听闻效应的磁化文化已经降临。

美国著名媒体人安德鲁·基恩（Andrew Keen）曾提出相同的看法[1]，他认为网络2.0及其非一贯的、偏差性的内容泛滥现象，遍布平庸的数字海洋。在基恩看来，网络2.0具有的参与性特点已带来严重后果，已威胁到美国社会的价值观、文化创新和经济结构，他认为，网络文化的特点之一在于"剪切和粘贴"——知识产权被自由交换、下载、重新制作和聚合，这种现象直接威胁到已有200多年传统的对版权和知识产权的保护，损害了内容原创者如艺术家、作者、记者、音乐家和编辑等的权益。当今时代的任何人——无论其是否了解真相，只要想发表个人见解，就可以在网络上信口开河。训练有素的传播人士与不知实情的业余人士之间的差别已逐渐变得模糊不清，这是相当危险的信号。当业余人士无视传播活动的基本准则而其表达的内容又能改变或操纵公众舆论时，真相就成了一种可以被购买、出售、包装和重塑的商品。

最早预测万维网将给人类社会的经济和文化带来革命性变革的人士之一——被称为"虚拟现实之父"的杰伦·拉尼埃（Jaron Lanier）也在其论著中提出[2]，社交网络在改变了信息处理方式的同时，为了某种"集体思维"而悄然背离了其原有的特性。在论及数字技术和文化的关系时，他认为，大量的数据提升的是网络暴民和计算机算法的"智慧"，而不是个人的智慧和判断力。这或也可被视作某种形式的"信息污染"。

言及"信息污染"，国际学术界还有一位研究者的观点也很有见地，那就是尼古拉斯·卡尔（Nicholas Carr）。他发表的研究成果表明，在对网络的使用中，大脑被充满诱惑性的赝品重新格式化。受到名为"多重任务处理"（Multitasking）的概念启发，他认为同时处理好几件事情给人带来的感觉似乎是人的思维更加完善了，但其实，这仅是一种抑制创造性，尤其是抑制深度思考能力的方式而已。[3]可见，"信息污染"也是造成当代人注意力分

---

[1] KEEN A. The cult of the amateur: how today's internet is killing our culture[M]. New York: Doubleday, 2007.
[2] LANIER J. You are not a gadget: a manifesto[M]. New York: Vintage Books, 2010.
[3] CARR N. The shallows: what the internet is doing to our brains[G]. New York: W. W. Norton, 2010.

散的原因之一。

上述学理见解都表明，数据、信息的泛滥和污染带来的严重后果是对受众个人思考能力的抑制甚至损伤。从事数据新闻报道的团队不但应该对信息泛滥和信息污染现象具有清晰的认识，还应该在内容生产过程中时刻保持警觉。只有这样，我们才能在相关实践中不至于偏离初衷。

第二节　过量的数据使新闻报道"窒息"

众所周知，对于一篇成功的新闻报道——无论是文字新闻报道，还是广播电视新闻报道而言，可信可靠的消息素材是必不可少的。优质的新闻素材是报道成功的前提。但是，有职业经验的记者亦都赞同，一篇高品质新闻报道的素材未必是越多越好。

同理，在数据新闻报道领域，对数据的使用同样并不是越多越好，正如中国俗语所言："贪多嚼不烂。"全球畅销书《秘密》（*The Secret*）的作者朗达·拜恩（Rhonda Byrne）有一个非常有见地、非常形象的观点：绝对的光明与绝对的黑暗，给一个人带来的结果是一样的——什么也看不见。数据新闻报道的先行者们对传媒界的这一新兴的专业实践充满了热情和向往，但不可否认的是，他们也都面临着一个很有可能进入的误区，即为了某个被事先界定的论点，而调用大量的、混杂的数据来论证和阐释，结果非但没有达到列举的目的，反而适得其反，使得新闻叙事变得晦涩且不易被理解。例如，维基解密提供了大量的未经核实并且缺少语境的信息，所引消息也多来自隐身或无法证实其真实存在的匿名者，因此相关数据很有可能夹杂着偏见、曲解、成见或正向歧视（Positive Discrimination）等，这一举措在给数据本身的可信度打上了问号的同时，也造成了信息传播的某种不确定性。如果数据新闻报道团队不加辨识，就将这些数据用于内容生产，风险是显而易见的。

在传播活动的传统实践中，记者在从事调查性新闻报道时，常见的逻辑偏差和习惯性失误，大多因为记者只挑选了与其假设相关的大量数据，而摒弃了表面看来与其调查报道目标格格不入的数据。除此之外，还有一个比较严重的常见问题，即新闻内容生产者常有可能忽视未能进入数字化空间的社会边缘群体（弱势群体、少数群体等）。避免内容生产过程中这种由自身因素造成的报道风险的最佳方法，莫过于数据建模（Data Modeling / Modelling）。换言之，就是为了更好、更准确地理解现实世界，对认知对象的数据进行一种无歧义的抽象描述，通过对数据流本身的运动规律、数据间因果关系或相互关系的分析，根据所掌握的既有知识和经验，用模型来系统地界定数据的性质及其机理，直至将之转化成现实且有用的数据库。

为此，如同传统报道要求的多元信源，数据新闻报道也必须选取多组经过筛选的数据，尽力分析和验证其因果关系是否都持续产生着相同的信息。这种努力将有助于记者从众多的信息、数据中,选用最具新闻价值的素材。值得注意的是,有时候去芜存菁是需要忍痛割爱的勇气的。唯有这样,从事数据新闻报道的记者才有可能建构话语空间,实现对既有网络信息的同化,从而避免报道出现素材堆砌造成的新闻叙事阻滞的现象。

例如,2010年6月15日,法国瓦尔大区洪灾造成了有史以来非常罕见的25人死亡事件。为了确认谁应该为此悲剧承担责任,从事相关报道的法国记者认真研读了当年灾后四个月(到10月15日)公布的调查报告,并对洪灾的地理数据、气象数据、水利连锁事件数据以及土地过度占用数据等可能造成悲剧的数据,进行了挖掘、清洗和分析。正是通过对多元维度的全国性大数据的筛选,记者将获得的大量有效数据与当地民意代表(议员、市政顾问等)资料进行了相关性分析,从中发现了具有新闻价值的素材,最终得出权力部门随意发放建筑许可证或是加重这次洪灾死亡悲剧的主因的判断。显而易见,如果这位记者陷入各种看似可用的大量数据之中的话,其新闻叙事完全有可能是不流畅的,最终也未必能得出独家且极具新闻价值的结论。这一事例也再次佐证了"相关性产生新闻",如果记者就事论事,没有通过相关性分析寻找报道线索和新闻价值,恐怕亦无法揭示整个事件的真相。

事实上,如果想完成充实且经得起考验的数据新闻报道,最佳方法不外乎两个:一是要是在查寻不同数据库的基础上,进行数据的挖掘、清洗、整理和分析,筛选出最具解释性、最有说服力的新闻素材,淘汰有可能阻碍甚至"窒息"新闻叙事的信息;二是选择一个好的叙事角度、并通过请教专家(尤其是请教长期在相关领域从事教研的高校老师)来验证所选的报道视角——这将不失为行之有效的数据新闻报道实践的捷径。

【例1】美国未告破案件解析

最近十余年来,一些以法警破案为题材的美剧,如《识骨寻踪》《犯罪现场调查》《喋血法医》《铁证悬案》《罪案终结》《犯罪心理》等风靡全球,法医的效力被广为传扬。然而,尽管基因技术和信息技术不断发展,但事实上,美国血腥案件的未告破率一直处在上升状态,美国杀人案件中没有确定嫌疑人的案件比例也翻了近四番(从1960年的10%上升至2008年的37%)。要想真正厘清其中的缘由并不容易,原因之一是来自各个部门的相关信息不计其数却令人无从着手,过多的数据看似充分且全面,但似乎又因为承载的信息过于丰沛而无助于揭示真相。

为了不让令人窒息的数据阻滞有效信息的流通,人们必须找到一个合理的路径。专门支持从事高品质新闻报道记者的斯克里普斯通讯社(Scripps News)[①]旗下的"调查新闻部"选取了一个独特的报道角度:借用电视剧的想象力与警察实际成功破案数据之间的差距来解释现实落差。

在斯克里普斯通讯社调查新闻部的大力支持下,记者们用了整整一年的时间,认真梳理分析了美国联邦调查局的各种统计数据,以期阐释未告破案件数量上升的原因。在具体

[①] 斯克里普斯通讯社是美国一家由斯克里普斯·豪华德基金会(Scripps Howard Fund)资助的新闻生产合作体。

工作中，记者们通过采集、比对美国各州的数据，过滤、摒弃了许多看似重要而实则用处不大的信息，建立了自己的数据库并将，并将该数据库向所有网民开放。记者们依据各州各郡的地理位置、1981年以来的事件纪年、命案使用的枪械类型、罪犯的种族属性等标准来进行分类，最终建立了完善的数据库。这一次，"相关性产生新闻定理"再度显灵：

记者们通过对大量数据的整理、剥离了冗余信息后，报道思路得以疏通，对数据库的交叉比对和各类数据的相关性分析就更得心应手，运用自如。记者们在相关新闻调查中首次揭示了美国未告破命案数量上升的五个原因。

（1）财力所限：追踪杀人罪犯投入的警力越少，未告破命案率越高。

（2）性质变化：情感犯罪（案犯身份较易确认）减少，而与贩毒、帮派恶斗有关的案件增加（警方通常难以找到目击证人）。

（3）老生常谈：不少地方的警察忘记将统计数据呈报联邦调查局。

（4）玩忽职守：不少地方的警察丢失了基因证据或根本忘记了采集基因证据。

（5）舆论麻木：九分之一的美国人至少知道一起未告破的凶杀案，而三分之一的案犯并未在犯罪后感受到不安。

记者们之所以最终能够成功解释美国命案未告破率上升的五个原因，首先得益于他们对数据的挖掘和清理，第二得益于他们是在排除信息价值不大的数据后再进行的相关性分析。可以说，没有对冗余信息进行排除、没有经过比对后才发现的相关性，记者就无法找到上述极有报道价值的新闻线索。

第三节 复杂数据的简洁化路径

记者面对沉重、复杂、严峻的现实从事新闻报道时，每每希望通过滗析的方法简明扼要地呈现真相，但是记者这种愿望的真正实现却不是一件容易的事情，在一堆相互交叉、彼此纠缠的复杂事实或大量数据中理出头绪，进而抽丝剥茧，不仅要求记者有清晰的逻辑判断能力，更离不开正确的工作方法的支撑。对数据新闻报道交互工具的运用和视觉化语言的叙事方式回应了记者删繁就简的愿望。将报道对象的复杂性转化为简洁性，是实现记者这一愿望的过程。转化首先需要关注信息激增现象及其对网民注意力的影响；还需要将报道对象既重要又丰富的复杂性忠实且客观地呈现，然后再从复杂性角度出发，选取最有价值的事实进行报道。

数据新闻报道的目标用户主体并非所有网民，而是对时下信息极为挑剔和苛求的那一部分社会群体，媒体和记者对此必须有充分的认识。这些集新闻内容消费者（Prosumer）和生产者（Infonaut）于一体的网民不仅非常清楚网上哪些新闻是重要的内容，哪些不是，而且非常善于判别消息源可信度的高低。他们对于关乎复杂现实的深度报道极有兴趣，而数据新闻报道能够将复杂的现实和数据性进行简洁化处理的优势正好与目标用户的画像及消费需求不谋而合。

一、信息（数据）复杂性的三个特点

对信息（数据）复杂性的界定并不困难，所谓复杂性，意即"无法简要表述的现象"，原因在于现象中彼此相关联的元素太多，而可预知的结果甚少。

信息（数据）复杂性有三个特点，概括性弱、随机性强、突现性多，现谨逐一分析如下：

1. 概括性弱

这是信息（数据）复杂性的第一个特点。无论是面对经济全球化的形势还是信息与传播技术的日新月异；无论是面对全球气候变暖现象还是疫情肆虐；无论是面对四年一度的奥运会还是发达国家的城市暴力事件，记者在从事新闻内容生产时，都很难用准确的方式进行概括性描述，只有用分解、提炼的方法将其进行缩减，才能完成简明的新闻叙事。不过，对于记者来说，信息复杂性真正的问题在于有些信息因其一定的模糊性而在时聚时散的数据之间忽明忽暗，这一特点使它们在表面看来似乎是难以理解的。

在日常报道实践中处理隐性信息时，记者，甚至是具有丰富职业经验的记者都有一样的感觉——他们很难掌握在数据新闻报道中处理复杂性的能力。因此，记者们在处理一些貌似复杂的事情的叙述和解析时，最终也只能采用简单且传统的线性方式。如果能够量化、清晰地确定内容，就有可能避免理解上的歧义。在这个方面，中外传媒从业者都有相同的经验：新闻报道中所谓"短句容易取胜"，其实想表明的也就是以简洁性取胜。

2. 随机性强

这是信息（数据）复杂性的第二个特点。除了无法进行简要概括，复杂性的另一个特点表征为随机性：几乎没有人能够知道结局如何，也难以用逻辑推理的方式来对结局进行阐释。即使人们可以大致确定某个事件的起因，也未必能够按图索骥推导出后果。

例如，全球气候变暖的假设之所以一再受到国际学术界的质疑，主要是由于相关测量的方法不断增多，气候究竟变暖与否的争论变得越来越扑朔迷离。在20世纪70年代，科学家拥有的数据只是在大气层采集的数据；而之后的40余年里，更多的数据则来自地表、海洋、悬浮物。越来越多的学者对碳排放、植被、化工污染等现象的研究，令相关数据量大增，气候变暖原因的复杂性亦因此而建构。如同对每一个现象的观察都会构成一个数据类别，与变暖原因相关的数据的相互补充增进了学者对气候问题的理解，但与此同时，复杂性程度也在增加。当然，观察方法的完善也使进行不同研究的学者掌握的数据越来越多。迄今为止，世界各地的记者心里也都明白，科学家们见仁见智，对于地球气候变暖及其影响的认知至今并未达成一致。

3. 突现性多

这是信息（数据）复杂性的第三个显著特点。突现性意即在某种程度上有些突如其来的呈现，有可能会带来惊奇的效果，它似乎也表明在个人既有概念的认知框架中，记者很难真正发现令人满意的解释。在科学研究的视域中，突现性意味着没有完整的解释，因为它超越了构成复杂性的传统元素。例如，西方国家总统大选常常会超乎各种看似决定成败的因素而出现翻盘的结局，意外有可能来自竞选对手的偶然失误，或民众面对民调时的表态与其实际投票行为之间的差异，抑或突现的某些动因、推力、第二轮投票时出现的意外等。在新闻传播实践活动中，突现性往往令记者挠头。

【例2】欧洲难民潮解析

2015年的欧洲难民潮事件无疑是当时全球最重要的时事新闻之一（见图4-5），也是复杂性现象的典型案例，构成该事件的所有新闻元素盘根错节。如果在报道欧洲这场自第二次世界大战以来所遭遇的最为严重的难民潮时，记者们能够梳理一下相关的新闻元素并将之列成清单的话，无疑对这些新闻内容的生产者们理解复杂性原理大有助益，他们也能更好地对这一事件进行报道。实际上，经过对相关数据的新闻价值的爬梳，与欧洲难民潮有关的数据元素至少有以下十一项：

图4-5 欧洲难民危机：从土耳其到德国①

（1）叙利亚与这场难民潮之间的关系；
（2）谁促成了这场危机（德国与这场难民潮之间的关系）？
（3）事情为什么会演变到这个地步？
（4）美国在其中扮演的角色；
（5）欧盟各国政府的立场；
（6）具体的应对方案；

---

① A Paris, de plus en plus de migrants afghans arrivent depuis l'Allemagne[EB/OL].（2017-12-05）[2024-08-24]. https://www.ladepeche.fr/article/2017/05/12/2573310-paris-plus-plus-migrants-afghans-arrivent-depuis-allemagne.html.

(7)解决危机的投入;

(8)海湾阿拉伯国家的态度;

(9)欧洲难民庇护机制的调整;

(10)对欧洲统一计划的影响;

(11)军事打击是否有助于缓解难民危机?

上述因素都与这场欧洲难民潮有关,但每一个因素又以各自的方式演变。要想用文字将上述问题解答清楚,需要的篇幅可想而知。但是,数据新闻报道在此事上完全可以充分展现独到的能力,它能借助数据处理和视觉化叙事,将事件中表露的复杂现象简洁化,从而帮助人们一目了然地理解这场难民潮危机的由来、过程、影响和应对方案等(见图4-6)。

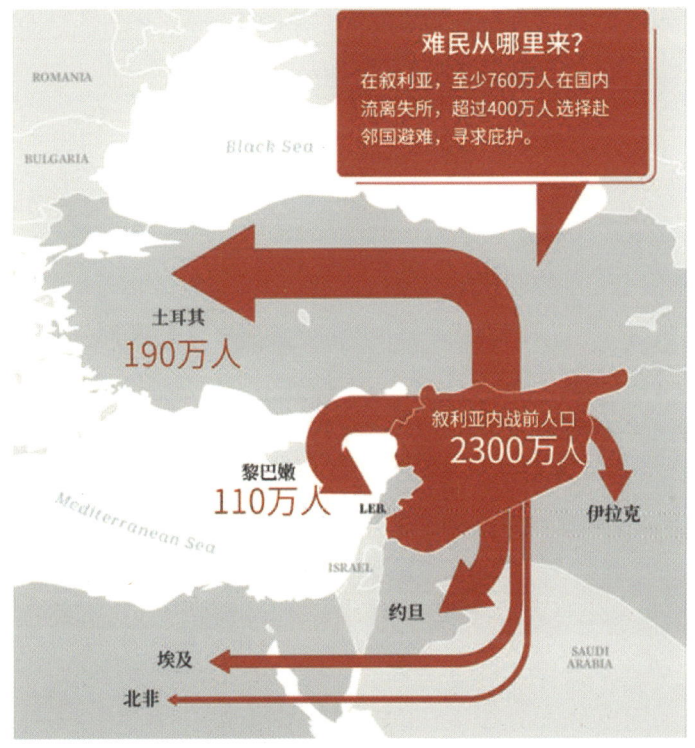

图4-6　复杂性转化为简洁性的范例①

二、信息(数据)简洁性的魅力

数据的简化过程能使复杂事务变得简明,但是简约的过程并不简单,因为复杂并不等同于一团乱麻般的纷杂,"简洁性"也不等同于过于简单化,所以,成功的数据新闻报道并不是要将报道对象简易化。需要我们特别注意的是,数据简洁化过程中,一些包含着重要意义的信息的细节有可能被模糊。

---

① 相关讨论参见:几组数字让你了解欧洲难民危机[EB/OL].(2015-09-17)[2024-08-24].http://fm.m4.cn/2015-09/1286424.shtml.

国际著名的认知和行动生理学专家阿兰·贝尔托兹（Alain Berthoz）认为，有助于我们理解世界的办法可以有多种，有的是快速的办法，有的是优雅的办法，还有的是不靠谱的办法。

尽管依照法国部分学者的看法，可以将数据建模比作肖像漫画——它能抓住符合真貌的特征，但是贝尔托兹并不同意这一见解，他认为，不能把对复杂数据的简洁化与数据建模完全一视同仁，因为在他看来，简洁性就是将有机体发现的解决问题的各种办法整合在一起，以使大脑能够预设人的行为并推断其后果——这一自然进程本身是十分复杂的。这些解决问题的办法以简化为原则，以便处理各种信息或不同的情势，还兼顾对以往经验的借鉴和对未来的预测。简洁性既不意味着如漫画抓特征般的简要，也不是抄近道式或概要式的简述。这些解决问题的新办法，有时还会付出一些"走弯路"的代价，但换来的却是更快、更优雅、更有效的行动。"简洁性"其实是一种可辩读的"复杂性"，这是因为简洁性是建立在对许多简单规则的充实组合的基础之上的。

【例3】从复杂到简洁的杰作：拿破仑出征俄国

本书的第三讲中曾经言及法国工程师米纳尔有关拿破仑出征俄罗斯的视觉化叙事杰作。在此，我们将进一步展开较为详尽的阐释。

19世纪初，拿破仑几乎控制了整个欧洲大陆，但英吉利海峡对岸的英国屡屡阻止法国的扩张。为此，拿破仑下令对英国实施经济制裁。然而，一直觊觎欧洲陆地霸主地位的俄罗斯皇帝亚历山大三世对其不予理睬，直接挑战法国的制裁令，就此跟法国翻脸。

于是，拿破仑在1812年集结了42万士兵东征俄罗斯（见图4-7）。然而，俄罗斯人坚壁清野，凭借20万士兵硬是将军事对抗坚持到了冬季；进军途中的法国军队则不断减员，尽管他们曾一度占领莫斯科，但始终无法消灭俄军主力，最后不得不撤回法国。跟随拿破仑出征的42万军队回到法国时，仅仅剩下1万余人（这次东征也成为拿破仑帝国由盛转衰的转折点）。

图4-7　进军俄罗斯的法国军队正在渡过尼曼河

过了半个多世纪,到了1869年,爱好地理和统计学的法国退休工程师米纳尔用拿破仑率军出征俄罗斯的六大类相关数据,绘制了一幅简洁易懂的信息数据统计图表:1812—1813年法国军队在俄罗斯乡村持续减员示意图。他通过数据视觉化叙事的方式,巧妙而精确地呈现了法国军队东征俄国的全过程,一目了然地展示了拿破仑的军队自波兰-俄罗斯边界开始军力损失的戏剧性变化。相比历史学家复杂冗长的文字描述,这张信息图更能让人清晰地了解1812—1813年发生在欧洲的这场战事,因此被耶鲁大学统计学教授爱德华·塔夫特(Edward Tufte)誉为"历史上最杰出的统计图"(见图4-8)[①]。

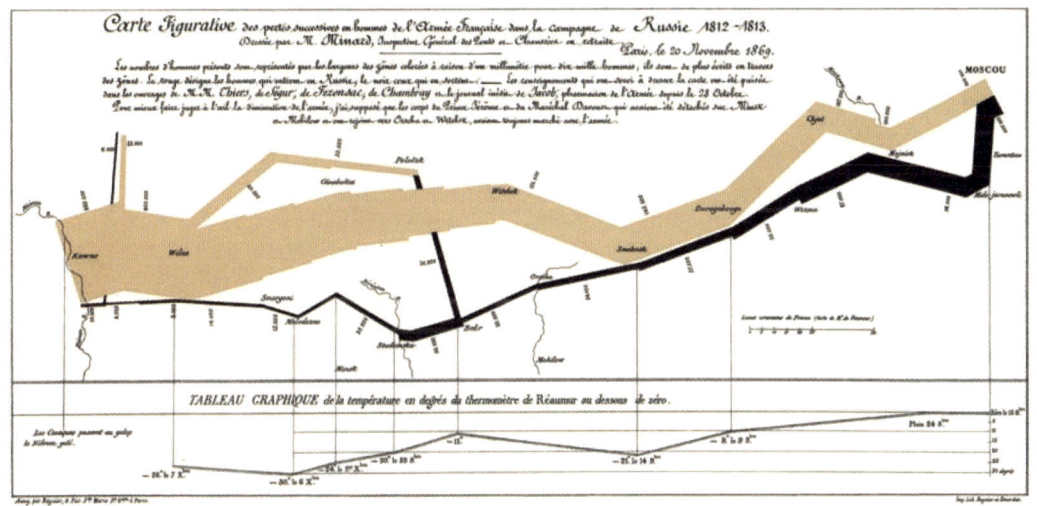

图4-8　法国军队东征俄国减员过程——"历史上最杰出的统计图"[②]

米纳尔从多个不同的来源采集了数据,其中大部分来自历史学家的著述和法国随军药剂师未曾发表的日记。

图4-8中的1厘米代表1万名士兵。棕色线条和黑色线条则分别表示拿破仑进军莫斯科和撤军回法国的情况。左侧的棕色线段代表了1812年6月22日出征时的40余万人的大军在尼曼河流域集结的情况,对岸是俄罗斯人控制的考纳斯市(见图4-9)。

图4-9　尼曼河畔的考纳斯市[③]

---

① TUFTE E R. The visual display of quantitative information[M]. Cheshire: Graphics Press, 1983.
② Charles Joseph Minard[EB/OL]. (2024-09-05)[2024-09-12]. https://en.wikipedia.org/wiki/Charles_Joseph_Minard.
③ 摄影作品下载链接请参考: https://zh.wikipedia.org/wiki/File:Nemuno_panorama.jpg。

信息图右下端的比例尺说明，该图中每一厘米代表4444千米。棕色的线条逐渐变细，意味着随着军队的推进，法军人数不断减少。信息图右端的黑色线条的起端是1812年10月19日，拿破仑军队撤回法国的启程日期，仍然以1厘米代表1万名士兵。黑线变细更是意味着法国军队的不断减员。图下半部分自右至左的曲线，代表当年法国军队撤退时1813年秋冬季节的气温变化，图上标注的温度单位是如今已被弃用的列氏度（Degree of Reaumur），而不是摄氏度（1列氏度=1.25摄氏度）。

这张信息图实际上整合了法国军队构成的复杂性（见图4-10）的两个维度，数据的视觉化呈现实际上就是把复杂性化作简洁性的过程。

米纳尔用了六大类变量数据说明了历史事件的复杂性：

(1) 用两条线粗细的变化表明军队在不同时间段的减员情况；

(2) 进军和撤军的纬度位置；

(3) 进军和撤军的经度位置；

(4) 两种颜色线条的方向（=矢量）；

(5) 军队连续行进的方位；

(6) 气温的变化。

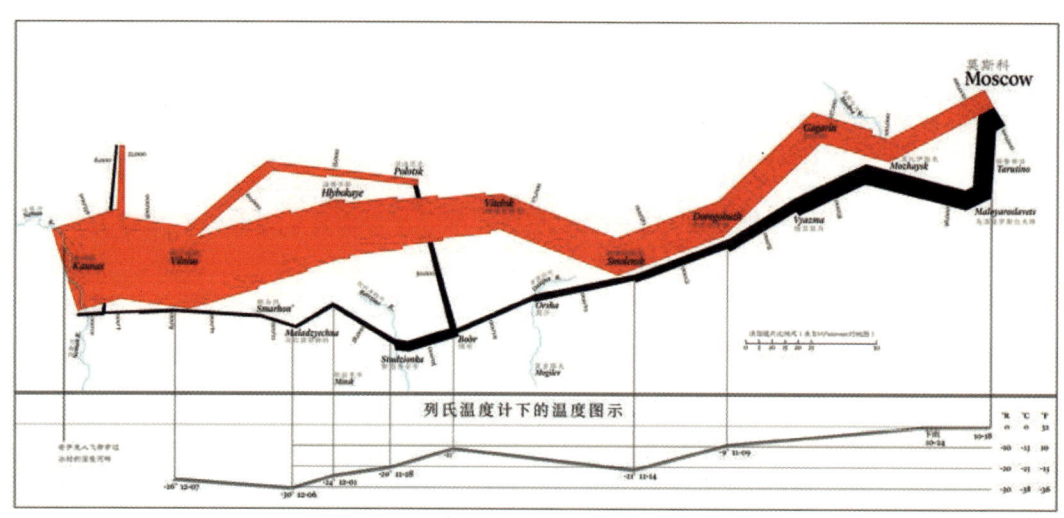

图4-10　米纳尔量化历史事件的复杂性[①]

米纳尔的这张完美的量化信息图拓宽了模式化数据的应用思路——借用数据视觉化表达完成了从复杂性到简洁性的转换，还刺激了后人回溯与理解历史往事的兴趣。尽管历史不接受假设，但人们在看完米纳尔视觉化的数据呈现的信息图后，至今仍不免会有某种遐想："假如当年拿破仑能够在某个事件节点班师回朝的话、假如当年气候变化略为轻缓一些

---

① Charles Joseph Minard[EB/OL]. (2024-09-05) [2024-09-12]. https://en.wikipedia.org/wiki/Charles_Joseph_Minard.

的话，出征的结果也许不至于如此惨淡……"

人们可能还会进一步联想：假如这些数据库早已存在的话，假如米纳尔能够更早一点绘制出这张信息图的话，而拿破仑又能够利用这张信息图进行决策的话，进军俄罗斯的举措或将拥有另外一种意义和结局。

事实上，米纳尔的这张信息图，的确明示了拿破仑若想保存和重振实力，应该停止进军，鸣金收兵，而最佳的时间和地点是在1812年8月17日的斯摩棱斯克（Smolensk）战役后，此时的法国军队还剩下14.5万人。遗憾的是，拿破仑进军俄罗斯时，年仅31岁的米纳尔尚未对统计学和数据信息图产生兴趣。米纳尔对信息图的使用有十分精彩的见解："与其释读数字所正确表示的统计结果，不如迅速地将人们的视线引向那些非经精细计算就无法发现的数据之间的关系"——这可以算得上是一种简洁性极强的解读。米纳尔绘制的数据信息图表并不是他的首创，但米纳尔的确提升了用于叙事的制图的水准。在他看来，这些图表是在对"你的眼睛说话"。[①]

在数据新闻报道的实践中，记者并不能将复杂的现象浓缩为狭隘且简易的梗概，尤其不能用这种"梗概"取代"简洁性"。相反，如果信息板块经历了从常识到学识再到博识的深化过程，并从此过程中提炼简洁性，那么这种简洁性便能够引导人们对最复杂的事实进行深刻的理解。

相较于数据新闻报道的认知原理，米纳尔深知某些数据的采集难度极大，因此，他将一些原始数据模式化，转化为图像形式，使自己的数据信息图成为发人深思之源。在这层意义上，米纳尔至今仍受到全世界热衷于数据视觉化叙事者的欣赏。米纳尔根据测绘结果完成的信息图提供的帝国征战的"熵值"（平均信息量）值得重视，因为它揭示了发动对远距离目标的军事行动本身所具有的脆弱性：其潜在的军事实力或因距离过远而变弱。

【例4】全球移民潮流向（1858）：从复杂到简洁

在本书上一讲中述及相关关系与数据视觉化的可能性时，曾列举过全球移民流动情况。在此，我们不妨再来体会一下简洁性的魅力。

通过图4-11，我们可以清晰地了解当年世界移民人口流动的历史轨迹。图中的不同色块表示移民者的国籍，线宽代表移民人数，1厘米相当于1500人。

绿色色块表示来自英国的移民；粉色色块表示来自汉堡和不来梅的移民；蓝色色块表示自法国的移民；紫色色块表示来自葡萄牙的移民；褐色色块表示来自非洲的移民；黄色色块表示来自中国的移民；褐色色块表示来自东印度的移民。

[①] 数据视觉化叙事的高手、Infowetrust.com网站的创办人R.J.安德鲁斯（R.J.Andrews）发现，米纳尔的作品在当年十分走红，尤其是在政府部门里颇受欢迎。在一份尘封多年的法文学术论文里，安德鲁斯找到一段摘录自米纳尔的法文讣闻的有趣文字，内容言及1850到1860年，法国政府不同部门中有很多负责人都希望自己的职业履历中有"米纳尔式"的图表。

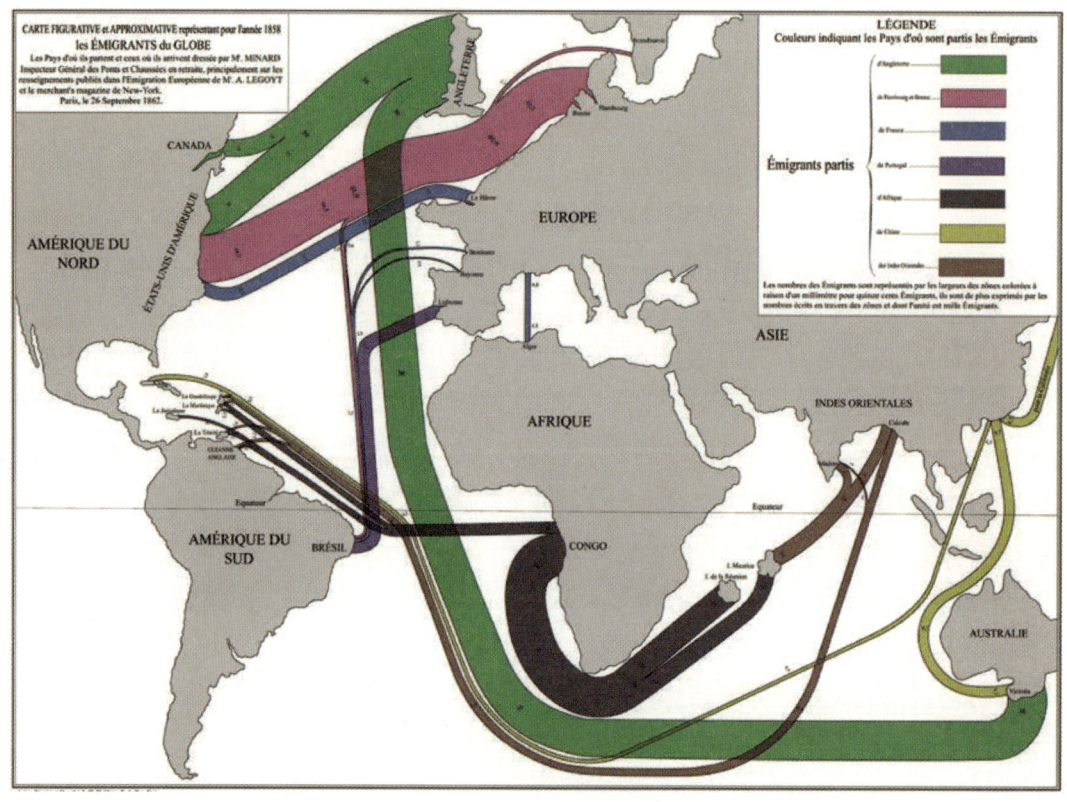

图4-11　全球移民人口流动图[①]

  无须用过多的文字来描述，19世纪中叶复杂的全球移民人口流向已被一张图完整地展现于人前。当然，如果这些数据的视觉化表达仅仅停留在呈现移民方向和路径上，那它只展示了数据由复杂到简洁的过程，该图未必能算得上是真正的数据新闻报道。但是，如果我们能像本书第三讲的讲述那样，将之与米纳尔在同年几乎同时绘制的欧洲棉花进口的信息图表的数据进行比对的话，很有价值的新闻报道线索会立即从相关性中跃入眼帘，对于我们厘清世界移民人口流动的复杂性颇有助益。经验表明，媒体编辑部在对新闻报道的数据进行处理时，由复杂性朝向简洁性的过程本身，就是寻找新闻线索、挖掘报道价值的过程。

  数据新闻报道通过对数据的理性处理而将时事简洁化、模式化的过程，无疑是将数据转化为报道素材的直接途径，但这并不是从对时事进行简单理解到对时事进行深入思考和判断的唯一形式。我们曾以法国瓦尔地区的洪灾（2012年6月）为例，对这一自然灾害的报道进行过剖析，结果表明，只有通过各数据集之间的相关性比对，才能将洪灾的复杂原因简洁化，从而厘清土地过分开发所造成的危害。进一步而言，相关的新闻报道就此或能启发人们去审视当地为了增强经济竞争力和旅游吸引力而大肆批发建筑许可证所带来的

---

① The 1858 map of World migration[EB/OL].（2015-09-10）[2024-08-24]. https://vividmaps.com/the-1858-map-of-world-migration/.

风险，促进人们思考在去中央化的政治框架内滥用地方权力而造成的意想不到的后果，新闻的社会监督作用也因此再次得以证明。

内容生产实践告诉我们，数据新闻报道与其将重心放在解读数字所表示的统计结果上，倒不如把重心放在迅速吸引用户上——这样做能促使用户将视线投向数据之间的关系及其产生的意义上。如是，数据新闻报道才更能显现其魅力与价值。

三、复杂数据简洁化的有效路径：建模

身处当今乌卡（VUCA）时代的现代人，对于当下充满无常性（Volatility）、不确定性（Uncertainty）、复杂性（Complexity）和模糊性（Ambiguity）的世界时常感到焦虑，急需找到消解这种焦虑的方法和路径。

因此，要在天下时事的千变万化和错综交织中提炼最有新闻价值的信息，更需要新闻内容生产者们的加倍努力。数据新闻报道的任务之一就在于解析时事的复杂性，并帮助内容消费者们理解它。这种努力也可被解读为通过数据简洁化和视觉传播的途径对用户某种期待的回应与承诺。

数据新闻报道的学理渊源之一是解释性新闻报道，这就注定了它既具有深度报道的共性，即客观地呈现事实，让受众、用户、消费者自己进行判断并得出结论，又有独特的个性，即在完成新闻叙事之际提供结论性观点，提供对报道内容的价值判断。基于不让用户的期待落空和振兴新闻业的双重考量，专业的数据新闻报道记者应该凭借自己的努力去筛选那些足以较好概括某一现实（现象、形势）的数据、数字、百分比等。何况，这种筛选过程本身就是一种从复杂到简洁的概括，与现实的对接程度取决于这类概括成功与否。如果对接得不好，现实就难以真正得到理解，相关的高品质新闻报道也就无从谈起。

当某一形势、某一现象、某一事件无法被数据新闻报道简明扼要地阐释或其出现较强的随机且突现的复杂性特征之时，廓清此类情况的最佳解决方式也许就是数据建模，即尝试通过模式化的方式来呈现它。

所谓数据模型是指对相关数据的概念、不同数据对象之间的关联和规则的抽象表示，聚焦所需要的数据及其组成方式，而不是对数据所执行的具体操作，意义在于确保数据命名的约定、默认、语义和安全性方面的一致性，并有效确保数据的质量。换言之，数据模型是为了组织和限定数据描述、数据语义和数据一致性的抽象模型，和建筑师的架构设想一样。简而言之，数据模型是数据资源管理约定的正式文档，是实现、使用或扩展资源、实体和数据的指南。

数据建模描述和界定可用数据的结构、关联和关系，并约束实施过程中可能出错的过程，数据建模的主要目的是确保相关的数据是可信的，保证数据对象得到准确表示，数据建模也是验证数据驱动策略相关性的十分重要的第一步。如果缺乏一个能够提供可靠的、

高质量的数据的资料库，决策过程中所使用的信息和报告内容之间的关联性就无法得到保证。数据模型的重点在于数据的可用性和组织性，而不是如何使用数据。数据建模是指在对数据视觉化呈现的设计和开发过程中发生的流程和事件的正规化和文档化。数据建模技术和工具收集复杂的系统设计，并将其转换为对流程和数据流的简化表示，从而创建数据视觉化模型。

数据建模的本质是数据库管理，因此，国外亦有人将"建构信息模型"（Building Information Model）称作"建构信息管理"（Building Information Management）。

在日常的新闻传播实践中，数据建模还能实实在在地体现数据新闻报道的另一大优势与特色——新闻报道的预测功能。由此，传统新闻定义的内涵与外延得以扩展：数据建模将新闻传播活动的性质从对新近发生或新近变化的事实的报道拓展到对正在发生的事实的报道，又拓展到对将要发生的事实的报道。

在新闻内容生产的具体过程中，建模的主要工作应该由数据新闻报道团队中的数据工程师来承担，但主导数据新闻报道的记者也有必要了解相关知识。

事实上，数据建模在数据处理、数据存储和计算机编程等方面有着较长时间的演化过程，尽管数据建模这一术语本身或只是在20世纪60年代数据库管理系统开始发展的时候才被普遍使用。迄今为止，数据建模的规划和结构设计在概念上并没有太多创新。随着更多的数据、数据库和数据种类的出现，数据建模本身已经变得更加结构化和形式化。数据库建模类型定义了数据存储、组织和检索的逻辑结构。数据模型数据库常见的类型主要有三种：一是关系模型（Relational Model）数据库，二是维度模型（Dimensional Model）数据库，三是实体关联模型（Entity Relationship Model）数据库。

现试分述如下：

关系模型数据库的基本假定是将所有数据都表示为数学上的关系（即集合中两个元素之间的连接），它由关系数据结构、关系操作集合和关系完整性约束三部分组成，关系模型的基本原理是所有信息都被表示为关系中的数据值。关系模型是目前仍在使用的最常见的数据库模型，虽然其方法有点老旧，但它具有数据结构单一、关系规范和操作方便等优点。它将数据存储在固定格式的记录中，每个数据都与一个记录和一个属性关联，数据表体现了记录和属性的关系集，数据表中的每一行所保存的记录都被称作"元组"（Tuple），每一列表示数据记录的属性都被称作"域"（Domain）。因此，也有人把关系模型中这些由若干个存储数据构成的二维表看作很多的Excel表格。虽然关系数据库的定义涉及多个术语和结构要求，但其中最重要的因素是它所定义的关系。公共数据元素（键）能将表和数据集连接在一起。

作为数据模型数据库的第二种类型，维度模型数据库倾向于与上下文更相关的数据结构。相对而言，这一模型不那么僵硬，也不那么结构化，它针对在线查询和数据库工具进行了优化。维度模型的基本构成要素主要有两个：事实表和维度表。"事实"代表的是关键数据元素。事实表是维度模型中的主表——将特定类型的活动的数据存储在一起（但是如果缺乏关系链接的话，此表可能使分析检索和使用数据的过程复杂化）。事实表中每一条记录所表达的细节程度，就是我们在第三讲中讲解数据多重语义时言及的数据的颗粒性（亦称"粒度"）；而维度在一个数据域中，是维度建模的基础和灵魂。如果说，在维度建模中，可以将度量称为"事实"的话，"维度"就是对度量环境的描述，它提供参考性信息（数据检索过程因此可以变得快速且高效），用于分析事实所需要的多样环境。维度属性（通常用列表示之）是数据易用性的关键。事实表通常很细长，行的增加速度也比维度表的列的增加速度要快得多。

实体关联模型数据库以图形形式表示业务数据的逻辑结构，其中包含各种形状的框，用于表示活动、函数或"实体"，以及表示关联、依赖关系或"关系"的行。这一模型主要用于创建关系数据库，其中的行表示实体，行中的字段包含属性。与在所有关系数据库中一样，实体关联模型数据库中的"键"数据元素用于将表连接在一起，弥补了关系模型数据库对"现实世界"实体表达能力较弱的不足。

可以在不同的抽象级别进行对数据的建模（见图4-12），在具体操作层面，数据建模是通过整个或部分信息系统的视觉化呈现来实现数据点和结构之间的连接，以期说明系统内使用和存储的数据类型及数据之间的关系、数据组织的方式及其格式和属性。建成后的数据模型可以与路线图、建筑架构师的蓝图或任何有助于人们更深入地理解设计内容的正式图表媲美。

图4-12　数据建模流程示意图

数据建模的益处显而易见，但是，在模型的创建和使用时出现的偏差也会造成较严重的后果。良好的数据建模实践，可以从时间和跨领域的角度出发，在整体上观照不同类型模型的时间顺序和目标，注重以灵活和模块化的方式设计建模以便持续改进的数据建模实践等。

在实际应用层面，代表性的数据模型主要有三种：

其一是概念数据模型（Conceptual Data Model）——主要被用于描述世界的概念化结构（亦被称为概念图），它是表示总体结构和内容而不是数据、计划详细信息的"大局"模型，侧重选择数据分类的重要类别、描述数据之间的语义关系。概念数据模型是数据建模的一个典型的起点，用于标识组织中的各种数据集和数据流。概念模型是逻辑模型和物理模型设计与开发的重要蓝本，它是数据体系结构文档的重要组成部分。

其二是逻辑数据模型（Logic Data Model），这是最接近"数据模型"本义的概念，被用于描述数据流和数据库内容。逻辑模型在概念模型中能为整体结构添加更详细的信息，但它并不包括数据库本身的规范。逻辑数据模型是创建物理数据模型的起点。此外,概念数据模型必须转化为逻辑数据模型,才能在具体的数据库管理系统(Database Management System)中实现(这是因为概念数据模型只表示初始业务,是对战略目标的概述,因此不够精确且其本身又完全独立于技术、系统和软件的缘故)。

其三是物理数据模型(Physical Data Model)——被用于描述实现逻辑模型的具体细节,它包含的足够多的细节有助于我们创建实际数据库结构以支持将搭载它的应用程序。显而易见,物理数据模型直接指向数据库软件系统,所以,在使用不同的数据库系统时,单个逻辑模型可以派生多个物理模型。此外,可以在物理数据模型中对规范进行编码。在这里,数据建模在实际实现和部署之前就能达到最高的粒度级别。物理数据模型方案应该建立在一个完整的标准之上,既能解决一般性问题也可以解决具体的问题。

在实践中,建模者常常会使用多个模型来表示相同的数据,因此,应该注意上述三种模型的目标和实际应用之间的差别:概念数据模型相对简单,只处理需求,并传达、共享和理解信息。我们不宜因为对节省时间的考量而忽略或跳过作为数据建模过程基础的概念模型,否则有可能在逻辑和物理建模之前过早地进行概念化而导致有偏见的数据模型的出现,甚或造成不明确的信息的传输。逻辑数据模型是业务需求和技术约束之间的桥梁,是契合业务实体和属性数据结构之间的连接,也是验证视觉和可行性之间兼容性最重要的步骤。我们应该注意的是,模型的逻辑必须是合理的,物理数据模型涉及具体的实现,它是逻辑数据模型在应用程序中的特定实现,也是对之前所有讨论和思考结果的详细总结,旨在提供一套全面的数据存储和结构技术指南。

经过深思熟虑和完整建构的数据模型有助于确保数据完整性,是开发真正有用的、安全的和准确的数据库的关键。因此,应该从概念模型开始部署数据模型的所有组件,然后将此细化为描述数据流的逻辑数据模型(数据库产品的物理数据模型指的是指导创建数据库的详细设计文档),并阐明所需要的数据的定义以及获取、处理、存储和分发数据的方式。

实践证明,数据建模可以带来的红利不仅在于数据新闻报道团队可以通过数据建模,更轻松地查找和理解数据库和其中数据之间的关系,还在于它能够优化数据新闻报道团队成员之间的沟通。此外,数据建模有助于高质量软件的开发,并有助于降低成本、减少系统中的数据错误、建构高质量的文档和相关应用程序、进一步开发数据库性能,还能帮助我们更清楚地了解数据的范围、语义和其他可拓展的元素以更好地进行风险管理。在面对数据复杂性的三大特点(概括性弱、随机性强和突现性强)时,数据建模所具有的一定的预测能力还可以助力记者策划新闻报道方案。数据建模呈现的解释性是数据新闻报道的意义所在,在数据新闻报道中借助建模,意味着提取和再现某一形势、现象、事件的成因。

然而，十全十美的数据建模是不存在的，这里所谓再现，是指类似地图呈现地理的视觉表达。视觉化呈现的数据与报道对象的关系，一如航模和飞机本身的关系，也就是说，视觉再现是现实的模型。建模如果不符合实体比例就没有意义。同理，如果一个做得非常漂亮的视觉化呈现，不能准确地符合其所呈现的报道对象（事件、现象或情势），那么它就是无用的，还会损害新闻媒体的信誉。诚如法国的数学家、软件专家让-保罗·德拉埃耶（Jean-Paul Delahaye）教授和法国国家计算机及自动化研究院研究员弗朗索瓦·雷晨曼（François Rechenmann）所言："最好的地图是1∶1的地图，但它是无法被绘制、没有实际意义的。"因为这张地图将和地球本身一样大。他们坚持认为将某一建模比作一幅肖像漫画比较合适，因为它们都能抓住符合真貌的特征。在数据新闻报道范畴内，建模不同于"模拟化"。模拟化的意义在于开发基于数据而设计的模式。建模与模拟化之间的关系在于模拟化是建模的基础，是建模的起点。模拟化可以分为解释性和预测性两种类型，而数据新闻报道的建模主要侧重于解释性这种类型。

数据新闻报道的建模，实际上是从文本辑录（Textual Register）到视觉辑录（Visual Register）的现实再现过程——用各种图表（形）等视觉化传达方式，对数字化的事实特征进行概括性解释的过程。数据建模过程中有两个地方至关重要：一是应挑选足够数量的、确切的数据，以确保对数据对象的呈现不会走样；二是应选择一种合适的视觉呈现方式，以避免所挑选的数据以及通过这些数据来呈现的对象变形。数据新闻报道视觉化的空间来自列表图式呈现的图像和平面设计应用的图像之间，建模从传统信息图机械式的冷空间进入更美、更开放的视觉化解读空间。

【例5】建模应注意避免的误区：以2008年美国大选时奥巴马与麦凯恩的"对决"为例

依据就任年龄计算，如果麦凯恩在2008年的大选中获胜的话，他将成为当时美国历史上第二年长的总统。2008年美国选举初选以来，一开始不被人看好的约翰·麦凯恩在赢得得克萨斯州初选后，稳获共和党党内总统候选人提名，在11月举行的大选中，他与47岁的奥巴马"对决"。从数据信息图（见图4-13）来看，按照各州票仓面积来计算，代表共和党候选人麦凯恩的红色面积比代表民主党候选人的奥巴马的蓝色面积要大，麦凯恩看上去稳操胜券。然而，这种数据视觉化呈现的问题在于没有考虑人口因素——红色部分中有些州人口相对稀少。

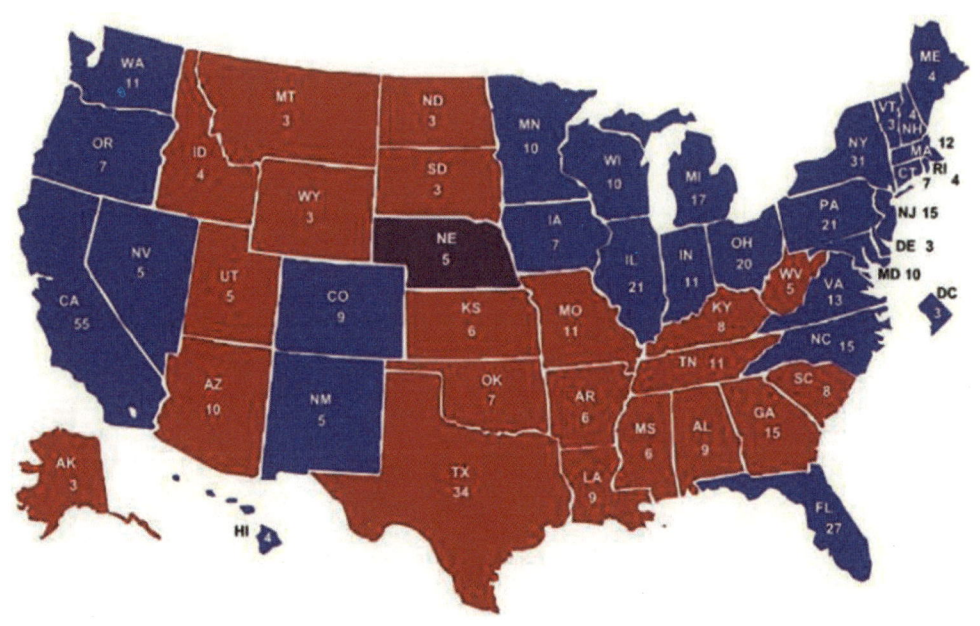

图4-13　2008年美国大选时两党候选人的票仓

但事实上,最终决定总统大选胜负的因素并非票仓面积,而是选举人的数量。代表奥巴马票仓的蓝色面积虽小,但选举人众多。如果按照各州在实际投票中的分量(即按照各州选举人的名额)来将有关数据进行视觉化呈现的话,就会得出另一结果(见图4-14)。

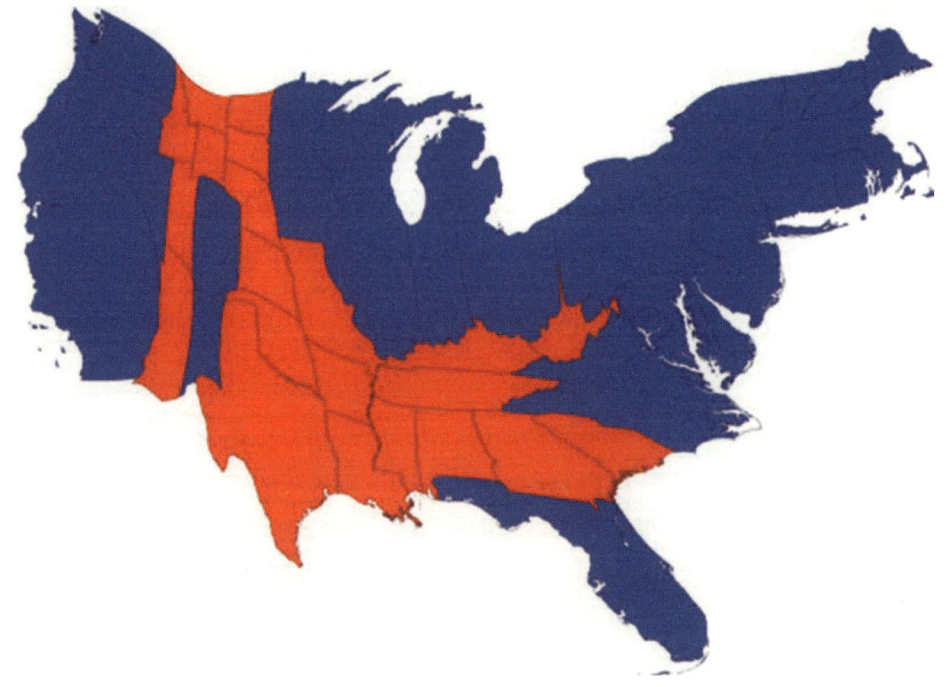

图4-14　2008年美国大选时各州人口[①]

---

① Facts and Interpretation: The 2008 Election Result Maps[EB/OL].(2008-11-01)[2024-08-24]. https://www.adsavvy.org/facts-and-interpretation-the-2008-election-result-maps/.

这里的蓝色部分的比重明显大于红色部分，因为选举人的数量与各州的人口而非面积密切相关。例如，尽管怀俄明州的面积比罗得岛州大60倍，但怀俄明州只有三个选举人名额，罗得岛州却有四个选举人名额。如图4-14所示，共和党人主要集中在人口密度较低的中部，而民主党在东北却有明显的人数优势。2008年美国总统大选最后以奥巴马胜利（支持率52.7%）、麦凯恩失败（支持率46%）告终，这一选举的报道实践也表明，仅有数据的视觉化表达未必能完成符合新闻客观性的报道，唯有突显新闻价值的叙事才是报道内容生产的真谛。

四、建模中可资借鉴的三种网状类型

数据新闻报道中的视觉化处理常常关系到报道对象彼此距离不等的数据及其之间的关系，网状结构是理想的建模思路。根据新闻挖掘的不同层次，可依据数据的数量和质量来选用以下不同的结构：

1.流通型网状结构

这种网状结构的视觉表达比较适用于对铁路、公路、电路、电话线路、航空路线等轨迹和互联关系的描述。流通型网状结构可以让关乎这些内容的报道一目了然。信息图本身不再重要，重要的是它们突出新闻报道侧重的价值的方式和它们带有特色的网络结构。然而，视觉图的效果必须契合报道的事实，既不能失真也无须额外阐释。流通型网状结构的视觉图所承载的数据，解释的不仅是某一报道的准确事件语境（这可以借助其他类型的图标或地图来完成），更是其呈现的事件的性质、因果以及某一时间节点的具体状况。

图4-15（a）展现了全法国的公路网，如果据此来报道法国夏天度假季的交通状况，需要借助其他的文字、音视频等信息。图4-15（b）则依据数据的视觉化，将公路结构与某一时间节点叠加，呈现了相关的报道内容，线条的粗细表示车流量，圆点表示法国境内的热点度假地区。如果用户移动光标，把图上标明的日期移至七月初到八月初，那这张图上的线条意味着出去度假的车流，如果把图上标明的日期移至八月底，图上线条则表明了度假归途的路况，特别包含了周五晚上、周六早上，七月或八月最后一个周末等时间点（段）的公路消息报道。数据新闻报道的交互性特点还使用户可以将光标移至视觉化报道上的任一泡泡，点击即可获知不同时间段、不同地点的车流量、堵车路长、行车所需要的时间等。通过图4-15（b），用户还可以从这则数据新闻报道中发现法国夏季的热点度假地区几乎均是位于东南、靠近地中海沿岸的地区，而巴黎并非法国人度假热衷的地点。

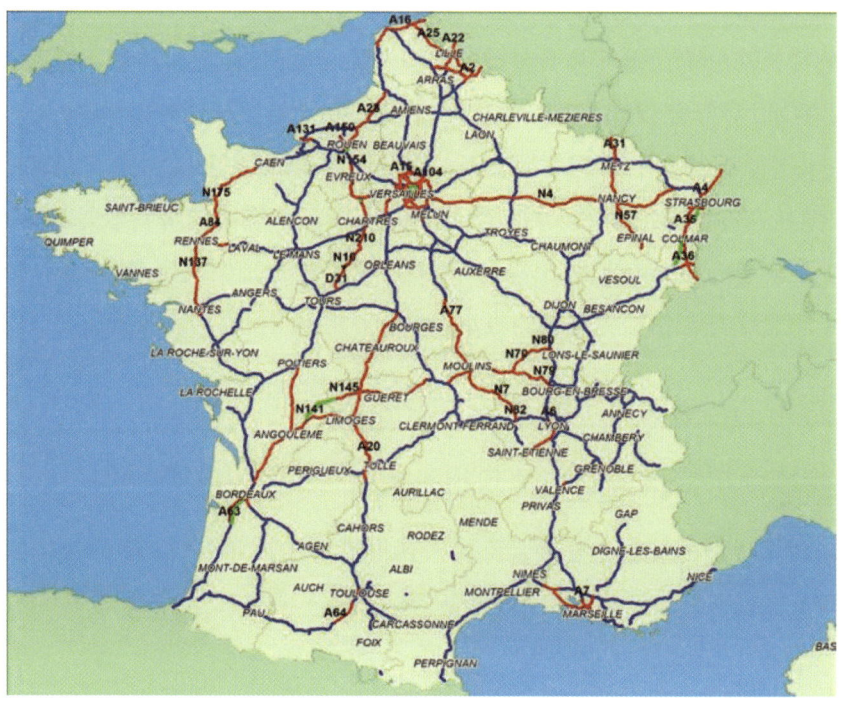

(a)①

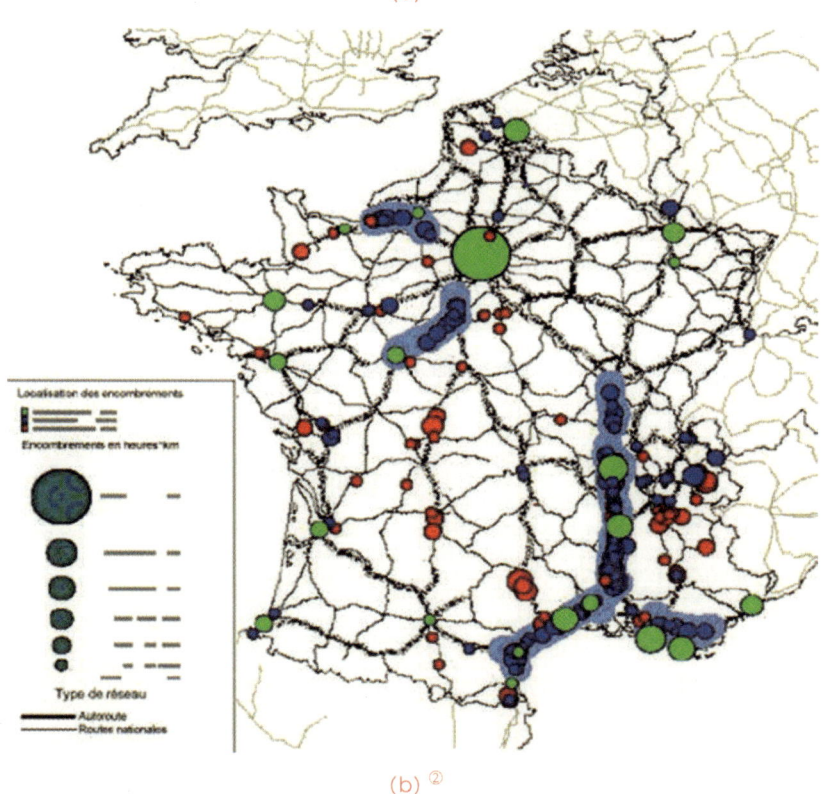

(b)②

图4-15 流通型网状数据结构

---

① Annonce de la suspension "sine die" de l'écotaxe[EB/OL].(2014-10-08)[2024-08-24]. https://www.bloglobal.fr/actualite/transport/peage-de-transit-pl/.
② Liaison Autoroutière Amiens Lille Belgique[EB/OL].(2003-10-30)[2024-08-24]. http://pollution.nord.free.fr/A24/LAALB.htm.

2.传通型网状结构

这种结构采取隐喻性辑录来完成数据新闻报道,缺点是无法显示轨迹和交叉点,只能通过功能性或内容交换的规程才能实现视觉化呈现。例如,关于社会保险的相关报道(见图4-16)。报道的交互性使用户可以通过点击来了解各个微系统,但其间的关系在图上呈现得并不完整。选择这种建模结构,对数据类型的要求甚高,因为传通型网状结构的复杂程度丝毫不亚于电力网。

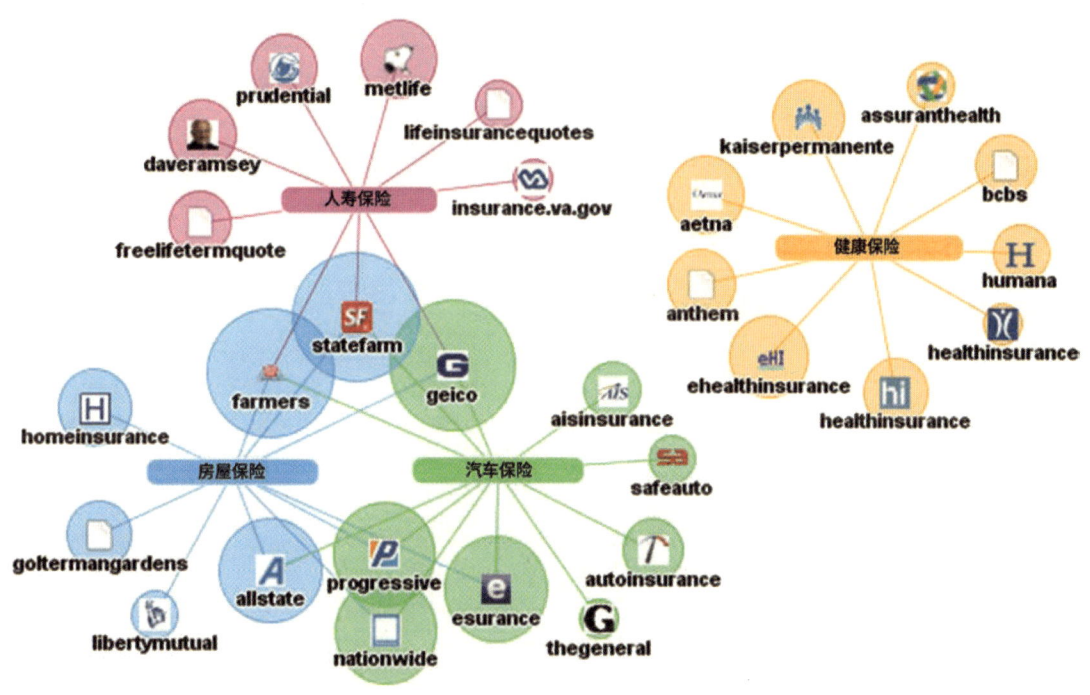

图4-16　传通型网状数据结构①

3.相关型网状结构

将这种结构用于数据新闻报道的优势在于,它可以在不同兴趣点之间建立关系,将碎片化的信息整合到一幅交互性视觉图中,从而帮助读者更好地理解报道内容,其不足之处则在于未必能够真实地反映可以量化甚至核实的事实,因为它很难同一个结构化的数据库产生关联。例如,跨国集团与法国媒体之间的关系〔见图4-17(a)〕、全球数据处理中心〔见图4-17(b)〕等。

组织架构图也属于此类视觉化呈现,如美国国务院组织架构图(见图4-18),其中每一个数据框都由相关人员的姓名、照片、联系方式等内容填充。

---

① http://www.touchgraph.com/popup/seo-insurance.

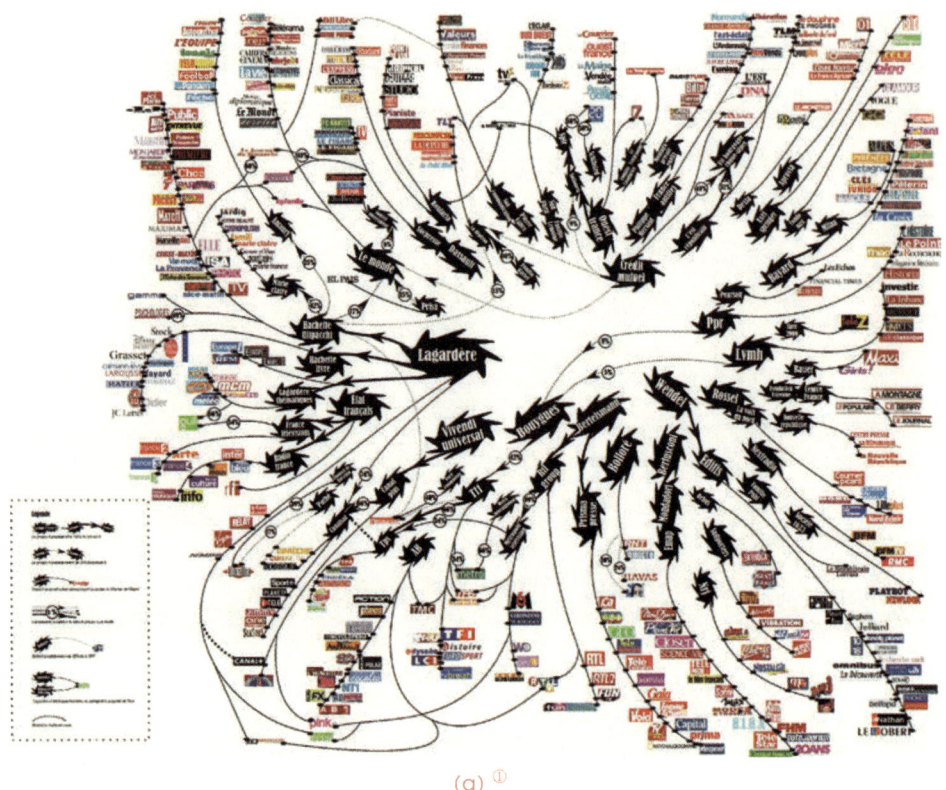

(a)①

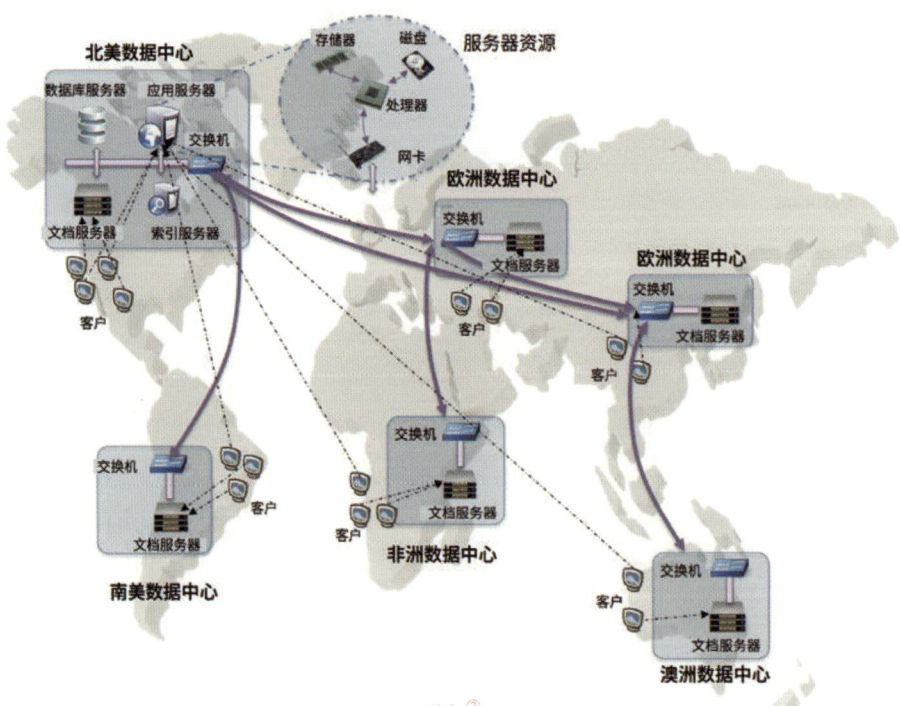

(b)②

图4-17 相关型网状数据结构

① A décortiquer——brèves médiatiques stupéfiantes[EB/OL].（2014-11-10）[2024-08-24]. https://cortecs.org/non-classe/a-decortiquer-breves-mediatiques-stupefiantes/.

② CSDN论坛链接请参考：https://blog.csdn.net/foreverdengwei/article/details/7527657。

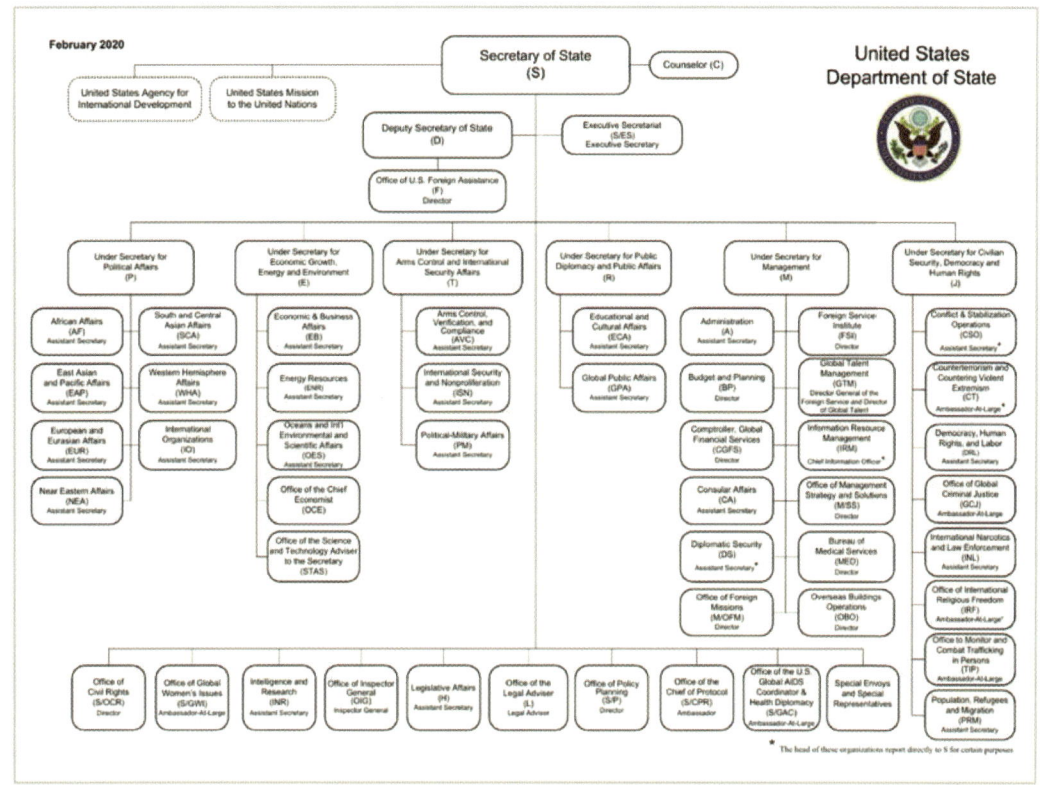

图4-18　美国政府组织结构信息图①

企业的组织架构直接反映了企业文化。如脸书在内部机构设置上刻意模糊了上下级之间的界限，它是去中心化的，内部机构就像一张分布式网络［见图4-19（a）］，呈现着脸书开放式管理的理念。相比之下，世界上其他著名数字网络企业的内部组织结构也各有特点：

亚马逊的组织结构有着严格的等级制度［见图4-19（b）］；谷歌在管理中虽然也体现了等级分明的理念，但部门之间相互交错，彼此啮合［见图4-19（c）］；微软在组织结构上则呈现着各部门"权力分立"的景象［见图4-19（e）］；苹果的组织结构大有"定于一尊"的气势［见图4-19（f）］；而甲骨文公司的企业架构中，法务部门远远大于工程部门（多少有点讽刺意义？）［见图4-19（g）］。

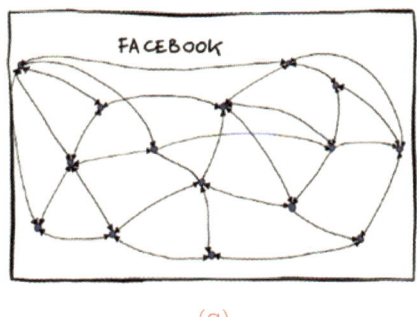

(a)

---

① https://allbusinesstemplates.com/template/NNE2G/department-organization-chart/

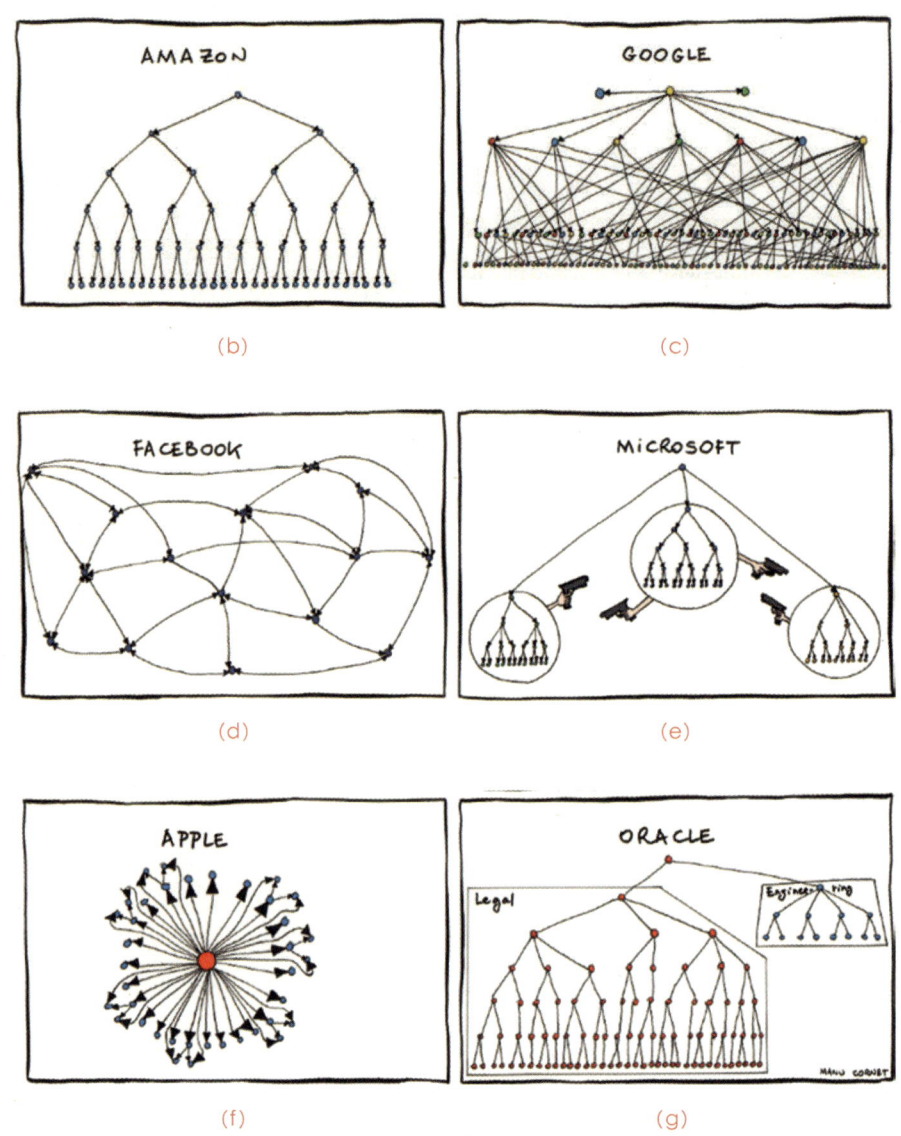

图4-19 世界著名数字网络科技企业不同的组织结构

如今,对新的数据源(如物联网传感器、位置感知设备、流量、社交媒体等)和大量非结构化数据(文本、音频、视频、来自原始传感器的输出等)的争夺变得越来越激烈,数据建模变得比以往任何时候都重要,对新的数据模型的需求也不断增加。

幸运的是,"ABC领域"即人工智能(AI)、大数据(Big data)和云计算(Cloud)等技术的不断突破和进步,不仅为数据建模和改善数据生态系统带来了更加光明和美好的愿景(例如,通过将 IT 基础架构迁移到云端,我们可以借助建模,更明智地优化内容存储、迁移方案和时间安排等,并为增进内部沟通和理解提供更明确的渠道),也进一步助力了数据新闻报道内容生产。

思考题：

1.为什么"信息过剩造成注意力稀缺"？
2.数据复杂性有哪三个特点？
3.为什么"过量的数据会'窒息'新闻报道"？
4.复杂数据简洁化的有效路径是什么？

CHAPTER 5

第五讲 新闻报道与数据应用

用数据发现故事,用故事理解数据。对于新闻行业而言,数据新闻报道不是颠覆,而是叙事方式的革新。讲述引人入胜的新闻故事仍然是新闻报道的核心任务。在本讲中,我们将学习如何识别、挖掘和处理那些能够提供新闻线索、支撑新闻报道的数据,并学习如何通过视觉化手段将其用于新闻叙事。

第一节 新闻报道中的数据开发

在第三讲中,我们理解了新闻报道中的"数据"所具有的四重语义。在新闻报道中,把抽象的数据变成生动的故事需要记者对数据的开发利用,一般来说,有以下四个步骤(见图5-1)。

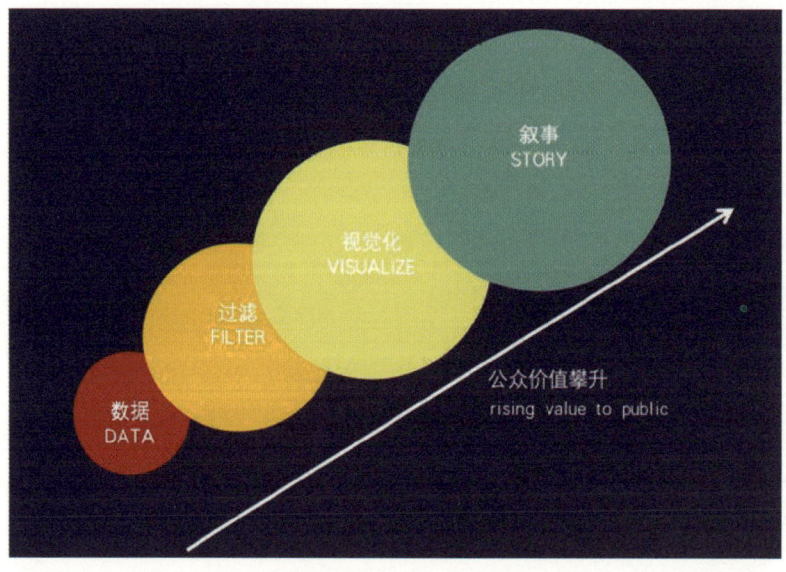

图5-1 新闻报道中对数据的开发利用步骤

一、新闻报道中数据开发的具体步骤

第一步：挖掘——找寻和发现足以支持新闻报道的数据

什么样的数据足以支撑新闻报道的数据？一般认为，新闻向人们展示那些不为人知的秘密才能吸引人们的注意力，通过讲有趣的故事，体现新闻报道的价值。

优秀的记者们将大量的时间和精力用于挖掘这些被隐藏很深的"秘密"。1969年，美国著名调查报道记者西莫·迈伦·赫什（Seymour Myron Hersh, 1937—）从早先他负责报道五角大楼时积累的信源处了解到，越战美国陆军中尉威廉·凯利（Lt.William L.Calley Jr.）因为杀害平民将被送上军事法庭。赫什顺藤摸瓜，一点点深挖事实，最终发现了一个惊天的事件——"美莱村大屠杀"①。赫什在佐治亚州找到凯利，正被关押的凯利向他和盘托出了全部事实。但令赫什始料不及的是，多家知名媒体都拒绝刊登他对美莱村大屠杀真相的报道。赫什认为，这些媒体的编辑或许对越战新闻已极度厌倦，不觉得这是件大新闻。但最终，一份小报《新闻快讯社》（Dispatch News Servers）以醒目的标题"上尉被控杀死109名平民"（Lieutenant Accused of Murdering 109 Civilians）刊发了他的调查性报道。此后，《华盛顿邮报》《纽约时报》等在美国主流社会有影响力的报纸转载了这篇文章，此事引发了全美大规模的反战游行，并最终在一定程度上迫使美国从越南撤军，起到终结越战的作用。赫什也因此获得1970年的普利策新闻奖的国际报道奖②。

在美莱村发生的暴行是军方极力掩盖的秘密，具有极高的新闻价值。但问题在于，不是只有秘密才值得人们花费精力去了解。在那些看似非秘密的、公开的信息，或是人们已知的信息中，同样包含着值得我们去了解的新闻故事，这也正是数据新闻报道的意义。

首先，对于这些难以获取的信息本身，人们很难分辨它是"秘密"还是"谎言"，很难对其进行可信性评估；而公开的信息，由于其无时无刻不在接受公众的监督，因此可信度更高。其次，人们热衷并追求的"秘密"，在大多数时候，其实只是一些没有被注意到的事实，并不是真正被某些人或机构刻意掩盖的事情。新闻实践表明，大多数人们没有注意到且具有很高新闻价值的信息是可以通过仔细研读"公开"信息来获得的。"公开"信息指记者们可以自由获取的信息。不要以为信息只要向民众公开，就是陈旧的、广为人知的、无价值的。通常，它会带来一些从没有人考虑过的爆炸性启发。相较于同行们执着于从不稳定的甚至是匿名的信源来获取完全不为人知的、特定的信息的做法，作为一名数据新闻记者，利用公开信息去挖掘新闻事实，或者验证某些猜想或假设，从而开启或支撑自己的报道要容易得多。

那么，怎样才能获取这些可以支持新闻报道的数据呢？

建立自己的信息源体系和常规信息提醒功能。在建立自己的稳定、可靠的信息来源的

---

① 胡文利. 美莱村惨案：美军的耻辱，越南人的伤[N]. 青年参考, 2018-03-28(7).
② HERSH S M. Lieutenant accused of murdering 109 civilians[N/OL].The Pulitzer Prizes, 2017-04-10[2022-07-14]. https://www.pulitzer.org/prize-winners-by-category/210.

方面，记者首先需要掌握的技能之一，就是为自己的常规信息来源设置一个"触发提醒"的功能。当所关注的领域内有显著变化或者特别事件发生的时候，这个功能能够及时提醒记者注意到这些信息。数据新闻记者需要培养自己的数据敏感度、掌握灵活的搜索技能，应有意识地掌握简便省时的搜索窍门和工具，优先考虑从正式、可靠的官方数据来源查找信息。记者应该寻找各种信息源和路径，并反复挖掘、使用这些信息源和路径。

20世纪80年代，法国《鸭鸣报》（*Le Canard enchaîné*）的年轻记者埃尔维·里弗朗（Hervé Liffran）被派去报道巴黎市政厅的新闻，但到市政厅后他发现官员们被命令不准同他交谈。他可以自由进入的唯一一间办公室是个资料室，里面存放着所有内部报告和协议的副本。利用这个仅有的资源，他做出的第一批独家新闻之一是揭露了市政府签订的一些可耻的协议。这些协议使大型自来水集团获得暴利，也让纳税人付出了沉重的代价。当市政厅里的人发现无法阻止里弗朗进行报道时，他们才开始同他交谈。这样，里弗朗逐渐在这个领域建立了一些属于自己的可靠的信息网络。后来，他又利用公开的投票记录曝光了巴黎的选举舞弊，具体方法是通过核实那些居住地址在市政府公租房内的选民是否真的住在那里，来证明相关人士在选民和选票的数据上做了手脚。

总结：
◆ 任何被记录并被公开的事实信息都在等着你去挖掘。
◆ 让人确认一条信息比让人主动向你提供一条你没有掌握的信息要容易得多、简单得多。

第二步：过滤——转换、清洗、审查和分析数据，为视觉化做好准备

这一步骤旨在使用图表和原始统计来整理数据，以发现可以揭示报道主题的数据模式，并基于数据分析结果获得报道线索和报道内容。

记者获取的原始数据，无论在存储格式还是内容类别上，通常都是五花八门、杂乱无章的。在形式上，这些原始数据可能是纸质文件，那么记者就需要对其进行电子化的转化，这样才能使用计算机对其进行后续处理；也可能是各种格式的电子文件，如各种格式的照片、PDF文件，记者也需要对这些文件进行可编辑化的格式转化，如将之转为Excel、CSV或文本文档，并进行统计分析或内容分析。在内容上，这些原始数据通常包含着各种有用的、无用的、无法判断价值的信息。原始数据本身并不能支持数据新闻报道，更无法进行视觉化的呈现，因此，原始数据常常需要记者的整理、设置和转换才能成为可供使用的数据，才有可能实现视觉化呈现。这一数据整理步骤也常被称作"数据清洗"。

"数据清洗"的第一步是处理数据格式：包括统一和纠正不良的数据格式、消除不一致、改正拼写错误、找出并删除无效值和副本，其目的是使大量的数据成为能够运用计算机进行批量观察和处理的合法文件，获得可供数据新闻报道分析的数据集。在这一步，应仅对数据的格式和无效数据进行处理，不宜过度处理异常值或对数据进行过分修正，以免清洗掉具有潜在新闻线索或新闻价值的信息。

"数据清洗"的第二步,是对经第一步处理后的数据进行二次检查,也有人称之为"数据审查"。在社会科学研究中,如果样本数据足够大,那么大多数研究对象都能够呈现正态分布的趋势,因此,记者们可以利用这个规律来检查第一步数据处理的程度是否适宜,数据本身是否存在值得怀疑的不合理内容。这一步要特别注意的是,对所有异常现象的处理都要特别谨慎,应回头去看一下是什么原因造成了异常现象,如果发现第一步中出现了不当的数据修正,那么就应考虑返回第一步重新处理格式问题;但如果问题出在数据本身,如缺失值过多,异常值过多,那么就应在新闻事实层面对其成因进行考察,其中很有可能隐藏了重要的新闻线索。

"数据清洗"的第三步是从数据中挖掘新闻报道线索和内容的关键步骤。记者需要使用计算机帮助自己观察、统计、分析那些已经被清洗好的数据,从数据呈现的规律和趋势、共性和差异性、极值和异常值中发现有价值的新闻线索,或者验证从其他线索中建立的假设从而完善新闻报道的实质内容。在"数据清洗"的这个步骤中,记者应了解数据新闻报道所必需的数学知识和统计学知识,以对繁杂零散的数据进行集合化的处理,并从中发现新闻线索和新闻事实。

尽管数据新闻记者没有必要成为数据工程师或程序员,但如果记者能具备一定的使用计算机进行数据处理的能力,将有助于他们尽早地从数据中发现新的新闻线索,挖掘更有价值的新闻报道内容。近年来,数据处理的专业工具层出不穷,各有利弊,其中应用较为广泛的是Excel和Python语言。Excel具有强大的数据处理功能,几乎具有处理数字类数据的所有功能,排序、筛选、根据不同的意向制作新的变量以及运用数据透视表(Pivot Tables)来汇总信息,是最常用的几个数据观察和分析的方式。Python语言集成化程度高,界面友好,学习难度低,而且功能强大。在数据爬取、处理分析和视觉化等数据新闻生产的各个环节,记者都可以使用Python语言提高工作效率。此外,还有一些专业的数据清洗工具可以供记者使用。

◆ Google Refine:非常适用于文本数据的分析,可以导入导出多种形式的数据文件,操作可被撤销,由于数据可以保存至本地,所以安全性较高,缺点是无法进行数据计算。

◆ Data Wrangler:在线工具,不受操作系统的限制,对文本编辑友好,缺点是数据需要上传至外网,记者处理涉密数据时须谨慎使用这一工具。

◆ Google Spreadsheets:电子表格,优点是可以进行在线协作和分析,而且相比Excel而言,它是免费的。

第三步:视觉化——以静态或动态的视觉设计呈现数据

数据视觉化就是通过图形、图表等形式呈现数据,记者可以用一系列不同的工具,如Adobe系列软件、Many Eyes、Tableau Public、Open Heat Map、Timetric等,来分别回应数据新闻报道的视觉化需求。需要强调的是,作为新闻叙事的重要素材,视觉化只是数据呈现的一种方式,其他如文字描述等也是数据参与新闻叙事的方式。

在使用视觉化手段呈现数据时，应遵循以下原则：

◆ 清楚。这是数据视觉化的首要原则。在数据新闻报道作品中，我们之所以使用视觉化手段，是因为它在某些情况下比文字和表格更能使读者快速、准确地理解意义，这就要求视觉化的呈现不能过于复杂且令人费解，它需要以尽可能简单的方式让读者以最快的速度读取准确信息。

◆ 有意义。以视觉化图表呈现的数据，必须能够说明新闻要素或者具有新闻价值。它与文字、图片、音视频等其他形式的内容一样，都是新闻叙事的一部分，它可以与其他形式结合，共同讲述新闻故事。

◆ 美观。在确保以上两点的完全实现的基础上，好的视觉化作品应该考虑在一定程度上体现信息之美。它体现了新闻作品的审美意义，令读者在获取新闻信息的同时得到赏心悦目的体验。

第四步：叙事——在集成视觉效果的同时，将数据应用于新闻报道叙事

数据新闻报道的本质仍然是呈现新闻故事，所有数据和视觉化的呈现都应为叙事服务。利用信息图表和交互式和视觉化将数据转化成新闻报道是数据成为新闻的重要步骤。数据的发布及其视觉化方式可以有不同的选项，最基本的方法是简单地将数据插入新闻报道中，类似于将视频嵌入网络。提高一个报道维度的话，记者或可利用数据单独完成一篇报道，在同一页上，将一系列的视觉化数据、文章以及数据超链接等一同呈现。如果仅用文字就可以清晰明白地表达意义，那么文字描述依然在数据新闻报道中占有重要地位。

在实践中，除了上述步骤，数据技术在新闻报道中的应用还有后续两个步骤（共六个步骤），如此才算是报道完整的过程。

第五步：传播——用网络、平板电脑或手机等不同的接入路径传播数据新闻报道

虽然数据新闻产品的发布和传播是在产品完成之后进行的，但是由于网络、平板电脑或手机等不同的接入路径有着各自不同的媒介特征和受众使用环境，记者通过不同路径发布和传播的数据新闻作品在制作时应当特别注意使之适用相对应的技术标准，尤其是图表的长宽比、分辨率等技术参数，因为它们都会对读者的使用体验产生影响。

第六步：反馈——测定数据新闻报道的效果

跟踪和了解用户消费数据集或数据新闻报道的时间与频次是新闻报道应用数据过程中的最后一个步骤。在数据新闻报道的范畴中，这一步骤的意义在于其中包含了一种问题意识，比如采集市场营销中的销售数据来观察新闻产品与目标受众的匹配度。

早期较为流行的反馈数据采集方法是使用特定的工具，如美国非营利新闻网站ProPublica推出的PixelPing，它可以监测网民访问的特定页面的情况。PixelPing在记录访问者对网页的访问时，不会拖慢网页的加载速度，具有较高的安全性。停留时长和访问次数是

早期数据新闻报道传播效果测量的主要维度,随着媒体调查技术的发展和融媒体传播生态的变化,诸如"点、评、赞"数量、评论的情感倾向等越来越丰富的测量维度加入进来,逐步建立起多元化的测量和评价体系,能更准确全面地反映新闻作品的传播效果。

二、新闻报道中数据的有效查找与自动采集

找线索、采集信息、评估、印证并核查事实,是新闻记者的传统工作,这个传统在数据新闻报道中,依然是数据新闻记者最重要的职责。新闻业传统要求记者持之以恒地追求新闻的恰当性、独特性和丰富性。

(一)数据查找的基本指向

记者在开始查找数据之前,首先应该回答三个问题:
- 查找数据的目的是什么?
- 要查找的目标数据在哪里?
- 查找目标数据的最佳方法是什么?

第一个问题的不同答案,将决定数据查找的不同路径。

答案甲:查找数据的目的在于发现关于某个既定主题的准确信息。

答案乙:查找数据的目的在于发现关于某个既定主题的常规信息。

答案丙:可以确定这一准确或常规的信息是存在的。

答案丁:无法确定这一准确或常规的信息是存在的。

这四种答案可以两两组合在一起。

第一种算法:甲+丙

假如我们确切地知道要查找什么,并肯定要查找的信息是否存在,意味着目标确定、位置确定、路径确定,那么,查找只是程序性问题,记者可以根据所查找的信息特征在特定的范围内进行自行查找。

第二种算法:甲+丁

假如我们确切地知道要查找什么,但不确定要查找的信息是存在的,意味着目标确定、位置不确定、路径不确定,那么,查找需要借助元搜索引擎或搜索引擎,甚或在推特、领英等社交网络上向专家群体求助。

另外两种算法路径也是可能的,即确定或不确定常规信息的存在,原理相同。

如果把全球性网络看作一个巨大的数据库,那么,查找工作将变得越来越精细、越来越容易。但是,由于搜索引擎和社交网络的改进速度超过了在线数据积累的速度,记者通过网络发现所寻的信息的或然性非常高,不是每一次的查找都能得到相同的信息。

不管上述三个问题的答案如何,发现一个有价值的数据库的最佳方法莫过于探矿时所用的"地质地层法"(用分层的方法探明可能有矿藏的地区)。国际性大型机构如世界

银行、国际货币基金组织等都属于含有丰富的人口、经济数据"矿藏"的"地层",一些国家的公共行政部门或政府机构亦是可靠的数据"矿藏地层",储备了丰富的可供利用的数据信息。

查找到的目标数据可能以多种形式存在。如果是零散的数据集合,需要记者谨慎甄别,结合查找路径的有效性、数据来源的权威性等因素判断数据集合在多大程度上是可靠的、可用的。相对来说,统计年表等形式的数据集合更加专题化,且通常是经过了人工核对才整理成表的,因此更加可靠和可用。

(二)数据有效查找的经典路径

公开的信息源至少能够从两个方面为记者提供支持。第一,公开的信息源方便易得;第二,从公开信息源处获得的信息,可以让记者在面对其他信息提供者,如一些权威人士的时候更有筹码。

当记者发现了一个报道主题并提出了一个有待检验的假设时,就需要搜寻资料或数据来验证假设。通过利用公开信息源的策略来展开查验不失为一个捷径,其意义在于公开信息源令记者不必去寻觅那些获取秘密信息的渠道,而是可以从易得的事实中推出"秘密"的原貌。

基本的路径:

◆ 从一些线索或事实开始;
◆ 假设一些未知的事实;
◆ 从公开信息源中寻求信息以证实假设;
◆ 向那些能够将记者从公开信息源中获取的信息补充完整的人提问;
◆ 精确地推导,揭开秘密。

近年来,"吸猫"成为一项颇为引人关注的社会现象,若要从养宠热潮现象开始调查整个产业的增长点到底何在,就需要用统计数据来论证,有一则新闻活用来自国家统计局、行业白皮书等公开、官方信息源的数据,将之清洗、整合、分析,最后成功找到当下中国养宠产业的发展特征。[1]

"干得好不如嫁得好",此先验假设是传统的,但究竟是否符合当下价值观和现实,却是存有疑问的。若有记者想要验证这个疑问,可以利用公开的数据,在女性的婚姻情况和事业发展情况的相关数据中找出相关性,从相关性中验证假设,发现新的线索并得出结论。[2]

2022年2月初,中国女足时隔16年再次问鼎亚洲杯冠军。相较于中国男足,中国女足有着更加辉煌的成绩,可它是否也得到了更多的关注呢?如果没有,哪些方面体现了这种"关

---

[1] 吸猫一时爽,一直吸猫一直爽[EB/OL].(2019-03-16)[2023-11-19]. https://mp.weixin.qq.com/s/SiIPy870WLPXoGy3sTesRA.
[2] 中国女人干得好,真的不如嫁得好吗?[EB/OL].(2019-03-24)[2023-11-19]. https://www.163.com/data/article/EB0C0APO000181IU.html.

注不足"？原因何在？对数据新闻报道的记者而言，这些疑问大部分可以通过查找公开的数据得到解答或者验证。网易数读通过查找FIFA Women's World Cup records and statistics、Statistical Kit FIFAWomen's World Cup France 2019、FIFA Women's Football Survey、《2018年CCTV5体育频道收视盘点》以及一些公开发表的论文、报道等信息，发现中国女足无论是在社会整体关注度、球员发展、资源支持等方面，都远远低于成绩平平的中国男足。①比起请人告知我们一件事的常规情况，公开信息源让记者们处于相对有优势的位置，因为请人证实一件事比请人告知一件事容易得多，它们的区别在于一个需要记者这样发问："这件事发生了，是这样吗？" 另一个需要记者这样发问："发生了什么？"对于掌握了一定的信息资源的"权威人士"而言，当他们发现提出问题的记者已经从公开信息源掌握了足够的信息时，他们会默认记者能够问出更深刻、更能激发他们的交流欲望的问题，他们的回答也会更谨慎，对问题的探讨也会更深入。

总的来说，利用开放信息源获取信息，可以：

◆ 帮助记者提出封闭式问题，让回答者难以撒谎；

◆ 改善记者对事件的陈述方式，帮助记者向被采访者表明自己的诚意（表示自己做了功课，已认识到该事件的意义）；

◆ 帮助拓宽记者与受访者的对话空间，使二者彼此能理解；

◆ 避免报道因受访者的拒绝而无法推进。

在记者拿起电话打给某人之前，要先学会"通过那些打开着的门"获取信息。这是成为一名有价值的见证人的关键一步——信息提供者希望同这些人谈话，因为他（她）懂得并重视信息提供者所说的东西。从信息质量的角度看，一般来说，在新闻报道中，更高层、更权威的信息源提供的信息质量更高；但也有记者认为，最高层的信息源对真相的关注不及对个人或组织目标的关注，从这个角度来说，更高质量的信息更可能来自较低层的信息源、那些更接近事实的切实利益相关者。

第二节 "让消息源说话"

一、寻找公开信息源

在当今世界，公开的信息源几乎是无穷无尽的。它们是数据新闻报道最有价值的信息来源，或者说，数据新闻报道正是因为拥有无穷无尽的、可以利用的公开数据源，其内容才充满活力。公开的信息源包括但不限于以下类型：一般性信息源、专业性信息源、司法、商业

---

① 支持中国女足，别只为了讽刺男足EB/OL].（2022-02-07）[2023-11-19]. https://www.163.com/data/article/GVKJ91LP000181IU.html.

机构文档和个人以众包方式创建的数据源/可供搜索的数据库。记者可以通过搜索、爬取等方式获得它们，也可以购买它们或者发邮件、打电话并要求与之相关的工作人员提供数据（见图5-2、图5-3）。

信息公开申请-申请公开广播电视播出机构和新闻从业人数相关事宜

发件人：

收件人：gdzjxxgk<gdzjxxgk@chinasarft.gov.cn>

时　间：2014年11月05日 23:52（星期三）

附　件：1个（信息公开申请.doc）查看附件

发送状态：发送成功　查看详情

这个合同系统已打通微信、钉钉。免费试用>>

国家新闻出版广电总局的工作人员：

你们好！我按照程序在此提交信息公开申请，请您或相关工作人员查收并处理。

谢谢！

此致

2014.11.5

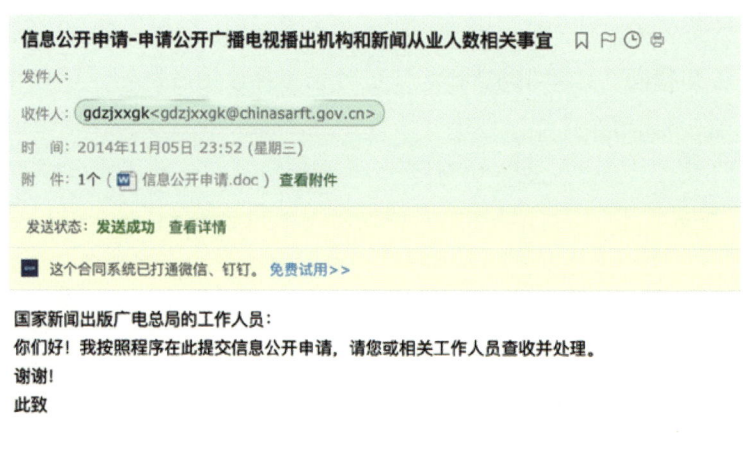

图5-2　按程序向国家机关工作人员写邮件申请公开相关数据

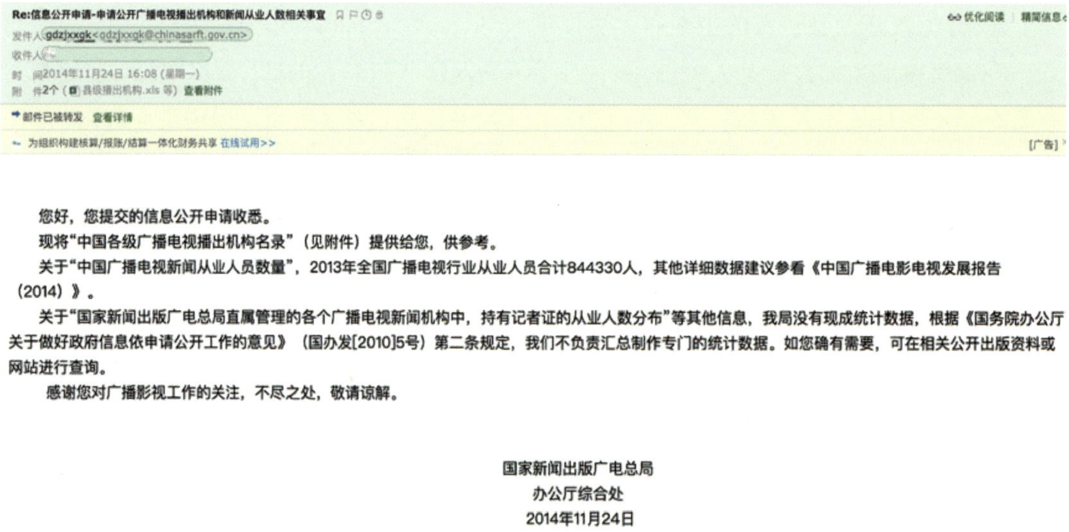
Re:信息公开申请-申请公开广播电视播出机构和新闻从业人数相关事宜

优化阅读 | 精简信息

发件人：gdzjxxgk<gdzjxxgk@chinasarft.gov.cn>

收件人：

时　间：2014年11月24日 16:08（星期一）

附　件：2个（县级播出机构.xls 等）查看附件

邮件已被转发　查看详情

为组织构建核算/报账/结算一体化财务共享 在线试用>>　[广告]

您好，您提交的信息公开申请收悉。

现将“中国各级广播电视播出机构名录”（见附件）提供给您，供参考。

关于“中国广播电视新闻从业人员数量”，2013年全国广播电视行业从业人员合计844330人，其他详细数据建议参看《中国广播电影电视发展报告（2014）》。

关于“国家新闻出版广电总局直属管理的各个广播电视新闻机构中，持有记者证的从业人数分布”等其他信息，我局没有现成统计数据，根据《国务院办公厅关于做好政府信息依申请公开工作的意见》（国办发[2010]5号）第二条规定，我们不负责汇总制作专门的统计数据。如您确有需要，可在相关公开出版资料或网站进行查询。

感谢您对广播影视工作的关注，不尽之处，敬请谅解。

国家新闻出版广电总局

办公厅综合处

2014年11月24日

图5-3　工作人员一般会提供相关数据、替代数据和查找引导

（一）一般性信息源

1.政府机构的信息源

政府部门为新闻报道提供了数量最为庞大的一般性信息的数据资源。尽管并不是所有政府部门数据库里的数据都值得完全信赖，但政府部门的数据库仍然是具有较高权威等级

的一般性数据来源。记者们对政府部门的数据库越来越感兴趣,因为其中那些非凡的、人们前所未闻的信息有时或许正是被埋没的新闻素材。政府部门能够提供的数据大致包括数据集类型的数据和文本、资料类型的数据。

数据集类型的数据主要集中在各国各级政府的统计部门(数据汇总中心)和各国各级政府的职能部门的数据中心/信息公开平台,这些平台能够为记者提供多样、丰富的信息。

◆ 各国的国家统计局、统计署如data.gov、data.gov.uk、data.stats.gov.cn等;

◆ 各国各级政府的职能部门的数据中心/信息公开平台,如中华人民共和国生态环境部(www.mee.gov.cn)、国家广播电视总局数据频道(www.nrta.gov.cn)、北京市民政局政务公开清单(mzj.beijing.gov.cn)、北京市教委政务公开清单(jw.beijing.gov.cn)、美国人口普查局(www.census.gov)、美国国家海洋和大气管理局(www.noaa.gov)等;

◆ 随着政府对智慧城市建设的投入,一些城市也都有自己的数据门户网站,可供访问者浏览城市的相关数据,如北京市公共数据开放平台(data.beijing.gov.cn)、上海市公共数据开放平台(data.sh.gov.cn)等;

◆ 政府数据的集合网站,如www.tylertech.com等,这类网站不仅能帮助记者探索政府相关数据,还能为记者提供不错的视觉化工具,使研究数据这项工作变得更简单。

文本、资料类型的数据主要集中在政府或者管理部门发布的各类报告中。

◆ 政府工作报告,如www.gov.cn提供的各年度中国政府工作报告;

◆ 各级政府年度统计公报;

◆ 官方机构的相关事件报告——一些重大事件发生时,官方机构会出具详细的报告来说明事件的来龙去脉,一般来说,这种报告的可信度较高,如公安部门向公众提供的某些广受关注的重大案件的情况通报、疫情防控部门定期发布的疫情情况报告、人民政府发布的对灾难事件的调查报告等;

◆ 官方机构检查报告——工商管理、质量检查等部门的报告或官方机构收到的各类投诉。公众投诉是记者发现社会问题、挖掘新闻报道题材的非常好的线索源。记者可以通过考察一些公开的投诉渠道,如人民网的政府留言板,追问这些投诉由哪里来,投诉的对象,被投诉的对象做了什么等非常有价值的问题。

2.各类非营利性组织的数据库

包括国际机构/组织和区域性或行业性组织的数据库,国际机构/组织数据库通常能在某一特定领域获取具有全球视野的数据,区域性或者行业性组织的数据则能为记者提供其所关注领域的精细化数据。

◆ 国际机构/组织的数据库,如UN Data(data.un.org),主要提供农业、犯罪、教育、环境、能源等类别的数据以及互联网人口的互动图,也开发了自己的视觉化分析工具;联合国教科文组织(UNESCO),主要提供关于教科文领域的全球数据;国际货币基金组织

（data.imf.org），提供超过9000个指标，用户可以用它们来建立带表格、图表、地图的数据报表，这些实时报表可以被储存、在用户间分享、被插入网站或博客文章中；世界银行数据库（World Bank Data API），提供其掌握的200个国家和地区的300余项分析数据；经合组织（oecd.org）——庞大的在线统计数据库，提供GDP、失业率、教育、金融、医疗等方面的统计数据，用户可以创建、下载专属于自己的表格，支持多种格式，一大优点在于对其所有数据都列出了采集方法和数据源，方便用户引用和查询；世界卫生组织数据库（WHO Data），提供从死亡率到世界饥饿统计数等丰富的数据。

◆ 非政府组织、基金会通常也有自己的数据库：美国民主基金会（NED）、世界资源研究所（WRI）、世界自然基金会（WWF）等，都会定期发布相关领域的研究成果或调查数据。

◆ 区域性或行业性组织，如：英国南极研究数据库（www.bas.ac.uk）、NBA数据库（basketball-reference.com）、国际男子网球协会数据库（www.atptour.com）、广东绿网数据库（www.lvwang.org.cn）、中国香烟网（www.cnxiangyan.com）等。

需要特别注意的是记者在通过非政府组织/国际非政府组织、基金会等数据库查找相关数据时，须特别小心，因为基于这类组织或机构的宗旨、利益或意识形态等原因，其数据源的可靠程度不一。由于统计方法的不同，不同数据库对同一类别的数据的呈现可能也有不同，对于国内事务，我国官方机构的数据的可靠性和权威性要远高于国际组织和其他国家的统计数据。

3. 商业机构的数据

相较政府机构和非政府组织数据库中的数据，记者能够从商业机构中获取的数据，指向性更强，更适用于具有行业性特征的数据新闻报道。同时，随着商业机构数据来源的不断发展，记者不必再花费很大的精力去"寻找"数据、"搜索"数据，而是可以更有针对性地去"购买"数据。对于想要从互联网上获取指定类型数据的记者，只需要支付不多的费用，就可以从清博数据、新榜数据等数据公司获得相应的数据资源。一些专业的调查、咨询公司，可以提供详尽且权威的专业数据，如中国广视索福瑞媒介研究，作为一家专业的收视率调查公司，会定期发布有关收视率、媒介使用和传媒形态发展方面的报道和调查。记者还可以从天眼查、彭博参考数据、财新数据库这样的付费网站得到有关企业发展和管理层情况的详尽信息。商业机构的数据虽然大部分都需要用户支付一定的费用去"购买它"，但是相比自己去采集这些信息，这些"费用"并不昂贵。

4. 媒体发布的数据

媒体发布的数据包括媒体本身提供的数据库资源和媒体发布的新闻报道。

媒体数据库：如《卫报》数据库（The Guardian Data Store），始建于2010年。

◆ 《卫报》希望能充分利用自己所有的海量数据，向公众提供另一类可信的新闻服务；申报（1872—1949）全文数据库（spcuc.egreenapple.com）以电子版形式提供《申报》的所有报道内容；人民数据（data.people.com.cn），收录了《人民日报》自1946年以来的所有内容，且均附有"原版样式"。

◆ 媒体公开报道的数据：如政党的独立出版物（学习强国等）、商业方面如行业协会的信息简报（Newsletter）等；媒体既往的新闻作品，尤其是数据新闻报道中的结论性信息。

◆ 除此之外，世界各大通讯社都建立了各自的非常专业的新闻数据库，只是这些数据库都不是开放的，通常需要付费才能使用，因为这是通讯社的主要营利业务。

5. 各类档案馆、图书馆、资料室

◆ 政府档案馆、图书馆、资料室：国家级和市级的政府以及职能部门一般都有自己的档案馆、图书馆、资料室，很多其他政府部门也是这样。在这样的档案馆、图书馆、资料室中，会议记录和官方公报是两项关键的记录，但不限于这两项。

◆ 教育图书馆或专业的图书馆：往往可以提供更有针对性的信息。

（二）专业性信息源

除以上一般性的公开信息源以外，记者还可以通过一般性的信息源导向专业信息源。一般性信息源提供科普信息或常识信息，专业杂志上的原始科学研究论文则是专业信息源，它可以提供更丰富的细节。在调查性报道中（多数数据新闻报道都是调查性报道），细节中的真实可能是通向成功的决定性因素，这不仅因为这些"真实"可能很有趣，还因为对这些细节的了解能让记者可以同信息源更有力量地对话。他们会将记者视为一个努力理解自己报道的主题的人，而不是一个仅仅复制别人工作的人。

发现专业公开信息源的最佳方式是向特定领域的专业人士询问他们使用怎样的信息源。政府官员或许会告诉你"谁"有报告，这些报告的形式是怎样的，在什么地方可以查到；法律界人士会告诉你立法程序是怎样运作的，在不同的法律阶段会产生哪些种类的文件；地产代理商会告诉你哪些机构在跟踪地产记录；专业投资人会告诉你哪里可以找到公司信息。凡此种种，当记者和这些专业人士谈话时，一定要询问那些吸引人的事实的来源在哪里，如何才能获得更多关于事件原因、机制、影响等问题的细节。与专业人士对话时，记者不仅要收集事实信息，还要收集如何找到事实信息的新方法和新途径。记者通过专家数据库或者专业机构的数据库可以获得更多专业信息。这类数据库包括：

◆ 学术研究中的数据，如SAGE出版公司旗下网站、中国知网（CNKI）、Web of Science、学术出版物官网。

◆ 专业团体数据库。如国际奥林匹克委员会网站（olympics.com）、世界心胸外科医生学会（www.wscts.net）、地理数据信息库（GeoCommons）、气象数据库（Weatherbase）等专

业性团体的网站。

(三)司法和商务机构文档:

◆ 法院保留的审判记录,如中国裁判文书网(wenshu.court.gov.cn),作者于其上可以找到几乎所有的审判记录。

◆ 地方贸促会、商会,通常提供就业、工商业的信息;企业年报或上市公司的财报,通常提供企业经营状况、管理层名单等信息。

◆ 商业登记办公室,如北京市不动产登记查询(bdc.ghzrzyw.beijing.gov.cn)。

(四)其他个人以众包方式创建的数据源/可供搜索的数据库,如:

◆ 镝数据;
◆ 数据狗;
◆ 年鉴汪;
◆ B站数据(www.hsydata.com);
◆ Google Publica Data Explorer, cPDE(谷歌公共数据浏览器);
◆ Open Corporates;
◆ InfoChimps。

以上四种公开的数据源只是开放信息海洋中很少的一部分。在这个一切皆数据的时代,我们可以将这一名单无限地列下去。有心的记者会编辑一份属于自己的数据库列表,并不断完善之,使其随时供自己取用,这和他们在行业中经年累月形成的人脉网同样有用。

最后,记者还应了解本国和其他国家关于数据使用的法律。应该注意的是,开放数据虽已成趋势,但各国国情不同,未必所有开放数据都是免费的。在大多数情况下,支付少量费用可以帮助记者节约很大的劳动成本,也不失为一种捷径。需要特别注意的是,记者应特别小心判断所获公开数据的准确性和权威性,在综合考虑发布机构的性质、数据的时效性等因素后,再谨慎选择数据。

二、使用开放数据寻找相关性的技巧

(一)"绘制主题地图"

记者要对自己希望调查的领域进行一个总体了解,这个过程被称为"寻找背景"。背景指的是藏在主题背后和周围的东西。这项任务包括确定"四个关键":

◆ 确定关键参与者(包括个人和组织);
◆ 确定与参与者有关的关键议题;

- 了解整体事件从过去到现在的关键时间点；
- 确定涉及主题的关键事件。

接下来，就可以围绕"四个关键"来绘制主题地图，按图索骥，寻找需要的信息。记者可以从手上掌握的有关"四个关键"的任何信息出发，例如关键参与者的名字，去寻找与这个要素相关的所有内容，然后将这些内容中的提示当作下一步行动的线索。在这个过程中，当记者发现自己遇到障碍时，要记下障碍，然后试试其他几个"关键"，寻找一些与它们相关的信息，努力尝试已知线索中的其他可能性。不要认为自己需要一个来自特定信息源的特定信息才能继续前进，不然就会陷入如果这个特定的信息源不回应，这篇报道就无法推进的境地，事实上，在开放信息源如此丰富的当今时代，实际情况根本不可能这么糟糕。如果那些直接相关的信息确实很难获取，记者可以先尝试去获取一些外围的个人、组织或事件的资料。这种信息同样能够帮助记者了解事件全貌，甚至启发记者寻找通向新信息源的路径。通常，当记者了解到足够多的与事件间接相关的信息之后，那个"特定"的、难以攻破的信息源也会趋于向记者提供有用的信息。

（二）"跟踪"特定信息源和他们的同类

数据新闻报道的记者要有"维护"信息源的意识。这个信息源可能是某个友好的权威人士，也可能是一个十分有用的数据库网站。记者需要与之建立联系，或订阅数据库网站的邮件，不间断地从一个信息源获取所关注的领域内的实时动态。当一个稳定的信息源所提供的信息发生了变化，记者就可以比较明确地察觉出问题所在，发现有价值的新闻线索。

（三）实地收集材料

记者应该养成随时随地全面收集信息的习惯。与一项活动最相关的信息几乎总是在活动发生地点的附近。所以，记者在能够到达的新闻或采访现场，应该注意收集视线内的所有材料，也可以向现场工作人员或认识的相关人员索取。直接带走、复印、拍照等都是保留这些材料的有效手段。这些实地收集的材料中往往包含着没有向新闻媒体公开的信息。

三、通过专家开拓信息源

（一）资料管理员是"天使"

公开的信息源就像一间敞开着门的房间，人人都可以进去，但不一定都能找到自己想要的东西。特别是在专业的图书馆或资料室，面对瀚如烟海的文献资料，记者有时甚至不知道该如何下手，而管理员往往是对资料档案最熟悉的人，向管理员求助是个非常高效的方法。管理员不仅能教给记者特定的文献管理系统的相对高效的检索方法，还能凭借他们对工作内容的熟悉为记者提供新的、隐秘的信息。

(二)理解信息

在获取数据之后,记者若想要充分利用这些数据,首先需要面对的问题就是如何对它们进行解读。尤其是文本类型的数据,如年度报告、会议记录,常常会在特定领域使用特定的语言风格、话语体系、专用术语等,使记者无法充分解读它们。记者可以通过两种方法理解数据:

第一,找到合适的人,帮助记者解读数据。记者通常可以寻找与要调查的部门或领域有关的人,他应该既认同此报道有意义,又与此事无利害冲突。采访对象以外,记者应尽量避免与和报道中人物有往来的个人进行讨论。

第二,找到合适的工具,帮助记者解读数据。面对大量的难以提取核心内容的数据,使用某些领域中的专业软件进行解读,可以帮助记者快速抓住要点,如ADL主题模型、AntConce语料分析等工具。

在上一节,我们讲到寻找数据之间的相关性,绘制"主题地图"要从一个关键的新闻要素开始,然后要理解和扩展信息容量,强烈建议记者借助自己从公开的信息源中获取的简单信息开始推进调查。随着调查的深入,任何调查都会变得更加复杂和困难,如"主题地图"中所阐述的,记者可以通过其他要素的路径逐步接近真相。但如果一开始就举步维艰,通常是什么东西出了问题。特别是当记者假设中的任何要素都无法从公开信息中得到确认的话,这意味着要记者的假设出现了方向性的错误,要么有人正在非常努力地隐藏事实。相反,如果最初的验证成功了,就意味着记者可以加速和拓宽调查了。将公开信息源的资料利用到极致,推导出它的意义,并加入最初的假设,最终向受众展示一个新的"秘密"。

四、建立数据自动采集机制

主动搜寻是记者获取有用数据的主要手段,它目的性强,指向性明确,因此获取到"有用"数据的效率较高,但缺点在于它需要记者投入大量时间和精力,让记者难以在第一时间知晓其所关注领域内的信息。因此,记者需要建立自动采集机制,以被动获取的方式,用较少的投入,保持所关注领域的信息更新。

互联网中的值守(Veille)机制是一种有效的数据自动采集机制,包括电子邮件的管理器,可对订阅邮件进行分类管理;简易信息(RSS)聚合器,把网页上的部分内容作为订阅信息,定时推送到用户邮箱或RSS订阅工具中(见图5-4);社交平台的关注功能,重点更新用户所关注的人物或者机构的信息等。每一种机制都在自动贮藏经严格筛选后的数据源,将其汇聚在类似"留言板"的工具上,让记者可以集中在这个地方浏览信息。

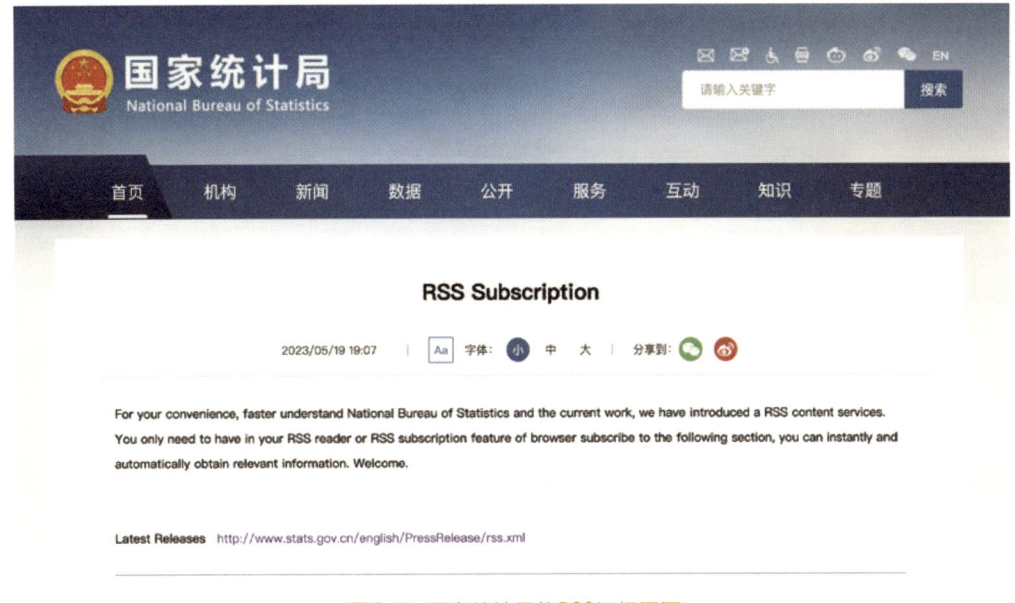

图5-4 国家统计局的RSS订阅页面

五、新闻报道中的数据安全与知识产权保护

随着各国数据开放运动的发展,所有涉及数据的采集、分类、保存、处理和开放使用的工作,都受到包括工业产权和版权在内的知识产权法的保护。作为国家的长期发展战略之一,知识产权保护不仅涉及数据产业的发展,现在更被当作大国博弈的关键领域,在国际关系方面发挥举足轻重的作用,代表了国家的综合实力和国际竞争力。

(一)数据库的法律保护

针对数据库的法律保护,大致可以分为两个维度。

一是对数据本身的保护:个人信息数据、商业和工业数据、部分公共数据,均受相关法律保护;受保护的数据本身的采集、保存和使用,都受到严格的知情同意的限制。

二是对数据产品版权的保护:著作权法保护的对象是数据和信息的创造性表达,是著作权人的专有权,但它不针对基础数据本身进行保护。例如,导航软件公司利用自身技术爬取政府公开的道路交通信息,这些信息经算法整合编排后成为能够为人们导航的信息产品。这些道路交通信息作为基础数据,并不受版权保护,人人都可以获取并使用之;但是作为信息产品的导航工具,则需要通过授权、购买才能合法使用。

(二)关于保护范围和时效的争论

关于数据库应该在何种范围和时效上保护数据和数据版权,学术界和数据产业领域有过长期的争论。持数据应开放使用观点的学者认为应当在最大范围内开放数据,共享人类的信息成果；但由于数据使用的目的不可控，部分学者认为过分开放数据将导致宏观至国家安全、微观至个人生活的正常秩序受到威胁。同样，在时效性上，有些国家和地区的法律规定了对数据的保护年限，但由于数据库的所有者可以对数据进行不断的更新，也就意味着保护年限可以被无限延长，这也将妨碍大众对相关数据的随意取用。因此，如何平衡数据和著作权所有者的利益和大众对数据的使用权益，避免对数据和数据产品的生产和消费进入高成本的恶性循环是数据保护必须面临的现实问题。针对这一问题，我国采取了分级保护的方案。

（三）各国开放数据之原则

2006年，英国《卫报》发起了一场运动，旨在推动向公民公开由公共行政部门用税金采集的数据。皇家艺术、制造与商业振兴学会（Royal society for the Encouragement of Arts, Manufactures and Commerce）的名为《解放我们的数据》的辩论，或被视作全球性争取数据开放运动的起点。2007年，来自30多个国家的代表召开了"开放政府工作小组会议"（Open Government Working Group Meeting），会议提出了政府数据开放的八大原则。此后，这些原则成为各国制定数据开放原则的基础。

以下为对八大原则的简述。

（1）完整性：应公开完全而非部分或有限的数据，即除了涉密或有预先设置的限制的数据，所有政府及其控制机构采集的数据都应该对所有人公开。

（2）可靠性：应公开可上溯至源头的数据，而不是已经经过处理、聚合的数据。

（3）及时性：必须保持开放数据的及时更新，从而保证数据的价值，而不是公开过期的、滞后的，甚至已经丧失价值的数据。

（4）可访问性：面向最多数的公民、公开最大量的信息，保证所有人都可以访问、获取它们。

（5）可机读性：数据的结构和格式合理，以便能被计算机自动化处理。

（6）非歧视性：公共数据须对所有人开放，对数据本身和使用人不得有资格上的差别对待。

（7）共同操作性：须以信息技术方式对数据进行分类，向各种语言、规约和诉求开放。

（8）数据许可：数据公开必须获得许可，不受版权、专利、商标、隐私、安全等限制。

此后，世界各国都开启了由政府部门主导的开放数据运动，从法律、政策和数据库建设等方面向公众提供公共数据。

美国最早建立了政府数据库并向公众开放，2009年5月，美国在data.gov网站上线了47个数据库，并允诺将继续上线数千个由公共行政部门创建的数据库。

2010年1月，英国政府在万维网发明者蒂姆·伯纳斯-李（Tim Berners-Lee）的支持下，将data.gov.uk设为公共数据开放入口。丹麦、德国都陆续逐步开放政府数据。法国的开放数据工程开始的时间较早但进展缓慢，2009年起即在个别城市启动，但彼时巴黎市政府对此并不积极。2010年夏天，以"数据分享革命"为主题的创新大会"Lift with FING"在马赛举行期间，再次遭遇了对开放数据运动的表示不满的声音。会后，开放数据运动在法国的推进依然缓慢，阻力主要来自复杂多样的知识产权（IP）许可证，还有与数据源和原始数据修改相关的问题：公开数据是一次性的还是可以被重复利用的？开放数据是否应该设限？免费使用和开发公共信息的（由司法部颁发的）法律许可与知识产权保护和生产者利益保护的法律许可之间存在着差异，后者规定开放数据使用者不得歪曲初始数据、不得篡改其义、必须标明数据之前的状态等。记者可以根据网站的历史流了解不同版本数据的变化过程。

澳大利亚的政府数据网站data.australia.gov.au鼓励网民将公共数据转化为有趣和公众乐于查询的内容；新西兰在网站data.govt.nz将公共数据，尤其是医院提供的、不断更新的食品问题信息等数据向公众开放，供公众免费查询和下载。

我国的数据开放进程起步较晚，近年来在规模上有较大突破，建设速度较快。2015年8月，我国发布了《促进大数据发展行动纲要》（以下简称为《纲要》），《纲要》明确提出：三年内，即2018年底前建成国家政府数据统一开放平台，率先在信用、交通、医疗、卫生、就业、社保、地理、文化、教育、科技、资源、农业、环境、安监、金融、质量、统计、气象、海洋、企业登记监管等重要领域实现公共数据资源合理适度向社会开放。但在我国大步向前、快速发展的开放数据实践中，数据开放的质量还存在较大提升空间，例如：数据量少、价值低、可机读比例低；开放的多为静态数据；数据授权协议条款含糊；缺乏便捷的数据获取渠道；缺乏高质量的数据应用；缺乏便捷、及时、有效、公开的互动交流。随着大数据技术广泛应用和政府智慧管理程度的提高，数据升级的速度将获得可喜的提升。

思考题：

1. 数据新闻报道中，记者对数据的开发有哪些步骤？
2. 有哪些开放的数据源可供记者使用？
3. 记者如何建立自己的数据采集机制？

第六讲 图像认知与新闻叙事

新闻的本质，决定了新闻叙事首先要是客观真实的，要如实地反映新闻事实和新闻人物的本来面目，其次，新闻叙事也有非常强的目的性，必须能够体现新闻的主题内涵。在现有的新闻叙事手段中，图形对注意力的吸引远高于文字符号，比较容易快速、精准地成为人们的视觉中心。在传统的新闻叙事中，我们关注"5W+1H"，这些基本元素被记者按照一定的逻辑结构，如因果、时间、空间等，排列起来，形成故事；设计精良的数据视觉化作品，能够迅速给受众留下深刻的印象，并且帮助他们透过复杂的故事获取核心信息[①]。

第一节 图像认知与视觉化叙事

人类学家雷·伯德惠斯特尔（Ray Birdwhistell）的研究表明，在一场面对面的谈话中，仅有30%至35%的意义是通过语言传达的。视觉元素是人类认知和理解世界的重要途径之一，也是传递信息和表达情感的重要方式。在全球传播的新语境中，视觉化信息超越国界的跨文化价值更加明显。图像能够在不同文化、语言的受众中，起到"通用语言"的作用，从而降低文化、语言等隔阂对信息传播造成的阻碍。人类大脑处理图像的速度远远快于处理文字信息，图像对情感的传达也比文字更直接、更有冲击力。神经认知科学的发展为我们提供了研究、利用视觉元素传递、接收信息和情感的新知识。目前国内顶级的新闻院校多会专门成立脑科学与智能传媒研究机构，开展神经认知科学与新闻传播学的交叉研究，帮助新闻从业者提高包括数据新闻报道在内的各种形式的新闻报道生产的效率和原创性。当代年

---

① GRAY J, CHAMBERS L, BOUNEGRU L. The data journalism handbook: how journalists can use data to improve the news[M]. California: O'Reilly Media, Inc., 2012: 191.

轻人更在意视觉传达,而数据新闻报道的视觉化呈现更能吸引注意力,已经成为传统媒体和新兴媒体融合产品的增长点。凯鹏华盈(KPCB)的市场调研显示,美国12—24岁的青少年在消费互联网时,视觉消费占主导地位,Instagram、Snapchat、Pinterest,国内的小红书、抖音等,也正是因为把握了视觉消费的趋势才赢得了广泛的受众,人类获取信息和知识的方式发生了改变,进入了读图时代和视频时代。但与此同时,新闻从业者也要警惕,视觉化先天具有的娱乐性、趣味性可能会对严肃的新闻价值,如新闻的客观性、真实性造成负面影响。

妮可·达曼(Nicole Dahmen)是俄勒冈州立大学新闻与传播学院的教授,从事视觉新闻报道教学工作。她认为,视觉效果不仅仅是一种美学元素,它们有助于记者更好地完成新闻叙事。因此,"数据新闻报道的理念是制作对特定故事至关重要的图像,而不是寻找合适的视觉效果"(The idea is to make images that matter to the specific story, rather than seeking visuals afterward that fit)。[1]换言之,视觉元素在新闻报道中是重要的叙事元素,在数据新闻报道中,作为新闻叙事的一部分,记者对视觉化叙事的构思应该和对文字内容的排列、叙事结构的谋篇布局一样,从选题策划时便开始。

记者在数据新闻报道中会大量使用数据来支撑新闻事实,推进新闻故事。然而,数据(尤其是大数据)本身的可读性差,因此,记者需要通过视觉化的转换,将专业的、复杂的、包含了大量信息的数据以简单、清晰、易于理解的形式呈现给受众。整体来说,在前期完成了对数据的挖掘、清洗、分析、比对等环节,通过对数据之间的相关性的结构化建构,找到新闻线索和新闻价值之后,数据新闻记者会采取信息视觉化的手段来进行新闻叙事。这时需要主要考虑的是清晰的图形、简练的文字、合乎逻辑的颜色等话语表达符号,并用这些符号来抽象报道内容的象征意义。记者通过视觉化的手段呈现数据之间的相关性,从而建构新闻叙事的意义。对视觉化信息的认知,首先是一个心理过程。认知既是一种纯生理的现象,又是一种无意识或有意识的心理活动,因此,当记者构思数据的视觉化时,不应忽视与认知相关的内容。

一、图像认知的视觉心理学

(一)图像认知三部曲

人类对图像元素的识别最快只要200毫秒。神经认知科学和认知心理学的发展使人们能够部分地了解到这短暂的识别过程的大概内容。现在,我们可以将认知过程的大脑活动拆解为三部曲:编码、将不同意义的符号元素组合在一起、解码。

大脑在处理各种刺激时,有由数百万神经元组成的特殊"处理器"协同工作。当大脑处

---

[1] DAHMEN N. How to do better visual journalism for solutions stories[EB/OL].(2017-11-22)[2023-11-19]. http://mediashift.org/2017/11/visually-reporting-solutions-stories-newsrooms-classrooms/.

理图像时,画面越复杂,所需处理时间就越长。通常,我们的眼睛会最先处理结构性问题,在领会了画面的总体结构以后,再注意到局部和细节的信息。

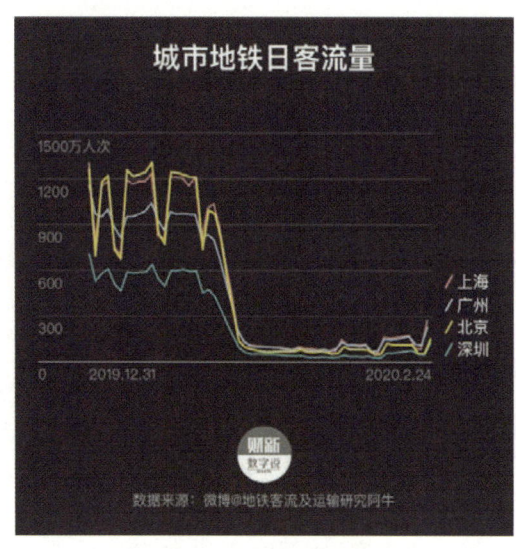

图6-1 北京地铁流量图

当我们看到这张2019年12月31日至2020年2月24日的城市地铁流量图时(见图6-1),最先关注到的一定是流量的整体趋势的大幅下降;接下来,我们会注意到色彩,并通过图例来获取不同颜色的线条代表的是不同城市的信息;再然后才会注意到横纵两条坐标轴,并从数字上去读取数字和更多的文字信息;最后,我们才能综合以上所获信息,对各要素进行对比、判断,获取更为详细、准确的数据信息。

普林斯顿大学的安·特雷斯曼(Ann Treisman)的研究揭示了大脑具有储存形状和颜色的功能。面对不同的生理刺激,视觉系统会自动启动之前储存的既有数据,并将其与接收到的刺激信号(即外部物理世界送达眼中的信息)进行匹配。而且,这一过程是无意识的,无须调动注意力。也就是说,编码的过程大部分依赖既往积累的经验。我们的大脑已经将某些刺激对应的意义进行了编码并存储在记忆中,以备随时调用之。只有当某个全新的符号(视觉刺激)的基本元素在一个人的人生里第一次出现时,他的大脑才会因为缺乏相应的存储信息而启动一系列有意识的生理活动,以探寻对全新刺激的解释。因此,在视觉化呈现的过程中,"吸引眼球"即便不是我们必须优先考虑的,至少也是一个主导因素。

在人眼看到图像的最初的千分之几秒的时间里,视觉化呈现是否成功就已成定局了。好的视觉化设计应该至少有一到两个能迅速被辨认的特征,这些特征能被大脑快速处理,然后引导受众进入需要重新认识、建立联系的新信息的部分,这些认识应该与大脑对颜色、形状及其他刺激的既有认识相吻合,只有这样,受众才能毫不费力地顺利完成对视觉化作品的解读;不好的视觉化构思可能导致刺激信号所承载的意义与受众大脑中的原始存储信息并不完全相符,甚至存在显著矛盾,同时包含大量新的刺激元素。这样的图像会扰乱受众视觉系统自动生成的各项功能,使解码过程变得漫长且艰辛。受众需要不断与自己的固有认识作斗争,反复解读这个图像,不断尝试重新建立符号和意义之间的联系,以及新的编码和解码规则。如果这个过程过于艰难,或者超出了受众本人对规则的认知,他们就可能最终放弃解码,对视觉化信息的解读就失败了。

因此,好的视觉化叙事构思应该至少有一两个能被迅速辨认的特征,能够形成对受众视觉系统的有效刺激,从而确保视觉化呈现能被顺利理解。

1. 视觉变量的原始刺激

人的"注意"是个互动的过程,作为接收信息的主体,人需要受到来自客体的刺激,才能引发"注意"这个动作的产生,在视觉化作品中,图形元素就扮演着刺激物的角色。

基于点、线、面的原始刺激,大脑逐渐建立了一种独立于思考的编码优先机制。一个点的视觉变量一般有六项:大小、明暗、颗粒(纹理)、色彩、定位和形状。这些初级刺激将形成不同意义的元素组合。

图6-2　白色有纹理方形

图6-3　灰色无纹理圆形

①大小:当一个图像出现的时候,我们第一时间就能通过对比感知它的大小。当图6-2和图6-3同时出现的时候,人们的潜意识就能感知到它们所占有的一定的面积。

②明暗:经过比较,大脑将判断出图6-2的亮度高一些,而图6-3亮度低一些。

③颗粒(纹理):图6-2是有纹理的,图6-3没有。

④色彩:图6-2大致可以被归类为白色,图6-3大致可以被归类为灰色。

⑤定位:在比较关系中,图6-3位于图6-2的右侧,位于本页的右侧。

⑥形状:图6-2是正方形,图6-3是圆形。

2. 承载意义的不同元素

认知的第二个阶段:将不同意义的符号元素组合在一起。这一过程几乎是无意识的。为了承载意义,即使是含糊不清的意义,认知系统也会将初级刺激组合起来。

以一条橘色的直线为例,它最初只代表其本身的颜色和形态,然而,一旦被赋予了方向性,它就具有了上升或下降的象征意义。再加上坐标系,这条橘色的直线便能表示具体的数值或体量,再加上图例,它便能明确地代表某个具体的事物或现象。因此,在图6-4这张图表中,这根橘色的折线就表示了2020年恒生指数的表现情况。

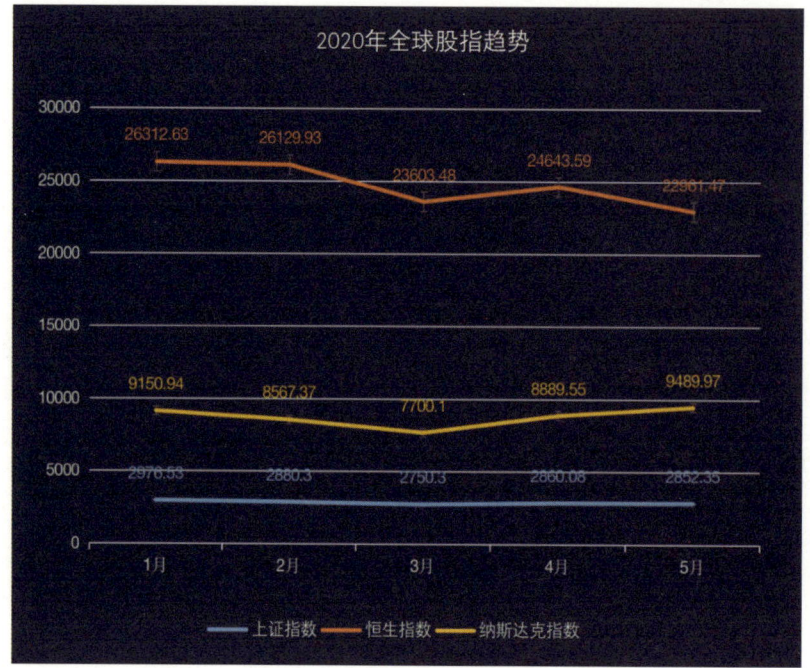

图6-4　2020年全球股指趋势

在此图中，直线、方向、坐标系、颜色、数字都是不同的视觉刺激，代表了不同的含义，这些元素组合在一起，才能表达一个具体、明晰、固定的含义。

3.基本图形的意义

认知的第三个阶段：大脑将彼此关联的知识集合在一起，组织对现实的认知。

大多数情况下，我们并不需要获得全部信息才能进行判断，比如，当我们回到家，余光瞥见客厅沙发上一个熟悉女性的侧影，几乎立刻就可以断定，这个人是家中的女性成员。这是我们的大脑对家庭成员的长相、身材、姿势、动作等视觉信息长年累月的不断反复调取的结果，我们的大脑因此能自动生成对这个侧影的线条、轮廓、大小等信息的认知。

读者能够快速认识图表意义，同样是基于大脑长年累月对基本图形的象征含义的反复调取和解读，于是，在某些特定组合出现时，大脑能立刻组织起对它们的现实意义的认识。

基本图形其实都有象征含义，例如：方形意味着坚固、稳定、有序、理性；圆形意味着充盈、完整、无限、敏感；三角形常常与阶层、选择性、比例、权威相联系；直线意味着平稳；曲线意味着变化，等等。

重要的是我们应了解图像的认知有三个阶段，即编码、将不同意义的符号组合在一起、解码，并在这三个阶段充分利用大脑认知系统的属性，以期受众能在最佳条件下接收视觉化数据。深度开发视觉语言的潜力是触及复杂性的效能因素。当受众能自主地、愉悦地理解信息，而不是费力的猜测它时，视觉化的目的便达到了。

二、图像解读的正确方式

(一)数据视觉化的各种基本变量

视觉变量有大小、明暗、颗粒(纹理)、色彩、定位和形状,这些都会对视觉产生基本刺激。这些基本刺激在人脑中唤起对图像的最初级的解读,而大小、明暗、颗粒(纹理)、色彩、定位和形状在人类社会所代表的约定俗成的基本象征意义,就构成视觉信息解读的基本变量,被用来区别不同的意义。在实际应用中,数据新闻作品中很少使用颗粒来区别意义,构图是记者更注重的视觉变量。与在初级的视觉刺激阶段发挥的作用不同,这些图形元素在成为基本变量之后,通过图例、图注等手段,被赋予了特定的、指向明确的意义,从而完成从图像到意义的转化。

大小:大小的关系对比,是人眼最容易识别的变量之一。在对比中显现的大小,代表了图形对所指代事物容量的多少,因此,大小也跟数量密切相关。

图6-5中条形的高度和面积代表了2021年和2022年全球通用算力、智能算力和超算算力的量级。即使在不看具体数字的情况下,两个年份之间的数量变化关系也是一目了然的。

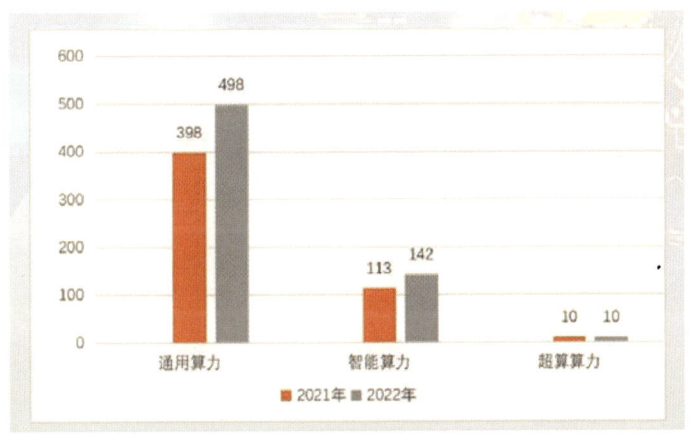

图6-5 2021年和2022年年全球算力规模情况①

明暗:人类对明暗度的原始体验来自昼夜,可视与非可视、公开与神秘、积极与消极等意义,都可以通过记者在视觉化设计中对明暗的调节来呈现。

Dead on Arrival(送达医院时死亡):图6-6来自路透社的数据新闻报道《杜特尔特的战争》②,不同亮度的色条表示每个月当场被枪杀的犯罪嫌疑人数量与在医院宣布死亡的

---

① 2023智能算力发展白皮书[EB/OL]. (2023-08-26) [2023-12-23]. https://baijiahao.baidu.com/s?id=1775285458713009509&wfr=spider&for=pc.

② Duterte's war on drugs: dead on arrival[EB/OL]. (2017-06-29) [2023-11-19]. http://fingfx.thomsonreuters.com/gfx/rngs/PHILIPPINES-DRUGWAR/010041TN3Z8/index.html.

犯罪嫌疑人数量,在新闻报道的这段叙事中,记者想要读者注意到的是,送达医院时宣告死亡的人数有了明显的上升,因此,他在图中也用明亮的黄色来对这一信息进行重点强调。

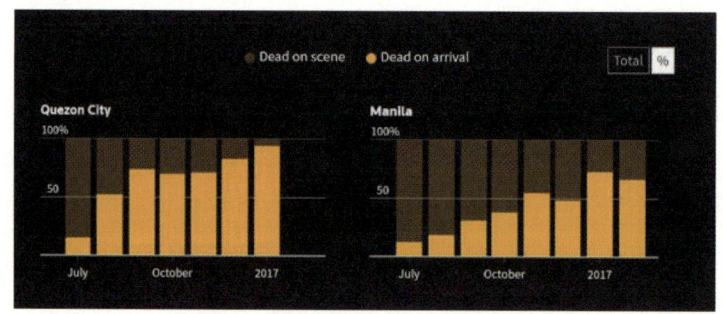

图6-6 犯罪嫌疑人死亡地点对比①

构图:构图既关乎受众浏览图像的方式,也涉及来自文化遗产的基本美学原理。

图6-7中的四个十字点契合了美学的三分之一原则,箭头不仅代表了人们审视图像时惯常的视线移动的路径(Z型或S型),还为最佳构图提供了美学支撑。剪影正好落在画面的三分之一处,带来呼吸感、通透感,避免信息过多带来的窒息感。大小比例还形成了透视效果。箭头方向表示视线的移动方向,通常最好将标题放在左上角,将文字解释放在右下角。

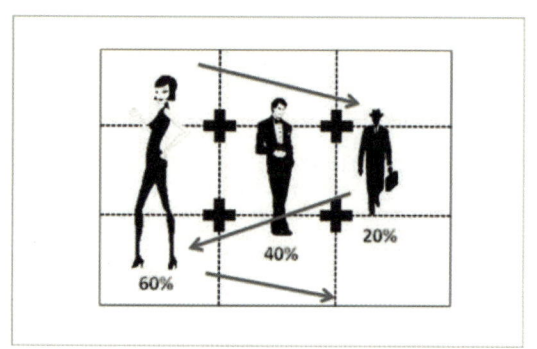

图6-7 错落有通透感的构图方式,符合视线移动的规律

色彩:逻辑先行,设计辅助。

图像中的色彩本身即信息,受众对颜色的感知先于对符号价值意义的认知。因此,数据新闻报道中,受众对色彩元素的认知通常先于其他元素,并会依据色彩第一时间建立起对整个图像的解读方向。

颜色认知度建立在三个特征上:色相、彩度(饱和度)及明度(亮度)。色相(Hue),也叫色度,指不同波长的光给人带来的不同的色彩感受,我们日常所说的"不同颜色",主要是色相不同的色彩。彩度(Chroma),也叫饱和度或纯度,指色彩的鲜艳程度。彩度在很大程度上决定了色彩的表现力。同一个色相在不同彩度上,会表达不同的色彩气质。例如,近年来流行

---

① The Boys from Davao[EB/OL]. (2017-12-19)[2024-08-24]. https://fingfx.thomsonreuters.com/gfx/rngs/PHILIPPINES-DRUGS/01006028044/index.html.

的莫兰迪色系就是利用低饱和度营造了宁静淡然的气氛。明度（Bright）指色彩的明暗程度，表现为自白至黑的灰度级差，色彩的明度变化也会影响人眼对色彩的感知。

人的眼睛和大脑组成了感知色彩的系统，通过视神经的传递，人的大脑不仅能够感知色彩本身的色相、彩度、明度特征，更能够通过既往的文化经验，感受色彩传递的情绪、情感和社会文化意义。

冷暖是最易于感知的色彩体验。人们把与火焰、太阳颜色相近的红、橙、黄色等颜色，称为暖色系。相反，与天空、大海颜色相近的靛、蓝色等颜色，被称为冷色系。暖色系给人温暖、明亮、温馨、舒适、有食欲的感觉；而冷色系给人寒冷、冷静、清新、理智、安静的感觉。

另外，冷暖色系结合颜色深浅也能造成视觉上的涨缩、进退。暖色系、较浅的颜色，膨胀感更强，相比冷色系、较深的颜色，看上去所占的面积、体积更大，因此，这种膨胀感也带给人前进的感受。高亮度、高彩度、暖色系的颜色给人扑面而来的逼迫感；而冷色系、较深的颜色，视觉上会给人向后收缩的感觉，看上去所占面积、体积也相对较小，因此，低亮度、低彩度、冷色系的颜色，会给人一种腾出眼前空间的后退感。

色彩也会给人造成视觉上的不同的重量感。高明度、高彩度、浅色相的颜色会让人感觉轻盈、空灵，甚至飘逸；低明度、低彩度、深色相的颜色会让人觉得相对较为沉重。在数据新闻的具体应用中，颜色具有修辞学上的含义，其可视性、与数据的关联性和色彩本身的象征性都会影响数据新闻中信息的表达。

图6-8使用了和象征物茶叶本身一致的绿色系来进行整张信息图的主色设计，又用不同彩度和明度的绿色来区分不同的国家和地区，并体现了量级上的差别。

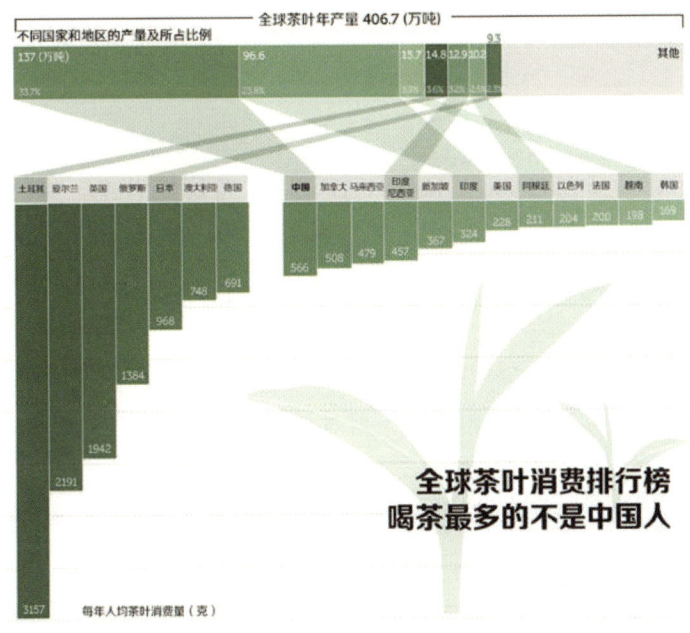

图6-8　全球茶叶消费情况

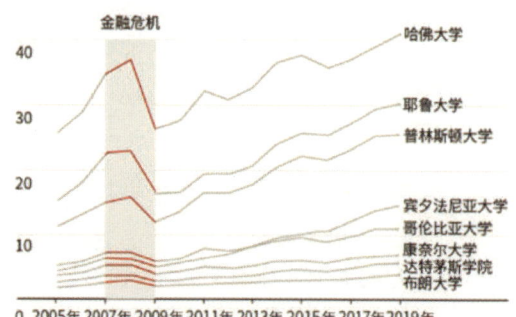

图6-9　金融危机期间的常春藤盟校的受捐赠额变化

图6-9是历年美国常春藤盟校的受捐赠情况,在这张图中,记者希望读者关注2007至2009年金融危机期间,各校受捐赠额大幅度下降的情况。整张图用灰色作为主色调,来勾画表达数量变化的曲线,但在需要注意的部分使用了不同的色相(橘红色)来增加对比性和可视性,且这个橘红色是彩度和明度都较高的橘红色,具有明显的强调、突出意味。不过此图的纵坐标轴未标注单位和标签,是数据视觉化中常见的错误。

虽然高彩度、高明度的颜色有助于在图表中突出其所代表的事物,但是多个高彩度和高明度并用,会使信息变得茂密且复杂,争抢受众的视觉注意力,造成视觉疲劳,进而使受众对图表产生不信任感。图6-10表示了某国中小学生学科类、兴趣类校外培训参与率,分别用绿、红、紫、黄来表示小学、初中、普通高中和重点高中四个类别的学生在各地区参与学科类和兴趣类校外培训的情况。红和绿、紫和黄,都是在色相上互相对应的颜色,具有强烈的对比意味。但在图6-10中,颜色的差别只在于区分意义,即不同学生群体,并不需要有强调、突出和对比的意义,因此,过度的没有意义的信息呈现使画面显得凌乱无序,受众需要在与图标的反复对比中去辨认各阶段学生参与培训的情况,大大增加了读图的难度。

然而,色彩文化与历史、社会、风俗、宗教、图腾、禁忌等因素密切相关,未必全然普世,例如,西方国家与东方国家对于红色、白色和黑色的意义的解读,就受到政治文化和社会观念的影响,几乎是完全不同甚或对立的。热带与寒带消费者对色彩的认识,或许大相径庭,适合非洲消费者的颜色未必适合北欧消费者,亚洲消费者与欧美消费者的色彩偏好也可能是青菜萝卜,各有所爱。

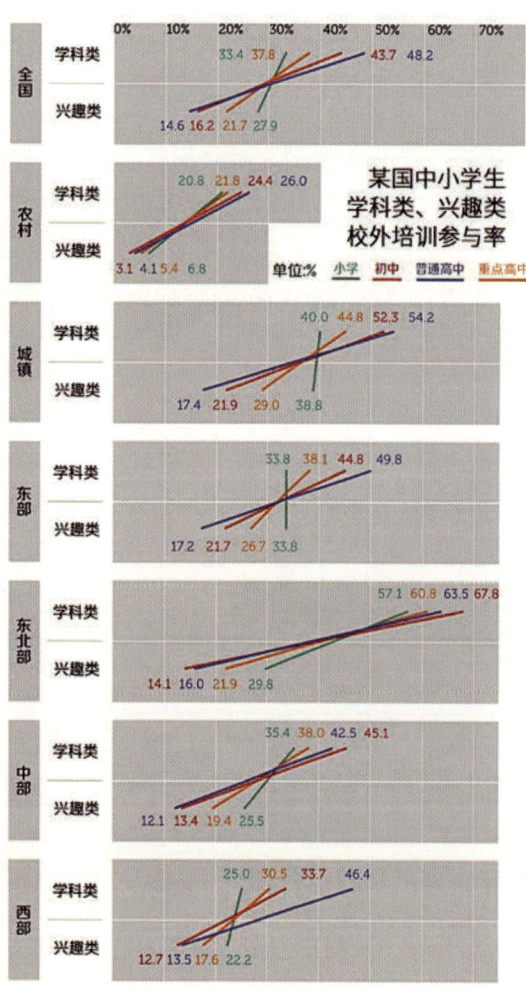

图6-10　某国中小学生学科类、兴趣类校外培训参与率

定位：定位体现位置的相关关系，提供方向、相关性紧密度、顺序等具有解释意义的信息。定位是数据视觉化中的一种高级变量，对它的意义解读不仅需要依靠画面信息，还要依靠受众的空间想象和对其他画面要素的前期解读。

图6-11是数据新闻作品《"五一"出游消费大数据图鉴》中展示的一个数据图，呈现了跨省游人均消费金额排名前十的城市。尽管该图采用了树图的形式，却未能遵循树图的表现逻辑。图注表明该图以相对位置为标准，将多个城市归类为华南、华东、华北和西南。通常，在二维空间中平面展示多个城市时，城市名天然带有"地理方位"的属性，而城市排名则天然带有"顺序"的属性。一般的读图规则是"上北下南，左西右东"。然而，在这张图中，实际位置在最南端的厦门却被安排在南京的上方（即北方）和无锡的左侧（即西方）；实际位置在东边的南京则被安排在合肥的左边（即西方）；同样，实际位置在南边的无锡也被安排在合肥的上方（即北方）。因此，整张图上各城市的排布，既未按照城市间的实际相对位置，也未按照各城市的人均消费金额排序进行，这会使受众在阅读图形信息时感到困惑，觉不知从何处开始解读，从而影响受众读图的流畅性和制图者信息传达的清晰度。

图6-11　人民网舆情数据中心新闻报道："五一"出游消费大数据图鉴[①]

（二）视觉化呈现的两类感受

无论内容如何、对其的解读如何，视觉化呈现一般会首先触发两类感受：明显的和暗含的。感受是对视觉信息所传达意义的先验理解。明显的感受是直白的，具有清晰的极性值（Clear Polarity value），能被迅速地感知和理解。这种直观的感受通常是由图表上的数据、线条的走势、图形的大小等信息元素直接带来的。相比之下，暗含的感受则较为隐晦，来自

---

① "五一"出游消费大数据图鉴[EB/OL]. [2024-08-24]. https://mp.weixin.qq.com/s/SRb7kV9bdI_tx-71fE5M1Q.

暗示着正面或负面情绪的信息，它们通过色彩、明暗等元素营造特定氛围、感染读者。

如图6-12中，通过最右侧折线末端的所在位置和数字，读者可以清晰感受到美洲病例的数量是最多的这一信息；而在图6-13中，过度曝光的天空和完全失去细节的暗部阴影形成鲜明对比，烘托肃穆、沉重的氛围，给受众带来失望、迷茫、疑惑的主观感受，与报道主题"莫斯科恐怖袭击"相互呼应。

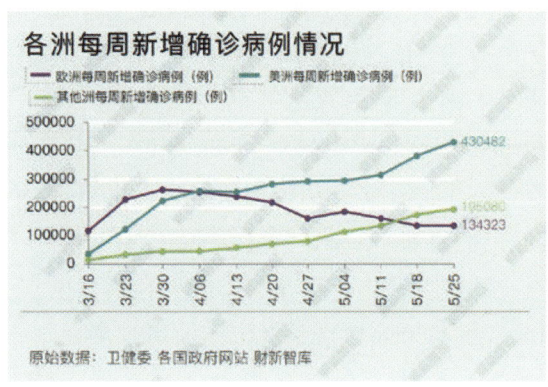 

图6-12　2020年3月16日至2020年5月25日各洲新增确诊病例情况①　　图6-13　财新周刊《莫斯科恐怖袭击：来龙去脉究竟如何？》②

（三）数据与图表的转换

图表呈现信息的核心，是记者想要呈现的数据之间的逻辑关系，因此，构思图表离不开对数据之间逻辑关系的认识。在早期的基础图表制作中，各类折线图被用于展现发展趋势；饼状图、条状图被用于展示比例、构成；散点图、气泡图被用于展示数据之间的相对关系；在此基础上，多维度叠加的多个图表都可以展示数据之间的比较关系。通过对图表的基础判断，读者不仅可以获取关于数据本身的信息，还能够读取到记者想要传达的数据之间的关系。

第二节　视觉传播应用与新闻叙事

新闻报道需要信息的传递完整、高效。传统上，摄影图片报道和纪实影像报道都是运用视觉传播手段完成新闻叙事的。例如，在财经报道中，使用视觉化叙事手法来处理那些枯燥的数字，可以增加可读性，使内容变得更加通俗易懂。在时政新闻报道中，用图表、图

---

① 巴西累计确诊逾80万例（6月11日）[EB/OL]．（2020-06-12）[2024-08-24]．https://database.caixin.com/2020-06-12/101566482.html．

② 莫斯科恐怖袭击：来龙去脉究竟如何？[EB/OL]．（2024-03-30）[2024-08-24]．https://database.caixin.com/2024-03-30/102181384.html．

像处理复杂难懂的政策背景，能帮助受众更直观地解析和理解新闻内容，吸引注意力。在媒介发展史上，使用非文字手段传递信息是降低阅听门槛、扩大受众范围、提高传播力的有效手段。数据图表是以一种新的媒体形态出现的，新华社把这些早期的数据视觉化形式叫作"图表新闻"，尽管不同于我们今天使用的大数据制作的数据新闻，图表新闻仍然是一种运用文字以外的其他表意符号生产新闻作品的成功实践。从20世纪70年代开始，在全球范围内，两种新的新闻报道理念逐渐生成，并日益被传媒界普遍应用，分别是视觉新闻报道理念和动漫式新闻报道理念。

一、视觉新闻报道理念

随着人类社会生活节奏的不断加速以及现实的日益复杂化，语词符号表达每每难以顺利完成单位时间内的概念呈现，满足新闻内容生产时效性与生动性结合的双重需要。

人们发现，以视觉符号为主、语词符号为辅的视觉新闻报道，或许是在极短时内传达意义的最佳传播方式。事实上，从史前岩洞壁画呈现的象征符号到当代的政治活动、商业交往、企业管理、课堂教学、军事演练、体育训练等领域中普遍存在的视觉应用和交互体验，都为视觉新闻报道提供了实践基础，而且使得新闻内容生产更加容易超越不同的文化边界和既有的时间空间。

有人将达·芬奇称为"视觉新闻报道之父"。15世纪时，他已经通过草图（图片）和词语（文字）记录、研究自己感兴趣或观察到的事情。达·芬奇认为，要理解一件事，文字和图像都必不可少。当代的视觉新闻报道与其500年前的所作所为——图文结合，并无二致。实际上，文字和视觉化信息都可以为新闻报道提供关键性细节。记者在数据新闻报道中，应该避免文字和图像争夺叙事话语，而应该注重图文的配合，以求提供多媒体形式叙事最擅长的沉浸式体验。

新闻报道中的信息图表——广义上的数据的视觉化呈现，本身就是视觉新闻报道一种形式。

视觉新闻报道的使命在于借助图片和影像实现信息传播，其成功的前提在于必须发掘出视觉符号的新闻价值，即有影响力并能够吸引人们注意力的内容。伴随着信息传播技术迅猛发展所带来的传媒生态深刻变革和新闻内容消费方式的不断演化，视觉符号变得越来越无处不在，视觉叙事变得越来越生机勃勃，原先的摄影报道、纪实影像报道（纪录片等）亦从传统媒体拓展到网络视频报道、无人机报道、VR/AR/MR报道和全景摄影报道等领域，其独特的表现能力可营造沉浸式体验的氛围，从而引发用户对新闻内容的理解或共鸣，视觉内容在媒体新闻生产中的占比不断提升，甚至扩大了用户、消费者对沉浸式体验的需求。与此同时，与视觉报道相关的就业机会也在增加，新华社在2010年就设立了音视频部，试图成为通讯社视觉内容生产的"领头羊"。

新闻报道中的信息视觉化不仅可以设定媒体议程，还可以影响受众对新闻内容的理解。许多新闻机构都将重要而又令人信服的照片放在头版,用大照片占据版面。研究表明,图像足以吸引注意力、引起即时的情绪反应,并给人留下持久的印象。较之早期报纸使用插图、图表和照片等视觉符号来辅助新闻叙事的做法,当代新闻报道中的信息视觉化手段发挥着更关键的作用。新闻对舆论的引导更容易通过视觉化叙事来实现,无论是正面的还是负面的。国内外各大新闻奖项也为视觉新闻报道专门提供了赛道,以表彰视觉化信息传播的成就(见表6-1)。

表6-1 中外视觉新闻奖项

中国新闻奖中的视觉新闻奖项	普利策新闻奖中的视觉新闻奖项
新闻摄影	漫画创作奖
新闻漫画	现场新闻摄影奖
文字版面	特写新闻摄影奖
网页设计	
融媒短视频	

需要注意的是,尽管新闻内容生产方式和分发平台变得多元和复杂,但记者依然要保持采集信息、解析和编发新闻的职业出发点。视觉新闻报道是通过符号的视觉化实现复杂意义的简洁化,而不仅是单纯的、对数据图表的呈现。视觉新闻报道需要提供背景信息来补充、完善叙事。

二、动漫式新闻报道理念

动漫式报道作为视觉新闻报道的另一种形式,有着悠久的历史。早在1863年前后,美国各大纸媒就开始尝试用单幅漫画来报道新闻。到了20世纪三四十年代,一些具有前瞻性的艺术家和记者开始尝试用漫画和动漫的方式表达对社会和政治事件的看法。例如,1942年迪士尼推出的动画片《新精神》(*The New Spirit*),借助唐老鸭这一可爱的动画形象,以动画形式生动地向观众传递了税收、战争债券、节约资源等重要的政策信息,动画因此成为一个成功的宣传手段。随后,动漫式新闻报道不断发展壮大。20世纪50到60年代,哈维·库兹曼(Harvey Kurtzman)等艺术家创作的严肃漫画作品,不仅具有新闻报道的功能,还具备新闻评论的特质。借用漫画、动漫的视觉表达来进行的新闻报道(包括非虚构叙事)历久弥新,它图文结合、常用讽刺与幽默的叙事方式也深受大众的喜爱。

随着数字网络媒体的崛起,动漫不仅使新闻报道的形式和内容更加多样化,还被广泛应用于解释性报道、调查性报道等深度报道中。美国漫画家和记者乔·萨科(Joe Sacco)的作品《巴勒斯坦》(*Palestine*)就是动漫式报道的杰出代表(见图6-14)。他通过图文并茂的方式,详细记录了自己于20世纪90年代在约旦河西岸和加沙地带长期访问时的亲身经历和观察,为读者提供了一个深入了解巴以冲突的重要视角。在《巴勒斯坦》中,萨科用独特的漫画手法讲述了一系列短篇故事,涉及巴勒斯坦人和以色列人的生活、冲突以及他们对和平的渴望和为此面对的挑战，涵盖了从日常生活琐事到政治冲突的各个方面，展现了不同人物的视角和情感，为读者提供了一个多维度了解巴勒斯坦和以色列复杂局势的窗口。这部作品不仅因其深刻的社会洞察力和生动的叙述风格受到广泛赞誉，更成为漫画新闻报道领域的经典之作，也推动了公众对中东地区问题的关注和理解。

可以说，通过动漫式报道独特的视觉表达和叙事方式，萨科成功地将复杂的新闻事件转化为易于公众理解和感受的故事，充分展现了漫画在传达信息和情感上的强大力量。

中外严肃媒体都对动漫式新闻报道有着长期的探索。《人民日报》在其严肃、权威的正刊之外，还有一份增刊《讽刺与幽默》，每周五出版，共16个版面，通过生动的漫画和犀利的文字，对社会现象进行幽默而深刻地剖析，传达深刻的社会意义和时代精神（见图6-15）。《讽刺与幽默》增刊的内容丰富多彩，涵盖了政治、经济、文化、社会等多个领域。漫画家们运用夸张、比喻、讽刺等手法，以简洁直观的形式展现复杂的社会问题，使读者在轻松愉快的氛围中获得启示。这些作品也往往蕴含着深厚的社会责任感和正义感，引导公众关注和思考现实问题，参与社会讨论；鼓励公众以更开放和更批判的眼光看待周围的世界；激发公众对参与国家和社会事务的热情。《讽刺与幽默》增刊以其独特的风格和积极的社会意义，成为《人民日报》中广受欢迎的一部分。它不仅丰富了报纸的内容，也为中国新闻业的多样性作出了贡献。

早在20世纪20年代，漫画就出现在《纽约时报》上，并持续发挥着评论和讽刺社会现象的重要作用。后来，《纽约时报》越发重视漫画在新闻报道中的作用，鼓励漫画家们创作更多关注社会问题和进行政治讽刺的作品，漫画逐渐成为表达观点、批评现状的有力工具，也为读者提供了轻松愉快的阅读体验。通过漫画，《纽约时报》成功地向我们展示了一家精英媒体是如何把握时代精神，记录社会变迁的轨迹的。如今，该报的漫画作品涵盖了更为广泛的社会文化议题，成为该报不可或缺的一部分。这些漫画作品经常成为读者热烈讨论的焦点，促进读者之间的交流与思考，从而在新闻传播中发挥了独特而重要的作用。值得一提的是，2018年，

图6-14 乔·萨科创作的《巴勒斯坦》

图6-15 《讽刺与幽默》2024年3月29日第一版要闻

《纽约时报》推出的关于定居美国的叙利亚难民家庭的漫画新闻报道系列《欢迎来到新世界》(Welcome to the New World)荣获了普利策新闻奖(社论漫画奖),这充分证明了漫画在新闻报道中的独特价值和深远影响。

第三节　数据视觉化的基本原则

图像和信息图表已经完全侵入我们的数字生活,它们在视觉传达中承载的信息极为丰富,故有"一图胜千言"之说。由于视角不同,不同受众从图像、图表中获知的信息也不同。

图像或图表的视觉表达往往会被人们重新语境化,因此,同样的画面或图表传递着相同的信息,但受众对其的解读完全可以相距甚远。

实现新闻意义生产的过程,要信任用户的理解力,少加说明。数据视觉化设计与制作通常会受到不同的教育背景、文化理念、生活经验和人际关系等因素的影响。霍尔姆斯认为,应尽可能用照片表达具体事物,图形设计应从黑白开始,慎用颜色。

在2019年的巴黎圣母院失火事件中,全球各大媒体几乎都采用了基本相同的视觉策略。头图采用现场照片,直观展现新闻现场的故事感:如法国《解放报》(见图6-16)和美国《纽约时报》(见图6-17)都使用了现场图片来表现圣母院失火的场景;在后面的解释性报道中,用简约的、色彩较为清淡的模型图片展现巴黎圣母院的结构,红、橙等明亮浓郁的颜色表示火势,解释失火的过程。如德国《图片报》(见图6-18)的火势图用灰色建构圣母院的建筑结构,用红色表示火势的发展。在新闻事件广为人知的背景下,或者在仅用文字就能交代清楚新闻事件的核心要素的背景下,使用这样简单明了的图形,受众可以一目了然地对新闻事实有非常具体、直观的了解。

就普遍视觉元素在新闻报道中所承担的功能和所扮演的角色而言,尤其是在以数据内容为主的数据新闻报道中,对视觉化的要求可以简要概括为三个:

1.功能清晰

视觉化信息应具有新闻的基本功能,可读性要强,能够以正确清晰的逻辑辅助叙事,与文字叙事相互呼应;视觉化信息出现的位置要能够符合叙事的自然层级,稳定叙事节奏并保证流畅性;在理解难度上要能够平衡不同层级的目标受众。

图 6-16　2019年4月16日的法国《解放报》

图6-17　2019年4月16日的《纽约时报》

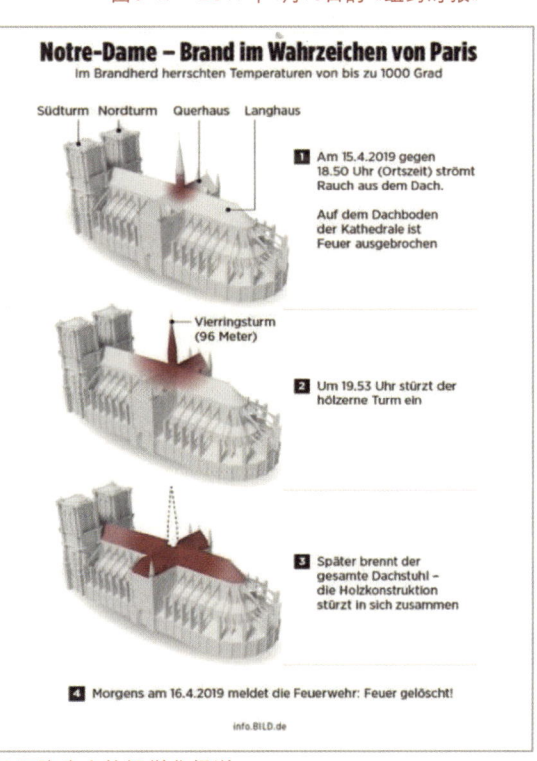

图6-18　德国《图片报》对巴黎圣母院失火的视觉化报道

2.表意准确

在数据视觉化作品中，干净的数据是简单明了的图形的前提，是图表能够准确传达信息的基础。用于制作图形的数据，必须经过认真、彻底的清洗和处理。因此，在制作程序上，数据必须先行，记者不应首先考视觉化效果的问题。视觉化设计应在一开始就与文本内容一起被构思，但初学者容易犯的致命错误，就是在数据仍存在不确定性的情况下，就急于进入具体图表的实际编辑阶段，后果就是图表承载了过多冗余信息，无法清晰地展示新闻事实、解释新闻逻辑，数据的不合理甚至会导致图表的呈现偏离新闻事实，造成失真和误导。这里常出现的问题有时间、空间等信息移位，图表类型和记者想表达的数据间的逻辑关系不匹配等。

例如图6-19的数据新闻报道中明显的信息错误是，其图形比例严重不对等，表示货币支付金额占比仅为0.75%的泰铢（THB）的条状图的长度，超过了表示货币金额占比高达39.92%的美元（USD）的条状图的长度的一半，人民币（CNY）仅占比3.2%，还不到美元的1/10，但其条状图的长度几乎占到表示美元的条状图的长度的9/10，且被制图者用红色高亮标出，严重妨碍了读者对真实信息（数据）的理解。

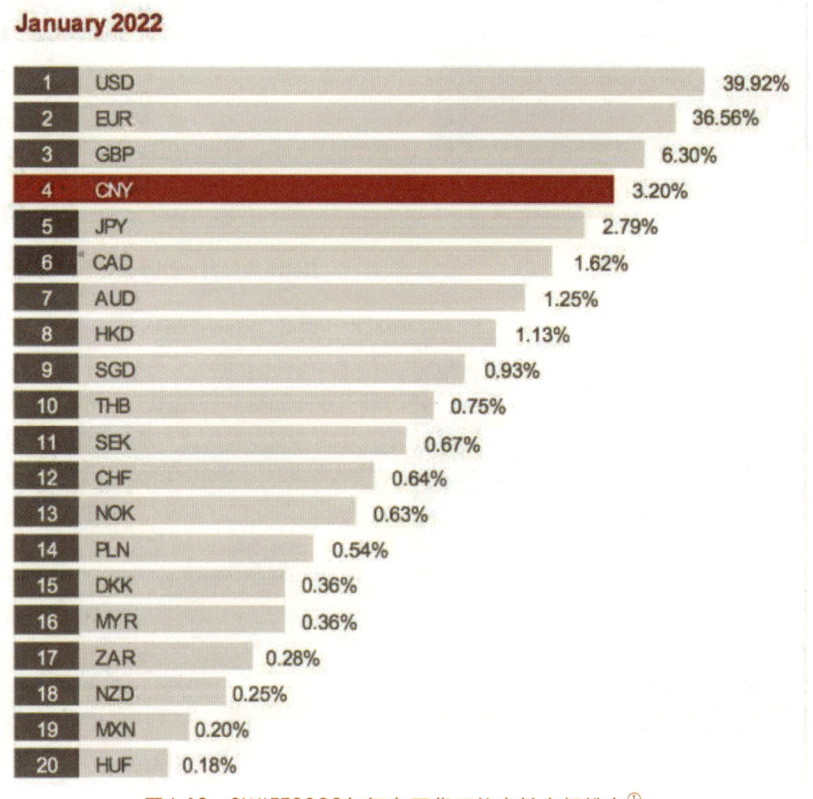

图6-19 SWIFT2022年初主要货币的支付金额排名[①]

[①] 摸着石头过河，还是顺杆儿往上爬？：中国对东南亚的货币方略[EB/OL].（2022-03-07）[2024-08-24] https://www.thepaper.cn/newsDetail_forward_16995017

3.形式美观

在功能清晰、表意准确的基础之上,记者依然要考虑图表的美观问题。视觉化作品的美有非常多的风格,简洁的、繁杂的、明快的、沉郁的、不一而足。但美观应为传播的有效性服务。大体上,图表风格首先要与整篇新闻报道的叙事主题保持基调上的一致,如严肃主题用色不宜过于清新;其次,对新闻报道而言,视觉化作品的风格宜简不宜繁,它的美应该是秩序化的,因为过于繁杂绚丽的图形往往会影响对叙事内容的真实表达;最后,在一篇新闻报道中,常常不只用到一个视觉化图表,记者要注意保持整篇作品大到总体风格,小到字体、字号、标题、图例等细节上的统一。

思考题:

1. 认知一个图像的三部曲是什么?
2. 数据视觉化的基本变量有哪些?
3. 视觉新闻报道和动漫式新闻报道是如何完成新闻叙事的?

第七讲
视觉语言修辞与数据新闻报道

视觉语言修辞的目的在于通过更为精确、鲜明且生动有力的表达，提升受众的关注度，进而深刻影响他们的认知与情感。"修辞"（Rhetoric）这个词的起源可追溯至古希腊的说服艺术，它与语法和逻辑并列，属于话语技巧的一种，也是传播学的重要学理渊源之一。亚里士多德曾将修辞视为一种能适应不同情境的劝说艺术，它的目的性强烈，旨在通过恰当的言辞和表达方式传递信息、说服听众或激发行动。在这一过程中，对适当修辞策略的选择和运用，成为沟通成功与否的关键因素。法国的符号学大师罗兰·巴特（Roland Barthes）和雅克·杜朗（Jacques Durand）等学者的开创性工作，将修辞学研究从文字语言拓展到视觉领域。视觉语言修辞（Visual Rhetoric）的兴起，为我们理解视觉元素在沟通中的作用提供了新的视角，揭示了形状、布局、色彩、版面设计、基本特征、结构等视觉元素在传递信息和影响受众方面的重要性。

第一节 图表中的视觉语言修辞元素

一、线条与时间

按时间顺序叙事是一种主要的叙事方法，时间线索能为新闻叙事提供框架，所以，在新闻叙事中，时间不仅是新闻要素，也是最重要的变量之一，按照时间线索开展对新闻事件的讲述，也是新闻叙事中最常用的叙事结构。

此外，时间框架能展示新闻事件各要素之间的关系，按照时间线索排列各新闻要素；能呈现数据在时间维度中的演变，帮助受众推导新闻事件的发展趋势。因此，在数据视觉化的表达中,时间能够为我们提供一种结构化的维度,帮助我们构建稳定且直观的框架,使受众能更好地建立事件间的联系。

从叙事角度来说,大部分的新闻叙事其实都是基于事件发生和发展的时间顺序来讲述的。当事件的时间跨度较长,或事件众多、数据繁杂时,传统的新闻文本式叙述就有可能显得过于冗余。如果将众多事件视作数据,记者就可以使用专门的软件将其制作成基于时间线的可交互的动态作品,从而在有限的空间中展示时间跨度较大的、密集的新闻故事。如图7-1中,横轴表示时间,受众可以在坐标轴上点击查看历史事件,不同事件在人类历史上的时间坐标也一目了然。

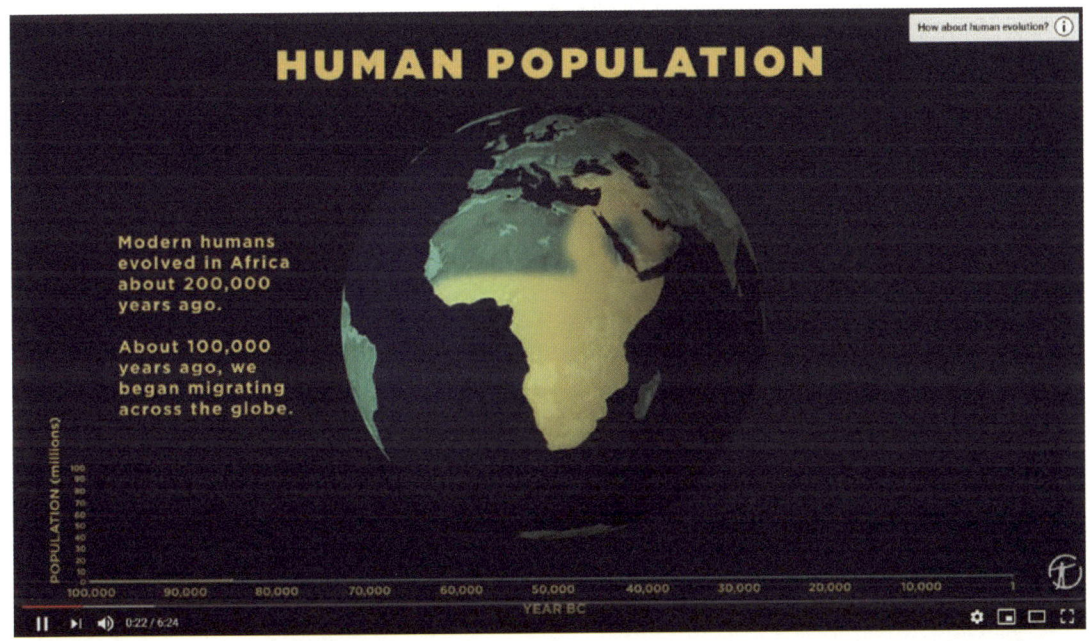

图7-1 公元后的人口增长图[①]

线条是我们在数据视觉化过程中最常用的表达元素之一,其流畅且持续的特性与时间单向流动、没有尽头的本质属性相得益彰,因此天然具有表述时间的独特优势。在增加叙事的结构化表达之外,时间线还可以在视觉心理学上操纵受众对时间的感知。在时间轴上,离"现在"这个原点较远的事件,通常被认为具有遥远的距离感,而离原点相对较近的事件,会让受众觉得这是刚发生不久的事情。心理学家认为,发生时间越久的事件,对受众的影响力通常也会越小。

(一)典型的时间线

二维空间中的典型时间线能以图示的方式通过活动列表、坐标轴和时间刻度,形象地表示任何特定内容的活动顺序与持续时间,是最简单明了的时间线条。

---

① 详情参见: https://www.youtube.com/watch?v=PUwmA3Q0_OE。

适合需要重点展示事件发生的顺序、时间间隔的视觉化数据（见图7–2）。

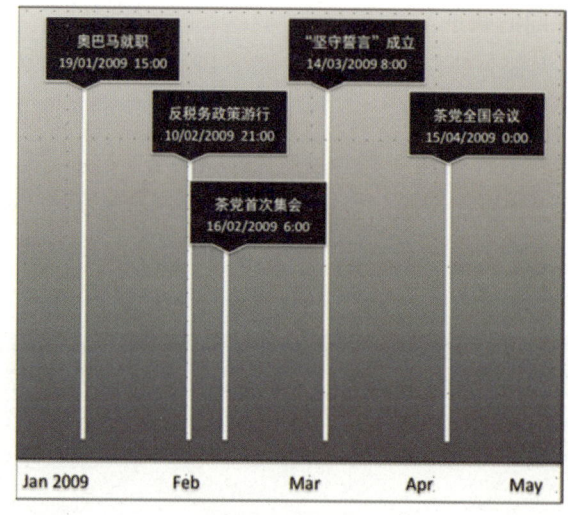

图7-2 典型时间线

（二）列表式时间线

cím	dátum	anyag	méret	egyéb	tulajdonos	leltári	bizt
Első kiáltvány (fehérvári megnyitó)	1990	videó		monitor	HSZ		
Második kiáltvány	1989	print	nagy	ugyanez angolul külön	HSZ		
Isenheimi oltár	1987	vas, műanyag, fa, reflektor	kb. 230 x 200 x 265 cm	"függesztett szobor és árnyékkép Matthias Grünewald nyomán"	Újlak Collection		
Berlini képek	1989	papír, akvarell, tus, filc	29,7 x 42 cm/db 12db, 50 x 70 cm/db 30-40 db	némelyik egyedi keretben	HSZ		
A oltár	1989	fa, vas	550 x 260 cm		Újlak Collection		
Párbaj	1989	videó		projektor			
Utolsó vacsora asztala	1989	vászon, tus, vízfesték, filc	120 x 700 cm	rekonstrukció			
Bűnbánó Magdolna	1991				Újlak Collection		
Döbling	1988	gumi, üveg, akril, gipsz stb.	kb. 200 x 400 x 650 cm	részleges rekonstrukció: "Döbling című munkájukban (1989) az Ernst Múzeum kiállítótermek egy részét elmegyógyintézetként installálták."	HSZ		
Közművelődési koncepció	1990	fotogram	90 x 66 cm		Újlak Collection		
Medve mappa	1991	papír, fa, vetítés		mappa vitrinben tárgyként, oldalak befotózva monitoron	Medve András		
Köszönjük Szentendre	1991	videó		monitor	HSZ		
Gazdálkodj okosan	1989	tempera, kréta, ceruza, textil, kollázs, fa, farost, papír, karton, fém; macskakő, műanyag szatyor	változó méret		Ludwig		
FEFA	1990	fa, vas, textil			HSZ		
Répás kép	1991	olaj, farost, fakeret (cca. 125 x 175 cm)		ez a kép már ideiglenesen a LuMuban állomásozik	HSZ		
Spragneni zastepcy	1989	vas, drótok, csontok, fotó		részleges rekonstrukció	HSZ		
365 lapos aktnaptár	1987	papír, vegyes technika	21 x 29,7 cm/db, 365 db	kb. 60 db. lesz kiállítva	Újlak Collection		
Litográfiák	1990	litográfia, papír	50 x 70 cm/db, 5-10db				
Papírképek	1988	újságpapír, csomagolópapír, tapéta, tus	kb. 30-50 db, változó méret		Újlak Collection, HSZ		
Fehérvári plakát	1990	litográfia	50 x 70	ÚC, de a HSZ-nek is van			
Virrasztás	1990	fotónagyítások	A2 vagy A1				
Inspiráció	1990	nagyítás + videó	A3, vagy nagyobb, monitor		HSZ		
Strand (hóélvező akció)	1989	hőmérő, matracok, papírképek, tükrök, irányított reflektorok		részleges rekonstrukció	HSZ		
Farbe übertrag	1989	eredeti képeslap keretben		berlini fal	HSZ		
A Hejettes Szomjazók szenvedélyes élete (tvfilm)	1990	nagyítások	A3 vagy nagyobb	újságoldalak, forgatókönyv, fotók nagyításai	HSZ		
Küzdelem	1990	fotónagyítás, molinó			HSZ		
Hommage à Hrabal	1990	fotónagyítások, 3-4 db	A3		HSZ		
Molnok	1991	olaj, vászon	kb 50 x 70 darabonként		HSZ		
Hétfejű	1991	olaj, farost, (cca. 70 x 100 cm)			HSZ		
Mi	1989		kb 150 x 100 cm/db	portré egyesével a művészekről (július 6-án érkeznek)	Rolland		
	1944 - 1965			portré egyesével a művészekről			
HSZ videóklippek	1992	videó		projektor	HSZ		
Búcsúplakát	1992	óriásplakát falon vagy hordozón	kb 504 x 238cm	rekonstrukció: annó xeroxszal volt nagyítva	HSZ		
Grafikonok				elhintve a termekben	HSZ		

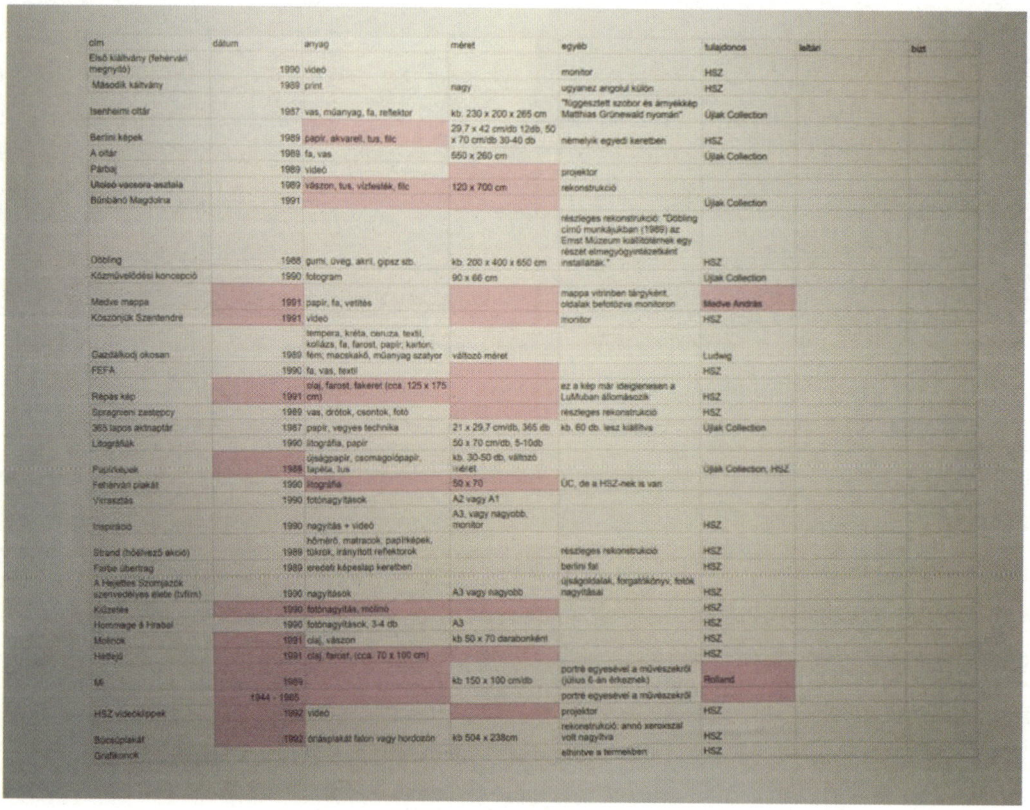

图7-3 常见于艺术馆墙上的列表式时间线[①]

① 注：编者摄于布达佩斯路德维希当代艺术博物馆（Ludwig Museum of Contemporary Art），2017年8月9日。

列表式时间线,最简单明快,易于创作。通常,基于文本的时间轴垂直排列,供受众从上到下读取。随着移动端的普及,基于时间的事件列表和缩略图已成为一种常用的方法。在二维空间中,列表式时间线需要根据事件的多少平铺开来,占用的版面空间较大。在三维空间中,列表式时间线常被用于博物馆、艺术馆中(见图7-3),基本需要一整面墙;而在电子设备上,可以利用其交互功能,让受众通过点击标题或图形等操作来访问更详细的第二层甚至第三层信息。

适合展示所需版面空间较大,内容不复杂的信息。

(三)甘特时间线

甘特图,以其提出者亨利·劳伦斯·甘特(Henry Laurence Gantt)先生的名字命名,又被称为横道图、条状图。它是一种线条图,横轴代表时间,纵轴代表项目,其中的线条详细描绘了在整个时间段内,项目计划和项目实际的完成情况。

甘特图能够直观地展现项目各要素与时间进度的关系,一目了然。甘特图不仅常常出现在Excel项目计划里,也在影音剪辑软件等界面上颇为常见(见图7-4)。甘特图最早是一种生产管理工具,可以帮助生产者管理生产进度、调配生产资源、进行产品品质控制。由于生产上的多事件、多层面的要求,所以甘特图的原始设计是在可呈现的轴线上留有空间,以便叠加展示在同一个项目中进行的多层面事件。

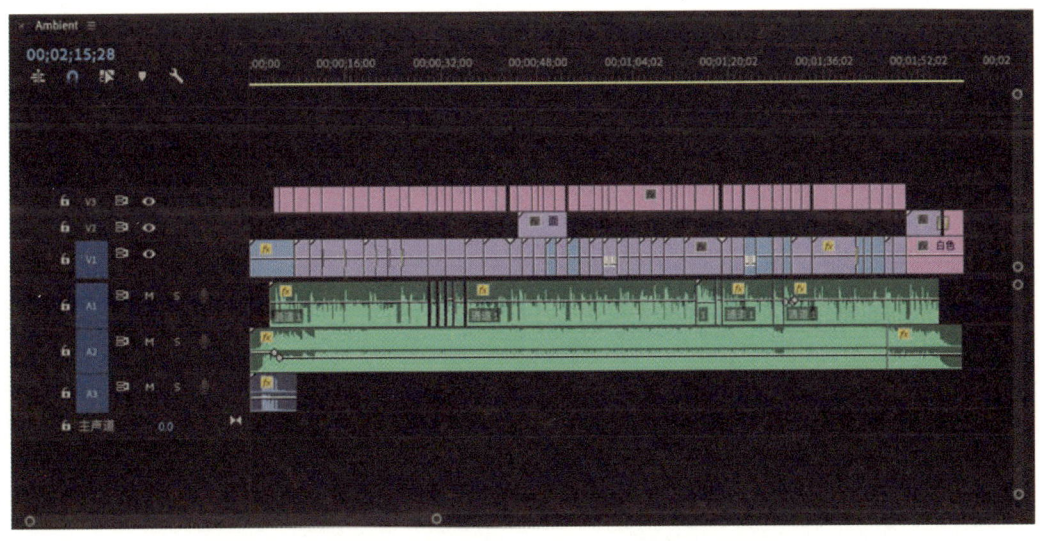

图7-4 影音剪辑中的甘特界面(可以同时编辑管理时间线和项目)

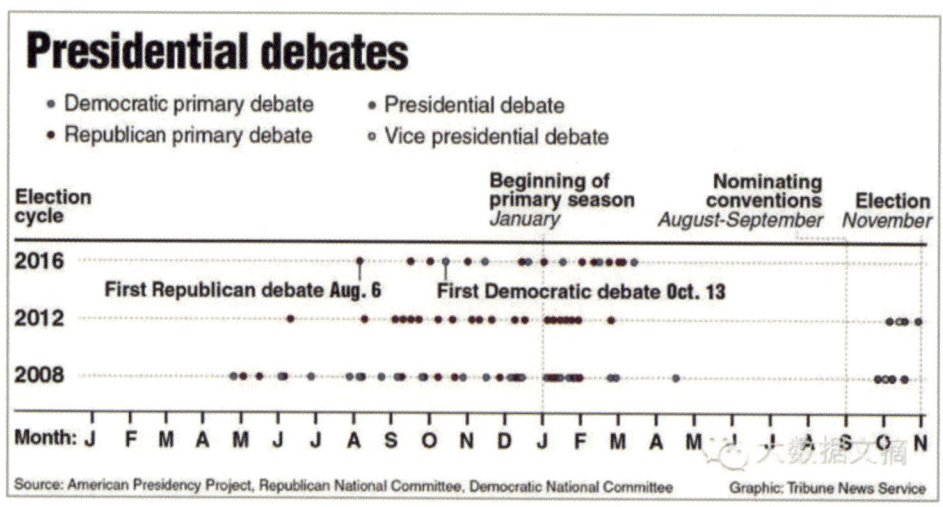

图7-5 美国总统选举的辩论情况①

在"美国总统选举的辩论情况"这张时间线图中（见图7-5），图形设计师描绘了大选的多重时间表：左侧有选举年份，上方有辩论日程，下方有每个阶段的议题，并有简单的图标说明（该图视觉化元素中的美中不足之处是图标用的是小圆点，在色彩上和形状上都没有鲜明的区分，对读者来说，看起来非常费眼睛）。

下图是《纽约时报》在2012年奥运会期间推出的采用数据时间线的信息可视化页面。记者选取第一届现代奥运会到2012年奥运会的选手们的成绩，根据不同比赛项目设置背景，以人物作为描点，生动形象地展示了历届奥运会竞技项目成绩的变化趋势，也展示了比赛纪录不断被刷新的过程。图7-6是典型的以甘特图为原型，在交互技术的加持下制作的复杂变化图。

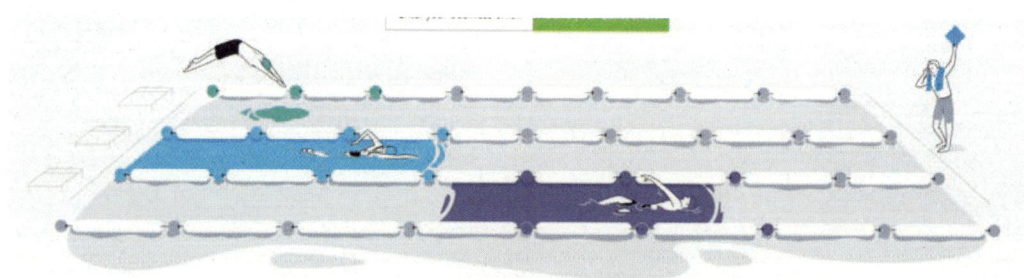

图7-6 历届奥运会游泳成绩变化②

图7-7是《美国复苏与再投资法案（ARRA）状态报告》（2019年7月版）中的CHSRA建设进度表，它虽然不是一个标准的甘特图，但仍然有效地展示了各个项目中计划进度、现有进度和各风险要素之间的时间关联。这种图适用于多项目、时间有交叠的新闻事件。记者要

---

① 7种方式玩转信息可视化中的时间线设计[EB/OL].（2015-08-26）[2024-08-24]. https://www.woshipm.com/ucd/194970.html.
② QUEALY K, ROBERTS G. All the medalists: men's 100-meter freestyle[DS/OL].（2012-08-01）[2023-11-19]. https: //archive.nytimes.com/www.nytimes.com/interactive/2012/08/01/sports/olympics/racing-against-history.html.

注意在以一定的面积表示进度时，如果有多任务叠加的情况，需要在颜色上有区别，表示时间点时，也可以用对比强烈的颜色、差异较大的形状来作明显的区分。

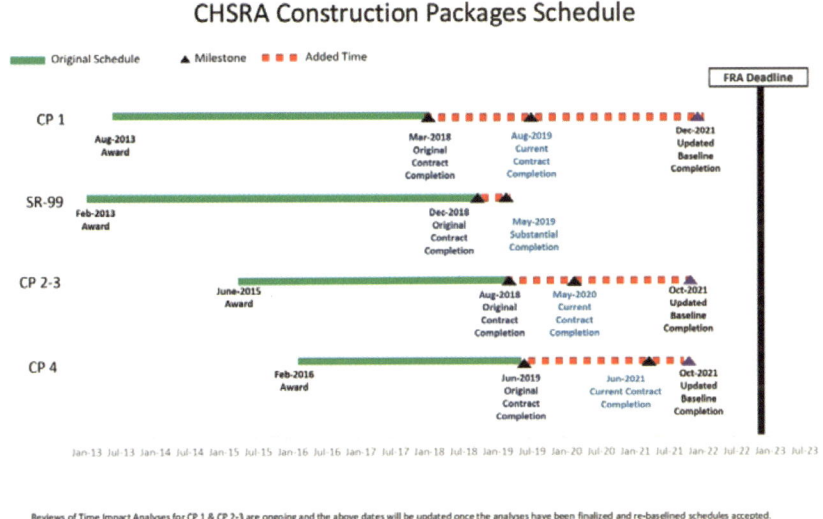

图7-7 《美国复苏与再投资法案（ARRA）状态报告》（2019年7月版）中的CHSRA建设进度表[①]

（四）棋盘时间线（"游戏板时间线"）

棋盘时间线与早年间盛行的"大富翁"等棋盘游戏相似（见图7-8），和"大富翁"游戏一样具有超高辨识度。棋盘时间线以色彩鲜明，浅显易懂、生动活泼的风格，受到图形设计师和受众的欢迎。在棋盘时间线上，事件被放置在"路"上，用来提供详细说明或补充信息的是"路标"，时间轴上和旁边的空白处都可以设计丰富的元素来提高视觉化呈现的趣味性（见图7-9）。整体上，棋盘时间线使用鲜明的对比性色彩来区分板块和时间段。

适用于制作流程图、进程表、大事件表，能准确展示某一事件的发展历程。

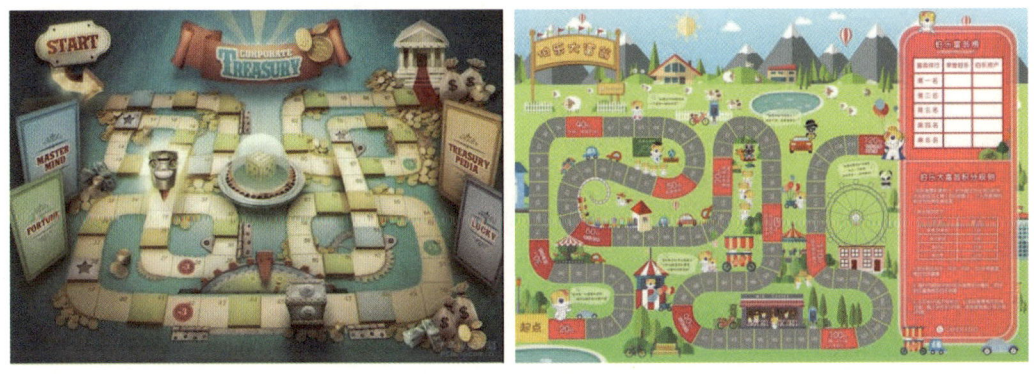

图7-8 棋盘格游戏

---

① Anon. American Recovery and Reinvestment Act (ARRA) Status Report[R]. Sacramento:California High-Speed Rail Authority, 2019：4.

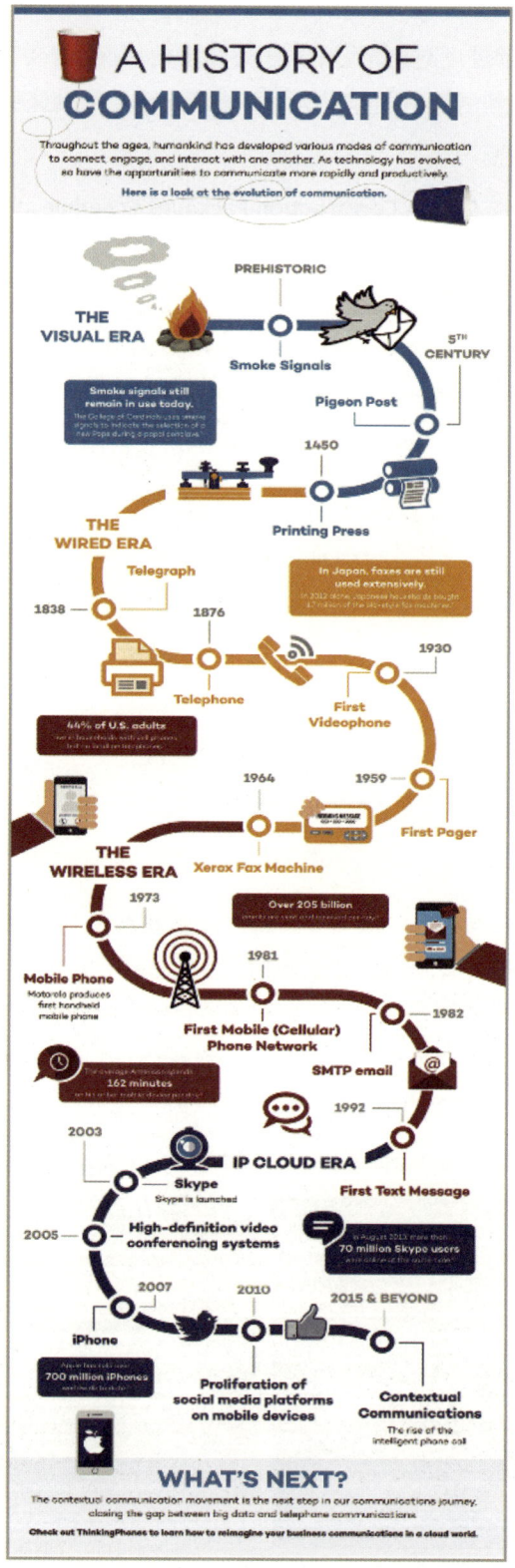

图7-9 以棋盘格时间线制作的"传播的历史"[1]

① A History of Communication Infographic[EB/OL].（2015-11-09）[2024-08-24]. https://elearninginfographics.com/history-communication-infographic/.

（五）三维螺旋时间线

三维螺旋时间线在形式上来源于世界上最古老的神话符号之一：衔尾蛇。符号中的蛇形或龙形生物，经常出现于美洲及其他地区的古老神话之中。因此，三维螺旋时间线的形式在文化上具有很高的辨识度，也天然具有能表达无穷无尽的时间的意涵。三维螺旋时间线在空间上具有三维立体的透视效果，能够更理想地刻画时间周期中其他要素的变化，图形的横剖面也可以承载信息。在图7-10和图7-11这两个例子中，三维螺旋时间线中的插图展示了地质、生物的演化，让整个历史周期显得更为奇妙。在农业、工业产品制造中也可以通过三维建模更好地展示生物科技、产品流程等不易观察的内容。

图7-10　地球生物演化图[①]

图7-11　地球地质演化图[②]

---

① Prehistoric·Dinosaurs·Evolution[EB/OL].（2024-01-01）[2024-08-24]. https://www.sjcillustration.com/sjcillustration.com/gallery-prehistoric-life-dinosaurs-evolution-pre-human-early-humans-anthropology-natural-history-illustrations.
② Tag Archives: Geologic time scale[EB/OL].（2013-09-26）[2024-08-24]. https://paleoaerie.org/tag/geologic-time-scale/.

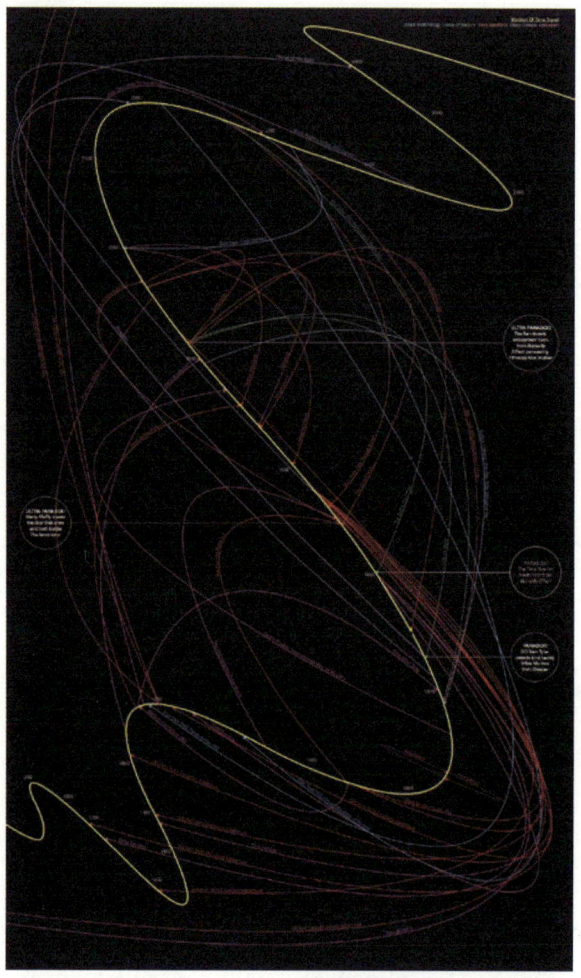

图7-12　timelines: time travel in popular film and tv[1]

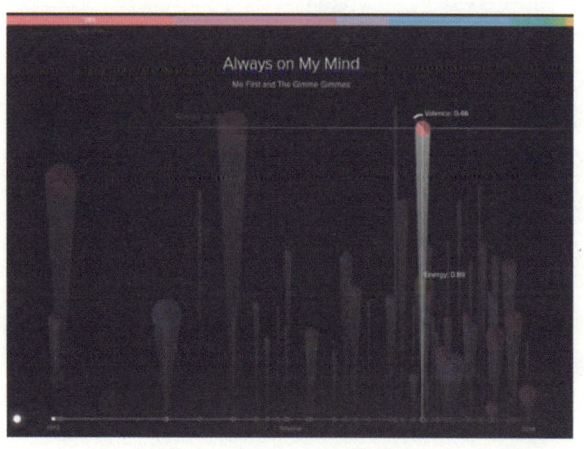

图7-13　Galaxy of Covers[2]

适用于交互式的，可点击的终端设备（因为要显示多类型的细节性的内容）。

（六）混沌时间线

混沌时间线在数据新闻中不常用，多用于科幻场景或科普场景，通常会利用时间是可以被扭曲的这一时间本身的属性，以一种抽象的方式来描绘时间旅行（见图7-12）或天体运行规律（见图7-13）。因为展示的事件时间跨度大，加上其对于关系的展示本身是并不明晰的，所以对其的解读会有一定难度，受众范围小，因此不适用于一般的新闻叙事，仅在一些文艺、科幻主题的软新闻中出现，且一般需要与受众交互才能完成第二层信息的表达。

（七）关系时间线

将时间线与其他展现、解释关系、流程的图表叠加在一起，就能得到一张"关系时间线"。在哲学和艺术史的研究领域中，我们常常可以通过三种方法来判定一位学者属于什么流派：他的风格如何、他推崇或跟随过谁、他处于什么时代。在图7-14这张展示了西方文化史的时间线图里，左侧标示了各类流派存在的时间，顺着主图提供的时间框架，受众可以点击查看各流派之间的冲突和融合。

---

[1] information is beautiful.timeslines: time travel in popular film and tv[EB/OL]. (2024-04-07) [2024-04-09]. https://informationisbeautiful.net/visualizations/timelines-time-travel-in-popular-film-and-tv/

[2] Galaxy of Covers[EB/OL]. (2023-11-18) [2023-11-19]. https: //galaxy-of-covers.interactivethings.io/.

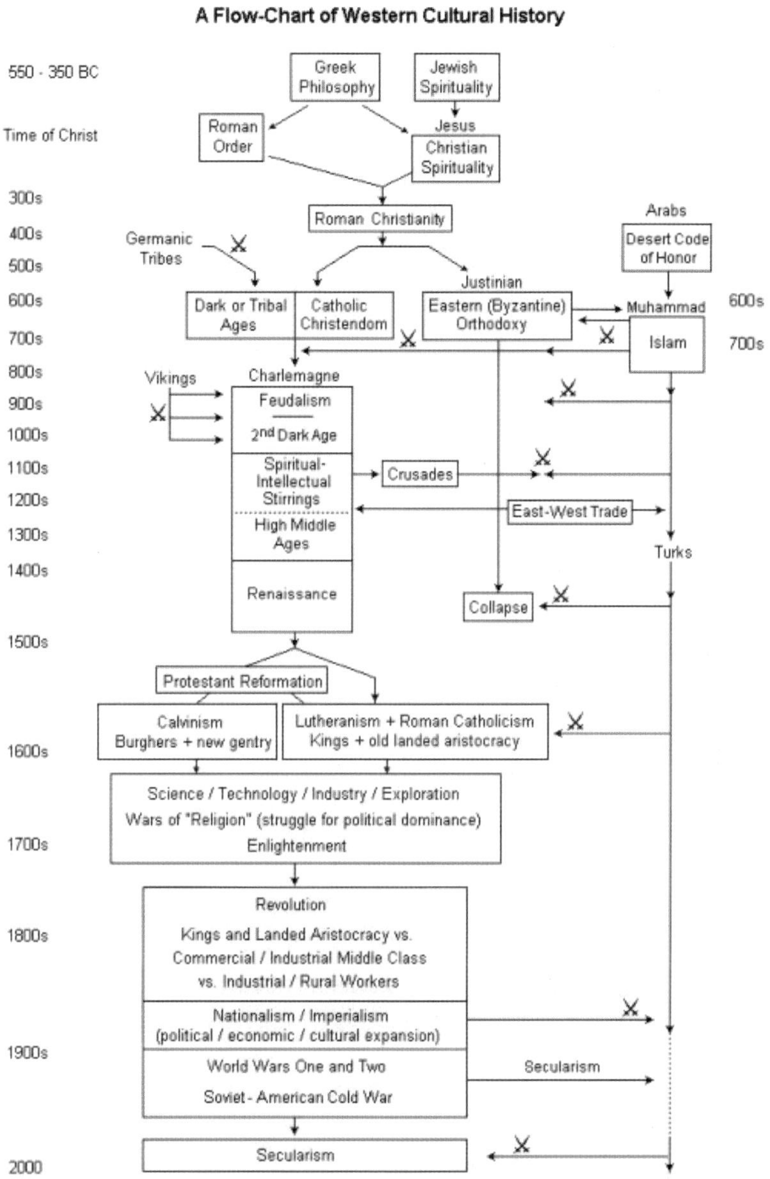

图7-14 西方文化发展史

目前，记者们越来越多地将多个关系时间线搭配起来并交互使用，在电脑端和移动端数据新闻页面上均有过出色的实践。比如这张披头士乐队的数据图，以时间为横轴，在纵向上展开对披头士乐队成员、歌词、内容风格等的分析（见图7-15）。用户在与之交互时，把鼠标放在任何一个点上，纵向上同一系列从上到下的所有信息就会高亮展示，其他信息则会黯淡下来。

适用于展示各信息要素之间的冲突和联系。

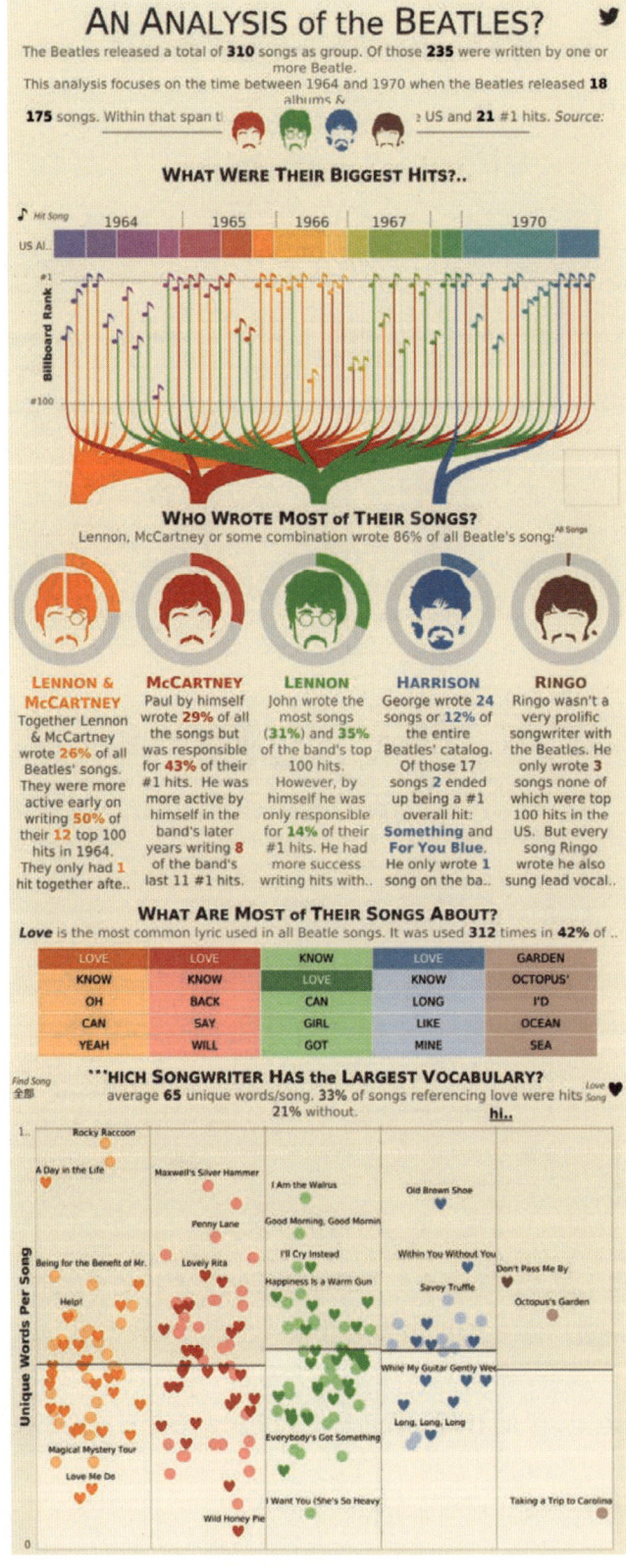

图7-15 对披头士的分析[①]

① the beatles: dueling data[EB/OL]. (2016-01-26) [2023-11-20]. http://duelingdata.blogspot.com/2016/01/the-beatles.html.

（八）交互式时间线

与大部分时间线不同，交互式时间线并不会描绘一个完整庞大的时间路径。相反，交互式时间线只是将各个时间节点的信息整合打包，卡片式地将这些信息布局在一个最简单的横向或纵向时间线上。图中甚至根本不会出现标记时间的元素，而是通过展示"流程""过程""程序"等线性元素来体现新闻故事、信息等在时间维度上的重要特征和关联。如图7-16（通往白宫的512条道路），展示了2012年美国大选期间，奥巴马和罗姆尼的可能获选路径。

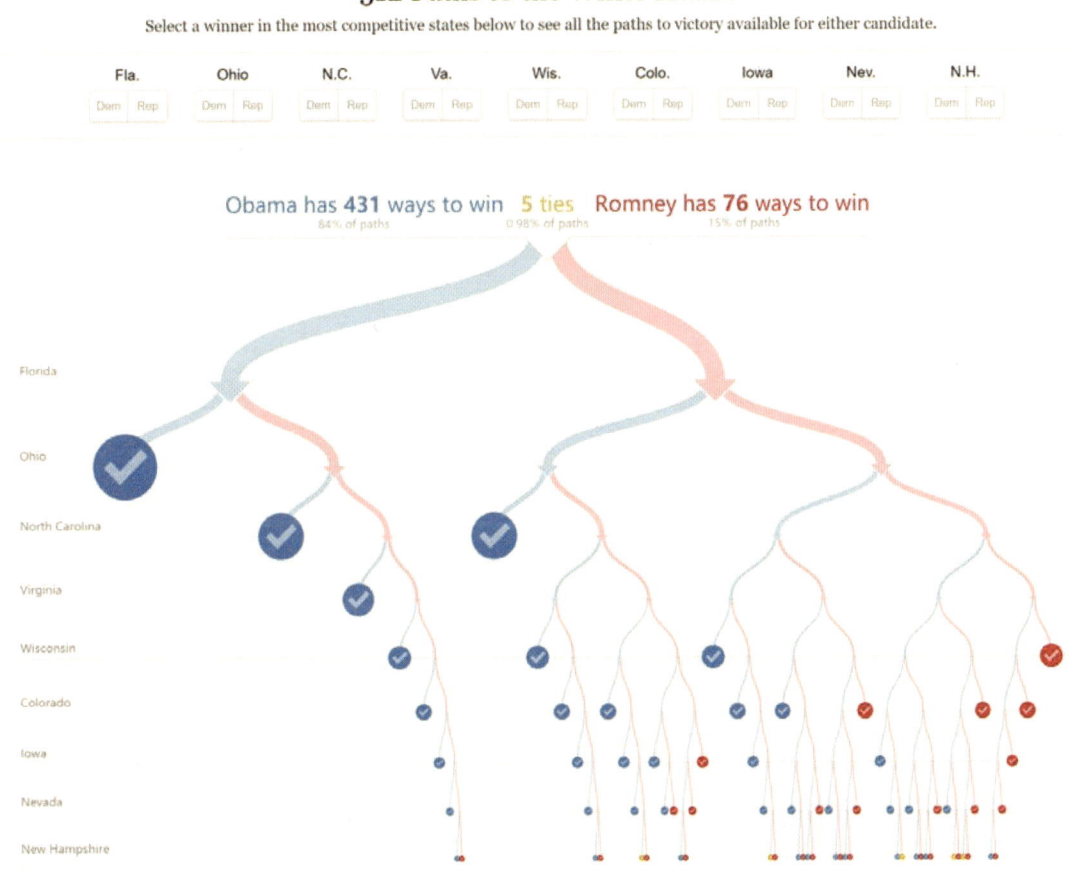

图7-16　512 Paths to the White House[①]

---

①　BOSTOCK M, CARTER S. 512 Paths to the white house[EB/OL].（2012-11-02）[2023-11-20]. https://archive.nytimes.com/www.nytimes.com/interactive/2012/11/02/us/politics/paths-to-the-white-house.html?utm_campaign=Feed%253A+NerdcoreRSS2+%2528Nerdcore%2529&utm_medium=feed&utm_source=feedburner.

（九）复杂事件时间线

复杂事件时间线到底是有助于受众理解信息还是会阻碍传播，取决于信息是否能够按照逻辑进行聚焦。复杂事件时间线提供了一个框架，用于集成其他类型的抽象图形，例如下面的趋势图（见图7-17）。格式的混合使设计人员可以向时间轴添加相关信息的新维度，尽管读者需要更长的时间来区分图形类型。在时间轴上添加插图或图标可能帮助或阻碍交流，具体取决于这些视觉元素是增加了信息的清晰度还是分散了观众的注意力。

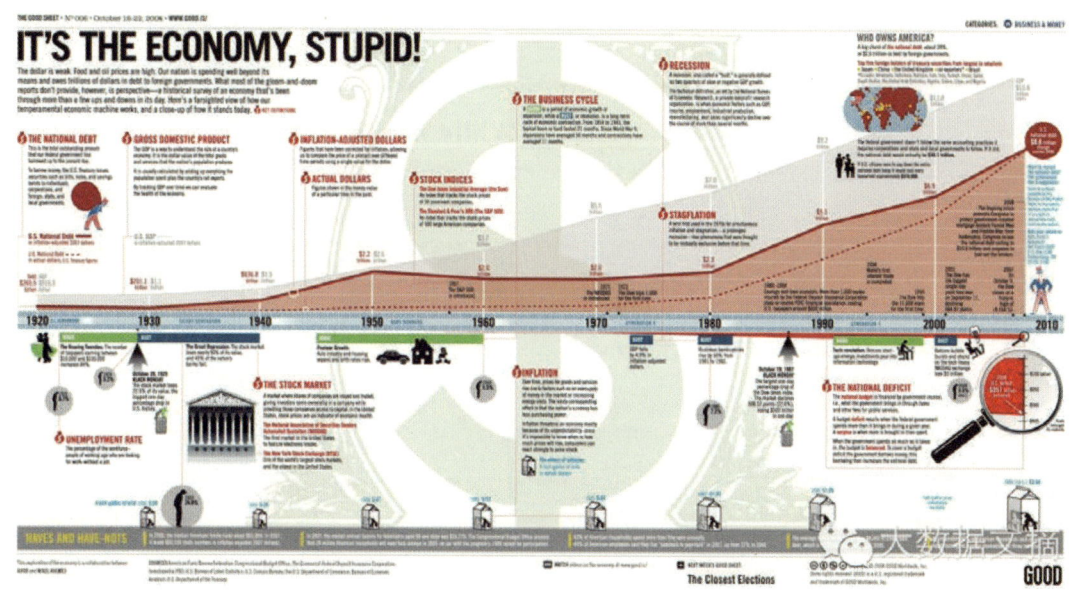

图7-17　ITS THE ECONOMY, STUPID! [1]

图7-17就在1920至2010年这长达90年的时间线上，梳理了美国经济情况的起落和市场运行机制。它以时间为横轴，在经济发展的曲线上，将影响宏观经济运行的重要事件、重要因素依次排开，在重要的转折点附以文字，解释其成因和影响。整张图宏观解释了美国经济在90年间的发展和现状，信息量庞大。

适用于展示社会、技术、经济和政治领域主要趋势和事件的时间表。

（十）大数据时间线

大数据时间线很像词云图或具有交互功能的泡泡图，视觉元素的颜色和大小表示程度、范围、容量，在横轴或者纵轴上以时间线为框架，能使整个图形具有秩序化、结构化的特征。如图7-18记录了2004年以来的大型数据泄露和黑客攻击事件，时间线上平均分布的时间段标记使数据泄露和黑客攻击的强度和密度一目了然，受众可以一眼就从宏观上掌握相关事件的整体情况，再通过点击泡泡来获取具体的细节信息。

---

[1] Economic Changes in the 1900's[EB/OL]. (2024-08-01)[2024-08-24]. https://apushmorg20th.weebly.com/economic-change.html.

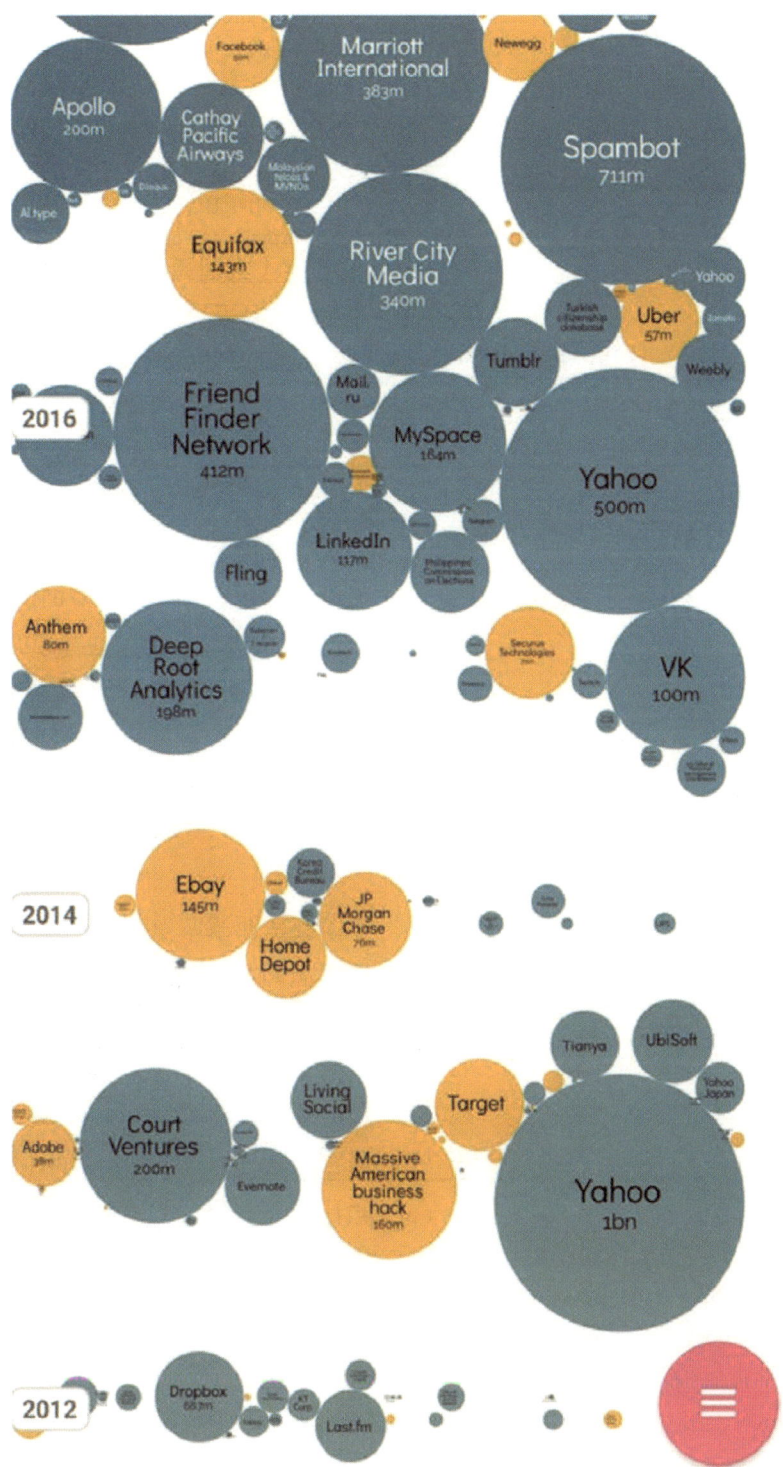

图7-18 World's Biggest Data Breaches & Hacks[①]

---

① Information is beautiful. world's biggest data breaches & hacks[EB/OL].(2024-04-04)[2024-04-09]. https://www.informationisbeautiful.net/visualizations/worlds-biggest-data-breaches-hack.

(十一)块状时间图

块状时间图就是在块状图(矩形树图)的基础上叠加时间线,这就需要将块状图制作为可交互的动态图,实现事件随时间移动变化的视觉效果。例如,本书第一讲曾经讲到的《华盛顿邮报》定期绘制的美国总统日程图(见图7-19),图表的最上方,是时间线和图表表达的起止时间范围,读者可以根据需要滑动时间轴滑块,来查看总统在17个议题上的活动量。

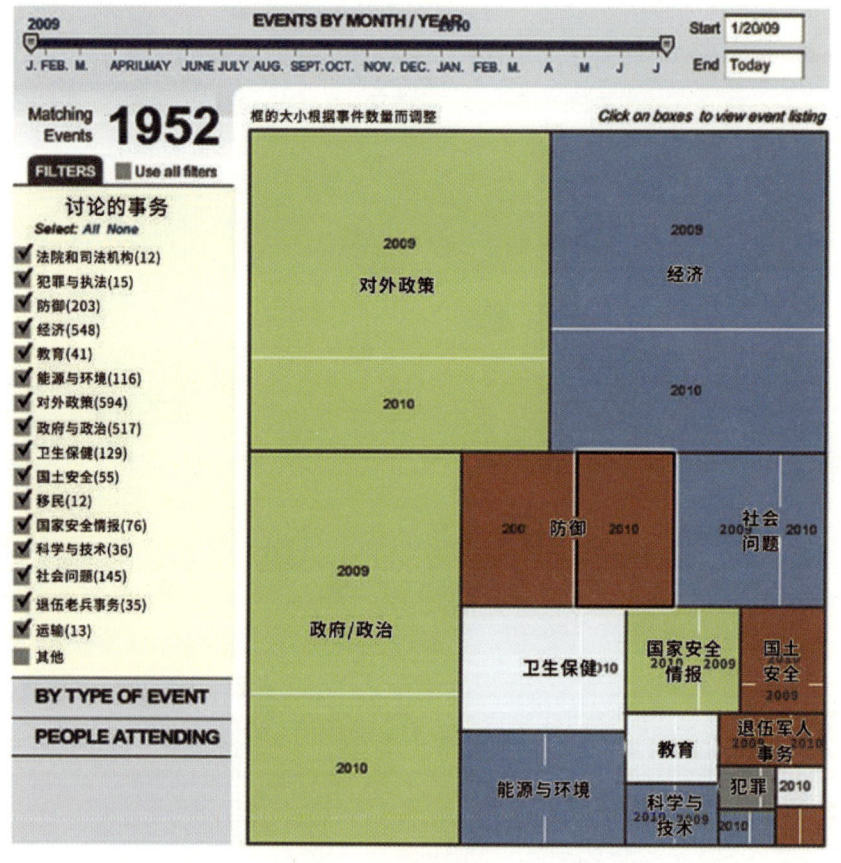

图7-19　美国总统日程图

我们阐述了"时间"这一新闻要素和以时间为框架展开新闻叙事的叙事结构在图表呈现中的常用方式,借助当前无限丰富的制图手段和交互方式,以时间来建构图表叙事的框架可以有无数种可能,但须注意以下四个方面:

(1)描述时间的轨迹或路径(以何种方式呈现时间线,其发展轨迹如何,如何体现时间的变化);

(2)点或段的定义(时间线上排布哪些要素,某一个固定的时间节点如何展开);

(3)文本或图形的定义(文本和图形所放置的位置,是否需要呈现某种变化关系);

(4)标签和调用的定义(植入补充说明的标签时需要调用哪些图文来增强阐释效果)。

二、圆圈与体量、比例和维度

除了线条以外，泡泡和圆圈是图表中另外两种常用的视觉语言修辞元素。在上一讲中，我们学习了圆点的面积大小常与数量表达相关联，现在，我们来学习基础的圆形在图表中的修辞应用。

（一）泡泡图

泡泡图结合了使用面积来表达数量、使用坐标轴来表达时间、个别时候也会使用文氏图的逻辑概念来表达各个泡泡之间的联系等数据视觉化的常用手法。

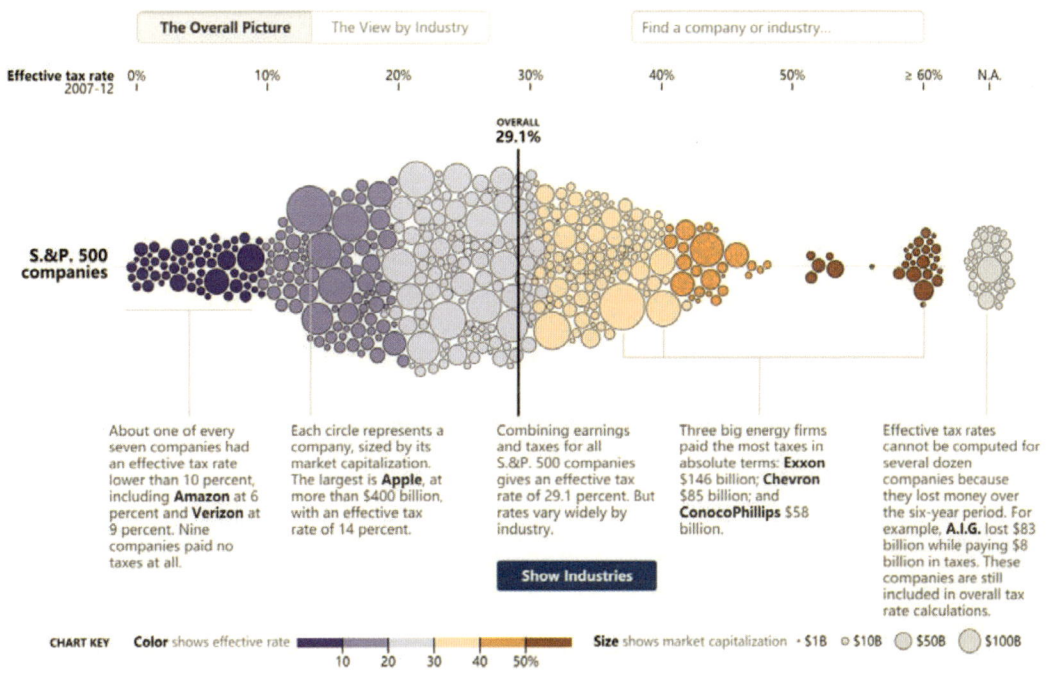

图7-20　美国企业的税率差异[①]

图7-20展示了500家美国企业的缴税差异。泡泡的颜色代表了不同数值的税率情况，泡泡的大小代表了缴税的绝对金额，横轴代表了税率。因此，泡泡的位置代表了税率的分布情况。

---

① Across U.S. companies, tax rates vary greatly[EB/OL].（2013-05-25）[2023-11-20]. https：//archive.nytimes.com/www.nytimes.com/interactive/2013/05/25/sunday-review/corporate-taxes.html.

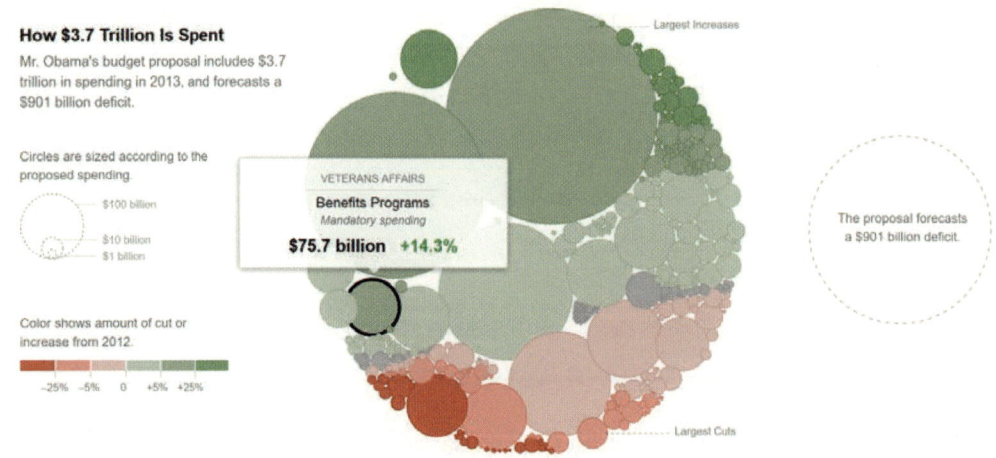

图7-21　削减奥巴马预算提案的方法①

图7-21几乎使用了和图7-20相同的策略,用颜色表示不同的比例数值、用泡泡大小表示绝对金额。受众将鼠标放在相应的泡泡上,就可以看到具体的支出项目、详细金额和预算增长或被削减的比例。

(二)饼图

饼图可以算作图表中最常用的圆形图案了。它的特长是在总量为1(100%)的情况下,让人们一目了然各部分的占比。饼图的绘制有"数学派"和"钟表派"两种方式。

"数学派"将饼图分为360°,其中零度起点位于"正东方",按逆时针方向绘制:

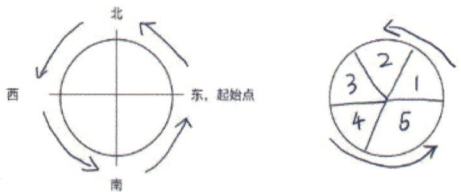

图7-22　"数学派"饼图绘制方法

"钟表派"则将饼图视作表盘,起点在12点所在位置,按顺时针方向绘制:

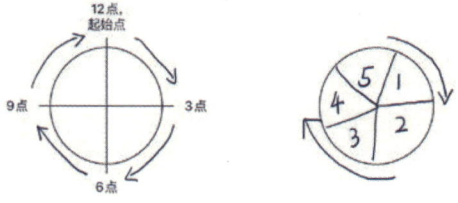

图7-23　"钟表派"饼图绘制方法

---

① CARTER S. Four ways to slice obama's 2013 budget proposal[EB/OL].(2012-02-12)[2023-11-20]. https://archive.nytimes.com/www.nytimes.com/interactive/2012/02/13/us/politics/2013-budget-proposal-graphic.html.

在数据视觉化辅助新闻叙事时,饼图的分块、哪怕是极小的分块都能突出叙事的重点。基于视觉心理学的原理,饼图右侧的分块最为重要,尤其是位于钟表派的三点位置或数学派的零度起点的那一块饼图最能吸引人,因此,它应该被用来呈现新闻报道中最重要的叙事元素。在3D饼图中,则是边缘更厚的分块会显得更重要。基于饼图的特点,使用饼图时,应注意:

(1)避免一张图中同时出现"双饼"(以免混淆信息);
(2)最好不要在饼图中用数字代替比例;
(3)饼图中不宜出现过多的标识;
(4)善用"其他"分块。

(三)雷达图

基础的雷达图由多个轴向外辐射,网格分布通常类似"同心圆",每条网格线与中心的距离是成比增加的,数据由轴和辐条表示。雷达图的结构强化了人们对于数据解释的直觉判断,越规则的图形代表数据的指标表现越平衡、对称,数据越容易被解读,但是,这并不代表数据指向的事物越"好"。对受众而言,理解雷达图的困难之处就在于,它的图形规则决定了它只能表示各维度指标是否平衡,只能呈现相对的"好坏"。因此,制作雷达图时应注意:

(1)在数据处理上,雷达图各轴线指标的评分标准要一致;
(2)各指标所代表的数据在评价事物中的比重应当是均衡的,否则图形就会表达与实际不相符的意涵。

比如在对不同车型的评估中,汽车各性能指标在车型评价时所占的比重并不一样,在评估注重操控性与速度的跑车和注重舒适性的轿车时,应注重的指标自然也是不一样的。在图7-24的雷达图中,代表某跑车和某轿车的雷达图都不是对称、平衡的理想雷达图,受众也并不能就此判断跑车或轿车好不好,只能从图中读出它们的特点不同。

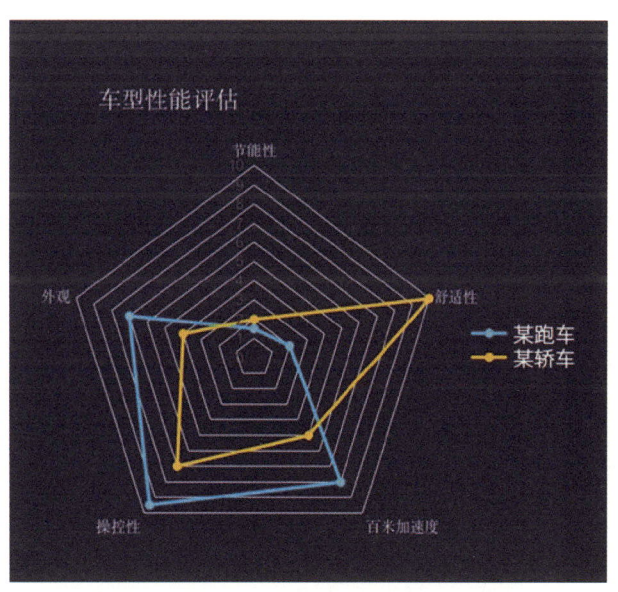

图7-24 某跑车和某轿车的性能对比示意图

三、信息图中的字体

在以图形为主的视觉化语言修辞中,文字元素也拥有很重要的地位。一方面,文字是新闻报道中主要的信息传递元素,另一方面,文字也是信息图的一部分,发挥着解释、说明、标记等的作用。文字的字体属性指字体的外观，不同的字体能增强信息图的标识效果，使信息更清晰。改变字体的办法主要有粗体、斜体、加下划线、双下划线、删除线，改变颜色、隐藏、部分大写、全部大写，改变行距，加上标、下标、阴影等。在黑白单色的作品中，粗体和斜体可以代替颜色表示突出和强调。在使用不同字体时应注意以下几点：

（1）该字体是否可以商用；

（2）使用合适的比例间距；

（3）图表标识最好用简单字体，图表标题可以用装饰性字体；

（4）不要在同个图表中混用字体；

（5）英文字母的大小写。

第二节　数据新闻报道中的色彩应用

色彩修辞是视觉语言修辞中特有的内容，一般不用于文学语言修辞中。在文学语言中，我们往往需要使用通感这一修辞手法将描绘色彩的词语转化为心理驱动力，以引发读者的共鸣，而在视觉修辞语言中，色彩元素直接发挥作用，触动受众。在新闻报道中，以往的报纸受黑白单色印刷的限制，其视觉化报道内容如照片、图片、信息图表等几乎都不是彩色的，但摄影记者依然开拓了黑白照片的无穷表现力。时至今日，媒体已经摆脱色彩使用中的技术性限制，色彩作为一种独有的修辞手段，在新闻报道中的呈现也变得越来越精彩。

一、视觉符号颜色的对比和缺失

新闻报道要求信息传播准确、明确，在此基础上，色彩作为一种重要的视觉元素，承载着传达新闻现场的情绪氛围、新闻人物的情感的重要任务，色彩能帮助读者排除干扰，使他们以最短路径获得相应信息和体验。色彩对比是新闻报道中常用的修辞手段之一。通过不同颜色之间的衬托和比较，不仅能加强各个颜色之间的差异，使不同颜色的特征属性更为突出，还能有效引导读者的视觉焦点，增强信息传播效果。

在第六讲中，我们了解到色彩有色相、彩度和明度三个维度。在这三个维度上，色相和彩度的对比更为强烈鲜明，特别是在以互补色相搭配高彩度颜色时，最能刺激人的视觉神经，引起强烈的注意，显著增加图形的可视性。深受图形设计师和记者喜爱的对比色有：红—蓝、黄—红、黄—黑、黄—紫、黄—蓝。

对比的另一种表现方式是缺失，这实际上是在运用明度变化凸显对比。让希望引起读者注意的部分亮起来，让那些暂时不需要被读者注意到的部分暗下来。通过合理运用灰色、降低明度等方式，制图者可以让图形中的某些部分失去色彩，与其他部分形成鲜明的对比衬托关系，起到让重要信息醒目突出的作用。

二、视觉符号颜色的关联性和象征性

颜色来源于光,而万物皆有颜色,这就给视觉化呈现中色彩的运用带来了丰富的关联和象征的可能性。

首先,在物理上,大多数物体的颜色是固定的,因而当某些事物需要通过视觉化手段被在图表上呈现的时候,其本身的色彩就成了制图者首选的颜色或色系,能够起到直接关联和营造意象的作用,如前文提到在茶叶主题的新闻报道中,视觉化部分的主色系用了绿色。

其次,对新闻报道所关涉的非具象的事物,可以使用社会文化中常有的与之相搭配的固定颜色或色系来作象征,参考人们对色彩的认知定势,如中国常与红色、黄色相关;表示欧洲时常用宝蓝色;表示美国时常用红色和蓝色……大体上,用国旗的颜色来指代某一国家是不会出错的;又如,长久以来,人们习惯用粉色来装扮小女孩,用蓝色来装扮小男孩,因此形成了粉、蓝两色的相对化的性别指代关系。即使如今,这种性别指代意向和颜色选择已变得更加丰富和灵活,但在图7-25中,粉色和蓝色仍被用于分别指代女性和男性对家庭的描述,无须图例或文字解释,读者也可以轻易理解它们。

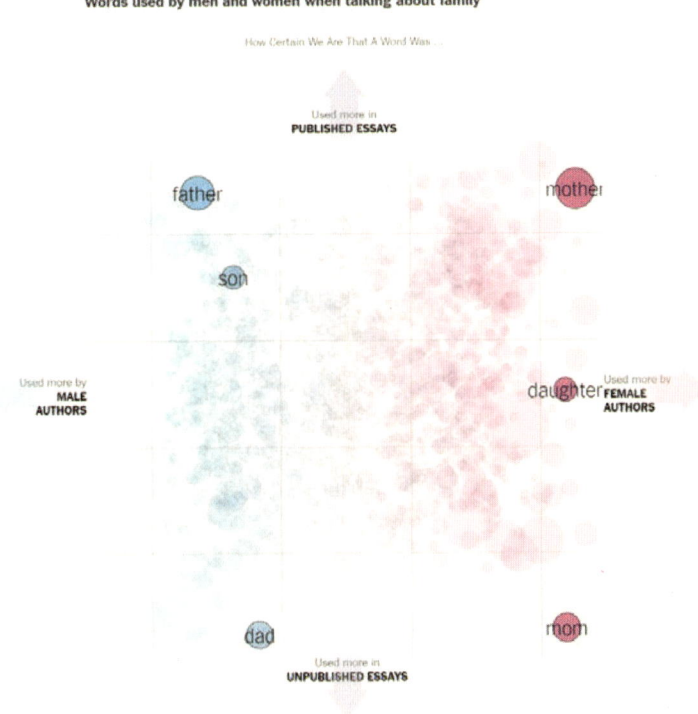

图7-25 男女对家庭的描述[①]

---

① KATZ J, MILLER C C, FLYNN K A. The words men and women use when they write about love[EB/OL]. (2017-11-07)[2023-11-20].https://www.nytimes.com/interactive/2017/11/07/upshot/modern-love-what-we-write-when-we-write-about-love.html.

第三节　数据视觉化的理想标准

一、数据视觉化中的图像创新

在第六讲和第七讲中,我们探讨了多种视觉化元素和修辞手段在新闻报道中的应用。当下丰富的技术手段带给新闻业无比开阔的工作场域,对于记者和图形设计师而言,站在基础图形元素和修辞手段基础上的创新不再是难以实现的。在信息容量上,使用交互式设计可以让图表容纳更多层次和维度的信息;在数据结构上,混搭使用适合表示不同数据之间的逻辑关系的多类型信息图表,因此成为在一张图表中展示多重结构的数据的常用手段。前文提到的时间线中,就可以容纳多层次的信息、叠加多种图形,从而丰富新闻叙事的各层级要素。复杂信息图可以借鉴其他学科的成果,在图形本身上谋求创新,例如螺旋状时间线就借鉴了阿基米德螺线和宇宙的螺旋运动形态,为受众带来了时间意义上的宏大感。

二、数据视觉化的象征与比喻

在有关色彩修辞的讨论中,我们提到视觉符号在色彩上的关联性和象征性,强调在图形制作中应优先考虑使用具象事物本身的色彩;同样在形象上,制作图形时也应当优先考虑抽象化具象事物本身的形象。世界上广泛流行的通用符号,都遵从了这一原则。

图7-26　北京奥运会体育图标[①]

---

① 北京奥运会体育项目图标[EB/OL].（2022—09—21）[2024—08—24]. https://baike.baidu.com/item/北京奥运会体育项目图标/17189900.

例如，2008年北京奥运会发布的体育图标（见图7-26）使用中国传统篆书的风格化元素，对各项运动的特征进行了巧妙的变形和提炼，形成了独特且富有象征意义的体育图标。2022年杭州亚运会更是制作了动态体育图标（见图7-27），取材具体项目竞技的核心运动过程，演绎体育项目的"式"和"意"，生动形象，取得了较好的传播效果。

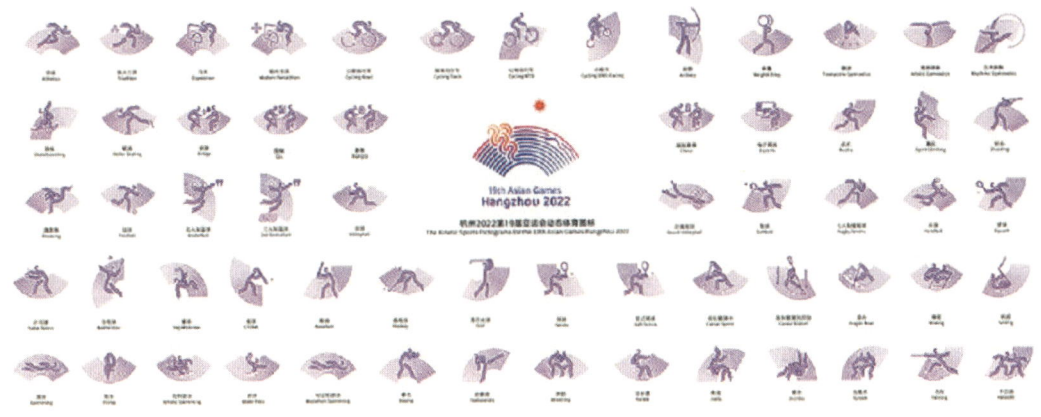

图7-27　杭州2022年第19届亚运会动态体育图标（此图为动态图）[①]

三、数据新闻报道成功与否的衡量

数据新闻报道中视觉语言修辞的运用具有鲜明的目的性，是为了更加准确、鲜明、生动的新闻报道存在的。因此，我们在考量一个数据新闻报道作品——尤其是它的数据视觉化部分是否成功的时候，需要从以下三个方面进行评估：

（1）新闻故事是否被充分挖掘。新闻故事是新闻叙事的基础和核心，没有充分挖掘新闻故事的新闻叙事是难以建构起完整的话语体系和叙事逻辑的。一个被充分挖掘了的新闻故事，不仅其新闻要素是齐全的，还应当能在相当程度上解答读者在相关议题上的部分问题和疑惑。

（2）数据新闻报道中的视觉化部分是否准确、客观、快速、有效地呈现了报道的内容，高效地配合了文字部分的叙事。视觉化的主要功能是减少文字传播的成本，提高传播的效率。但是有些作品常常出现"为了视觉化而视觉化"的问题。当使用简明的语言就可以清楚、准确地表达信息时，化简为繁，使用复杂的、难以捉摸的图表代替之，会令读者迷失在绚丽复杂的图形中，难以读懂准确的信息到底是什么。

（3）视觉化呈现是否在保证新闻报道质量的前提下，实现了丰富而具有韵律的语义表达和形象表达的结合。视觉化在新闻报道中的终极目标即为此。图表须能配合文字的叙事

[①] 动起来了！亚运历史上首套动态体育图标发布[EB/OL].（2022-08-08）[2023-11-22].https://www.hangzhou2022.cn/xwzx/jdxw/ttxw/202208/t20220808_51478.shtml.

节奏，恰到好处地呈现用文字难以描述的信息，营造整个新闻故事或主题的氛围，从而增加整部作品的感染力。

思考题：

1.与时间要素相关的视觉化表达方式有哪些？适用于什么场景？
2.色彩的视觉语言修辞主要有哪些手段？
3.如何衡量一篇数据新闻报道作品的视觉化是否成功？

第八讲 数据新闻报道事业

目前，国内外各大媒体都成立了自己的数据新闻报道部门或相关板块、专栏，或培养、邀请数据新闻报道团队加入编辑部，协助记者开展数据化和视觉化的新闻叙事。数据新闻报道正在重新塑造新闻业的形态。在我们的观念中，数据新闻报道的制作过程，是记者、数据科学家、图形设计师、程序开发者等一起探索和构建新兴媒体概念各种可能性的过程。在新闻编辑部里，数据新闻报道团队充分利用新闻采编传统、数据科学、计算机技术手段来创造信息化数据的新产品、新工具和新经验——在新闻和技术的空间里分享故事和理念并创新产品。数据新闻报道事业是关于如何继承传统新闻报道的事业，也是关于创新和改变传统新闻报道的事业。

第一节 数据新闻报道的适宜性

我们一再强调，数据新闻报道的核心仍然是如何讲述好新闻故事，数据新闻报道既不能单纯执着于数据的获取和表达，也不能困在图表设计和视觉化表达的围城里一味追求美的展现。数据新闻报道是要调动能调用的一切资源和手段，用最合适的方式完成新闻叙事。数据新闻报道这种报道和媒体呈现方式就决定了其具有一定范围的适应性。

在实践中，我们会发现调查类报道、财经新闻、政治新闻、体育新闻天生适合数据新闻报道的方式。因为数据新闻报道具有较强的深度挖掘隐藏在数据信息背后的真相的能力。除了在这些具有先天适宜性的新闻主题和领域中，我们还发现了一些适合使用数据和视觉化方式介入的情况：

（1）当需要展示新闻事实随着时间推进而发生的变化时；

(2) 当需要比较不同的理念和价值，多维度展示新闻事实时；

(3) 当数据或新闻事实间具有较为复杂的逻辑关联，而此种逻辑关联对新闻消费者而言又是有新闻价值的时；

(4) 当需要追踪信息流时；

(5) 当需要呈现不同层级的新闻信息时；

(6) 当需要呈现的新闻事实来自各种大型数据库，依赖记者提供的叙事支撑时；

(7) 当需要向新闻消费者呈现不同条件下新闻故事的不同发展趋势或结果时。

数据新闻报道的特殊手段和工具并非在任何场景都能有效支撑新闻叙事，以下三种情况，就不适用于数据新闻报道：

(1) 当新闻事实更适宜于用文字描绘具体的情节细节时；

(2) 当新闻信息里缺乏数据素材或可以进行比较的素材，难以呈现相关、因果、对比等关系时；

(3) 当新闻事实变化不大、趋势不明显或趋势的结果不确定，难以呈现趋势性结论时。

数据新闻报道既关乎技术层面的操作，也涉及艺术层面的创作。因此，有些技巧值得重视，例如，在技术操作层面：

(1) 筛选出最能反映报道对象的代表性数据，选用最合适的主题呈现工具；

(2) 将数据按相应的、同质的类别分类、整理，以便后续对其进行视觉化；

(3) 优先考虑比较容易处理、比较容易理解的数据而非单纯体现海量数据；

(4) 在可应用的技术范畴中，找出比较可靠、比较灵活的应用方式，不轻易追求新奇的技术，避免因技术不成熟影响数据的分析和呈现，耽误出稿时间；

(5) 在视觉化过程中，把几何当作新闻叙事的元素；

(6) 灵活运用色彩的象征意义和修辞意义；

(7) 与其让视觉化呈现超负荷，不如首先考虑交互性，然后将视觉化叙事拆分成不同的板块，不宜过分追求大而全的"一张图叙事"；

(8) 在进行较大规模的视觉化呈现时，不妨先做个小样测试一下效果。

在艺术创意层面：

(1) 在避免造成注意力分散的元素的同时，优先考虑一致性、整体性和和谐性；

(2) 根据相关元素的层级来进行数据组合；

(3) 在视觉构图时，充分考虑通透性和呼吸感，注意对"留白"这一修辞手段的充分运用；

(4) 着重突出最重要的数据；

(5) 善用对比，维持反差；

(6) 尊重不同价值之间的比例关系以及既定标签、固定的说法；

(7) 在美学上，视觉化设计追求"少即是多"——视觉化呈现要简单且清晰明了，避免过于复杂或自我陶醉、自说自话的表达倾向。

第二节　数据新闻报道伦理

数据新闻报道除了要遵从一般性的新闻报道伦理和法规的规范约束，在数据和视觉化方面也要遵循一套独特的伦理规则。

一、数据新闻报道的客观性

真实性和客观性是新闻业自诞生以来就孜孜追求的，但是人类的新闻活动实践也表明，若将客观性视为一种终极目标，那它将成为我们永远难以企及的神话；而如果将新闻的客观性视为一种新闻报道的方法论，将有助于记者更好地在操作层面保持新闻报道的客观性立场。对于数据新闻报道而言，记者可以在来源、分析、呈现三个阶段保持其客观性的立场。

在新闻素材和数据来源上，记者可以尽量使用能够进行事实核查的新闻素材和数据（如开放性来源的数据），尽量使用多样、权威的新闻素材和数据。在数据使用方面，更是要小心，尽可能避免使用替代性数据，如必须使用替代性数据，也要对该数据的来源和处理方式保持审慎的态度。

在分析环节，由于数据清洗、处理的过程十分隐秘，很难在最后的新闻报道中有完整呈现，这就更需要记者和数据工程师仅在技术层面处理脏数据和坏数据，不能在清洗中对有价值的数据本身进行带有偏见的丢弃或选择；在处理环节，也应尽可能避免算法偏见带来的立场偏差。

在数据的视觉化呈现环节，记者和图形设计师都应注意不可使用图形误导受众。由于数据视觉化具有比文字更直观的传播效果和更多样的表达元素，因此也更容易成为客观性的"灾难现场"，常见的有利用比例、坐标轴、色彩、视觉误差等手段误导受众对重要事实的理解。例如，常规坐标轴的原点应在下方，数轴越往上，数值越高，而图8-1反常规地将坐标轴倒置，使原点位于最上方，越往下，数值越高。依据视觉规律，受众第一眼会注意到图形中具有趋势性的线条信息，也就是

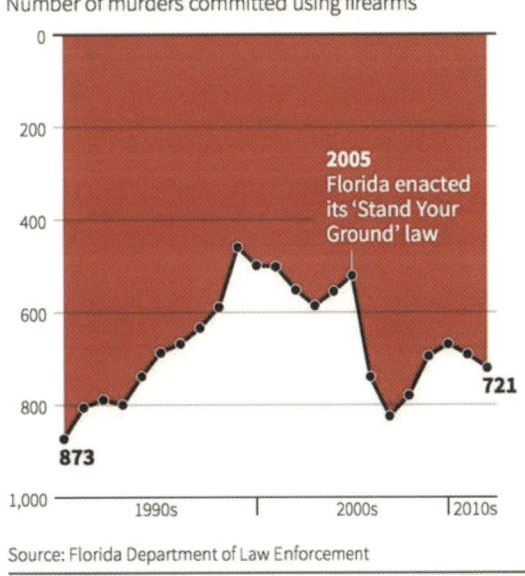

图8-1　美国佛罗里达州的枪案死亡人数[①]

---

① ENGEL P. This chart shows an alarming rise in florida gun deaths after 'stand your ground' was enacted[EB/OL]. (2014-02-19)[2023-11-23]. https://www.businessinsider.com/gun-deaths-in-florida-increased-with-stand-your-ground-2014-2.

"Number of murders committed using firearms"（枪杀致死人数）的折线，并根据图中的其他信息，将其理解为在2005年"不退让法"（Stand-your-ground law）出台后，因枪击死亡的人数大幅下降。但事实上，只有注意到纵坐标的受众才会发现走向向下的折线代表的不是人数下降而是上升。这是非常典型的利用图形误导受众的例子。

二、数据新闻报道的透明性

在第一讲回溯数据新闻报道的历史和学理渊源时，我们注意到，数据新闻报道从社会科学的调查研究中继承了丰富的历史遗产。这些遗产使数据新闻报道能够以科学的运作机制去对抗过往的新闻报道方式中存在的不确定性，也决定了数据新闻报道有条件像科学研究一样，对受众保持相当程度的开放度和透明性。

数据新闻报道可以像科学研究一样向受众呈现它的研究目的、研究方法、研究过程和研究结论，公开背景并邀请受众参与，从而至少在数据来源、分析方法、生产方式三个层面实现伦理意义上的内容透明，甚至进一步探索与受众共享共建的可能性。

在数据新闻报道中，最容易实现的是数据来源的公开。大多数报道会借鉴科学研究论文的格式在末尾列出所有数据来源。受众可以根据一些链接访问数据源网站，对其真实性、权威性进行评估。

在进行了大量数据处理工作的数据新闻报道中，告知受众数据分析方法和过程，公开代码和算法同样是保持其透明性的重要措施。这样做不仅能让受众知道那些海量的、粗糙的原始数据是怎样变成呈现在自己眼前的逻辑关系和结论的，还能为公众参与新闻生产流程提供便利。

和传统新闻报道一样，数据新闻报道重视受众的反馈，因此，现在也有很多报道尝试探索向受众提供新闻生产者自身的信息并建立反馈交流区，在其上呈现用户的反馈以及根据这些反馈对作品进行的修正和更新。这种探索甚至部分地实现了数据新闻报道生产者和意义接收者的公共化。

三、数据使用伦理

数据新闻报道离不开对数据的规范获取、处理和使用。世界各国家和地区对数据的开放和使用有不尽相同的细节规定，但大致都遵循着相同的原则。

（1）知情同意原则：与临床上处理医患关系的基本伦理准则类似，记者对个人信息的采集和使用，须经本人同意。

（2）合法适度原则：平衡信息权利主体、信息使用者和社会整体利益。

（3）保护敏感信息原则：不使用种族、宗教、基因数据、生物特征、健康、性取向等与新闻报道核心事实无关的信息。

（4）公共利益优先原则：在涉及公共利益时，个人隐私保护的权益会一定程度上受到限制，数据新闻报道时亦如此。

（5）伤害最小化原则：在公众知情的必要性和潜在的个人伤害之间做出平衡。

第三节　数据新闻报道的未来

一、数据新闻报道的趋势

2012年，数据新闻报道在国外方兴未艾，国内新闻学教育则已开办了第一个数据新闻报道的本科实验班，兴奋地探索着这片"蓝海"。这一年，《纽约时报》在其网站推出了历史性的数据新闻报道作品《雪崩》（Snow Fall），并于次年获得了普利策新闻奖特稿奖。这篇由体育记者约翰·布兰奇（John Branch）与数字技术人员合作完成的专题报道，借助全媒体数字交互技术，整合了文字、图表、数据、动画、幻灯映射、视频等新闻叙事手段，给受众提供了全新的新闻消费的感官体验：报道集合了一系列令人哀伤的新闻故事（滑雪者在雪崩中丧生），也科学地解释了雪崩这种自然灾害的成因和发生原理。在报道的第二部分，受众可以选择点击视频或数据图表，跟随概念引导，进一步了解报道内容。每一部分的尾端都有带时间标注的地图，并附以结束语："本章节到此结束，报道其余部分将在本周继续。"《雪崩》这部作品的出现，引领了数据新闻报道发展的两个非常重要的趋势：沉浸式的交互体验和轻量化的设计。

一方面，《雪崩》对全媒体叙事元素的调用让新闻从业者和受众都发现了这样一个事实：人们对"现场感"的追求，在整部媒介发展史中从未停歇。借助日新月异的技术手段，人们总是希望"临近、再临近现场"。2015年4月，《华盛顿邮报》发表了财经新闻《纳斯达克处于又一个泡沫中吗？》（Is the Nasdaq in Another Bubble？）[1]，以VR技术带领受众体验21世纪以来纳斯达克指数的变化，并把相关历史事件穿插标注在两侧，过山车似的沉浸式体验让受众一路跟随纳斯达克指数的起伏纵览了新世纪的重要经济变化。从图像化、音频化、视频化再到游戏化，通过对受众感官的调动和日臻成熟的交互技术，沉浸式读新闻已逐渐常态化。

另一方面，《雪崩》中用到的H5等技术，在之后的几年中，迅速成为互联网移动端新闻报道的流行趋势。移动端的普及让具有轻量化、加载快、适应性广等优势的技术淘汰了以往体量大、反应慢、对硬件条件依赖重的技术手段。文本、视频、图片通过自适应技术，能自动匹配不同端口的技术标准，大大减轻了工程师的工作量，提升了受众的用户体验。

---

[1] KENNY R, BECKER A A. Is the nasdaq in another bubble? A virtual reality guided tour of 21 years of the nasdaq[Z/OL].（2015-04-23）[2023-11-23]. http://graphics.wsj.com/3d-nasdaq/.

二、身为从业者的挑战

新闻记者从来不是一个赚钱的行当,这已然是新闻业的"传统"。

在理想的情况下,一个数据新闻报道团队至少应该包含处于核心主导地位的记者、负责数据技术的数据工程师和负责视觉化的图形设计师,它应该是一个由多学科专家组成的报道共生体。团队应该有充足的时间去挖掘数据、寻找线索、整合故事、制作文本。但现实是,在截稿时间的压力下,绝大多数数据新闻报道的生产周期只有短短数周甚至几天;媒体或者编辑部也并没有多余的预算来聘请专业的程序员或数据工程师专门为某个记者服务,所谓"图形设计师"一般只是经培训后再上岗的美工老师,且他的合作对象也是整个编辑部;技术快速迭代,但数据处理和图形处理中的任意一项技能,都需要大量的培训和练习才能被记者熟练掌握(且不说越来越高的学习门槛)。总体来说,现实条件下的数据新闻报道,是一项周期短、要求高、工具难、资源投入需求大、产出不明确的新闻报道方式。

为了应对这样的挑战,无论是新闻学教育界还是行业中的职业培训,都走向了首先解决人员的技术问题的转型路径,即培养复合型人才。它们致力于让记者能够身兼数据工程师和图形设计师等多种角色,实现传统新闻生产中"一个人搞定大部分工作"的生产模式。这是非常有效的解决办法,却潜藏了另一个更致命的危机,给数据新闻报道带来了新的挑战:记者的"数据化+视觉化"转向逐渐掏空了他们挖掘新闻故事的能力,削弱了他们进行新闻叙事的核心力量,使数据新闻报道面临"无新闻"的窘境,变成空冷的数据集合和精美的图表集。

新闻学教育者和从业者都意识到了这种危机,并在近些年致力于改变这种状况。新闻学专业加强了业务能力的培养,其他相关学科如数据工程专业、视觉传播专业也开设了相关课程,让具有相关专业能力的毕业生能够快速进入新闻传播领域。对于新闻学专业的学习者而言,做懂数据的新闻人,锤炼新闻核心业务能力,挖掘好新闻,讲好新闻故事,就是一种"不忘初心、牢记使命"。

> "我害怕的是,我们将进入这样一个时代:人人都专注于提高做一个程序员记者所需的工具使用技能,而不是培养自己如何发现故事、如何找到真正好的线索的能力,并从此丢失了新闻专业主义。"——梅根·吕切洛(Megan Lucero)

希望有志者在这个全新的时代,找到自己合适的方式,拥抱数据,聚焦新闻!

思考题:

1.具有哪些特征的数据适合进行视觉化表达?
2.如何将自己培养成为"懂数据的新闻人"?

参考文献

[1] MAIR J, KEEBLE R L, LUCERO M. Data journalism: past, present and future[M]. New York: Abrams, 2017.

[2] JOANNES A. Data journalism: bases de données et visualisation de l'information[M]. Paris: CFPJ, 2010.

[3] 罗杰斯. 数据新闻大趋势: 释放可视化报道的力量[M]. 岳跃, 译. 北京: 中国人民大学出版社, 2015.

[4] GRAY J, BOUNEGRU L, CHAMBERS L. The data journalism handbook 2[M]. Maastricht: European journalism centre and google news initiative, 2018.

[5] 方洁. 数据新闻概论: 操作理念与案例解析[M]. 北京: 中国人民大学出版社, 2015.

[6] 安德森, 沙利. 数字游戏: 关于足球你全弄错了吗?[M]. 彭鸣皋, 译. 长沙: 湖南文艺出版社, 2016.

[7] 贡布里希. 图像与眼睛[M]. 范景中, 杨思梁, 徐一维, 等译. 杭州: 浙江摄影出版社, 1989.

[8] 傅炯, 张惠山. 应用色彩学: 中国色彩应用标准CNCSCOLOR原理与应用[M]. 上海: 上海人民美术出版社, 2020.

[9] 张超. 释放数据的力量: 数据新闻生产与伦理研究[M]. 北京: 中国人民大学出版社, 2020.

[10] 邱南森. 数据之美: 一本书学会可视化设计[M]. 张伸, 译. 北京: 中国人民大学出版社, 2014.